TEATRO
OBRAS COMPLETAS

ISBN 978-84-9916-673-5
DL M-16921-2010
Impreso en España / Printed in Spain
Impreso por Bubok Publishing

ÍNDICE

		página
Prólogo		7
Ejercicios teatrales	Enero 1987	11
Tríptico	Mayo 1987	41
El Príncipe quiere morir	Septiembre 1988	69
La Tierra de Jauja	Mayo 1991	123
Elvirita	Junio 1993	195

PRÓLOGO

Amigo Gonzalo:

Ya ha pasado mucho tiempo desde nuestros encuentros en el teatro del Colegio Salesiano Santo Ángel de Avilés. Allí, profundizando en tu texto literario, trabajamos para buscarle las máximas posibilidades escénicas y su mejor comprensión. Sé que seguiste metido en tu creación literaria. Yo tomé otros caminos muy distintos, aunque, como muy bien tú advertiste, las obras que montábamos en nuestro colegio iban en una dirección social, que fue la que yo, al final, seguí. No sé si sabes que con aquella obra tuya, finalicé mi creación artística. Bueno, luego realicé una historia sobre el Pueblo Gitano; pero era otra cosa.

Me piden unas palabras, que den paso a tu caudal de creación literaria. Con mucho gusto y sorpresa lo hago, pues fueron momentos buenos, aunque ya algo lejanos.

Nuestros encuentros tienen un principio. Tu hija, Ana, era una buena estudiante y muy buena "comedianta". Al iniciar un grupo de teatro en el colegio, ella fue de las primeras que se apuntó. Todavía la recuerdo cuando hicimos un test de Paul Ableman que nosotros titulamos "Llevas sangre en tus manos" y que llamó la atención por el tipo de teatro que hicimos; Chema Farelo lo llamó "Las horrorosas muertes de Ana". Fue novedoso y llamativo. Luego nos atrevimos con "Las Criadas" de J. Genet. Y después, alguna otra obra. Un día llegó Ana con un texto "de mi padre". Yo no sabía nada de ti y tu creación literaria. Lo leí y me gustó. Era un texto realista con mucha creatividad, imaginación y simbolismo. Lo estudié y me pareció que tenía grandes posibilidades artísticas para los personajes por sus variadas escenas y situaciones anímicas. Y ahí comenzamos nuestros encuentros. ¿Lo recuerdas?

Veíamos las posibilidades de los diversos personajes; de siete posibles, lo dejamos en tres, que iban desarrollando las distintas escenas y personajes. Si en la primera parte una era la abuela, en la segunda era una vecina parlanchina; y si en la primera era una joven enamorada, en la segunda igualmente una vecina y en la tercera una mujer desahuciada. Esos "EJERCICIOS TEATRALES" que nos enviaste, tuvimos que unificarlos con una idea común. Y de todas nuestras reflexiones y ensayos salió "TRÍPTICO", afrontando el amor, la vida y la muerte. Más tarde fue necesario crear el escenario y la música en base a las tres escenas fundamentales. El contar con el autor de la obra, contigo Gonzalo, fue importantísimo.

"TRÍPTICO" es una obra de clara línea realista, pero no un realismo natural, sino lleno de imaginación y creatividad que hace despertar a los espectadores para que no se queden sólo con lo que están viendo; ofrece no sólo espectáculo sino también sentimientos, y la realidad que se ve es aprovechada para manifestar una idea; para tratar, en este caso, temas esenciales en la vida de cada persona como son el amor, la vida y la muerte. Se logran momentos íntimos, humorísticos y críticos; la escenografía, luz y música ayudó a crearlos; el resultado fue un todo poético cargado de intencionalidad.

Gonzalo, creo que una parte importante de tu obra va en esta misma línea. Es necesario que haya personas que nos ayuden a reflexionar sobre la vida; y lo hagan con humor y un fondo poético. Tú lo vas logrando no sólo con tus textos sino con tu propia vida. Enhorabuena por tus trabajos teatrales y por tu vida.

Un abrazo

Juanjo Ruiz

León, noviembre de 2009

EJERCICIOS TEATRALES

Gonzalo Martínez Junquera
Avilés, enero 1987

Dedicado al GRUPO TEATRAL CARTEL

Nota introductoria

Es este un texto concebido para ejercicios escolares de teatro, tanto para dirección (y su equipo) como para actores; por lo tanto, el autor no introduce absolutamente ninguna acotación, salvo una indicación de "escenas" que en ningún caso debe considerarse como determinante de pausa, ni siquiera como pauta del ritmo.

Lo que sí debe tenerse en cuenta es el respeto absoluto al texto, aunque éste, evidentemente, no sea considerado perfecto; porque es buena disciplina saber ajustarse a método y porque la labor primordial de la farándula es comunicar, así como quien desee llegar a ser director-creador debe, para triunfar en su trabajo, pasar por las horcas de sus textos propios.

Es evidente, por lo tanto, que sobra también cualquier posible indicación de cómo debe el profesor desarrollar o hacer desarrollar los ejercicios previos al comienzo de ensayos o actuación.

EJERCICIOS TEATRALES

I – DEL AMOR

Actores: Nieta y Abuela.

NIETA: ¡Todo, todo para mí! Los montes y el mar. ¡El mar, abuela! ¿Te das cuenta de que a mi edad aún no conozco el mar, abuela? ¿Y que me dicen que todo será mío en cuanto conozca el mar y el mar me inunde? ¿Comprendes? ¡Todo, todo para mí! Los montes y el mar. ¡El mar, abuela!

ABUELA: Calma..., calma...

NIETA: Las olas y yo soñando, a la orilla soñando. ¿Es azul el mar, abuela? ¿O es verde el mar, abuela? ¡Soy feliz, abuela!

ABUELA: Calma..., calma...

NIETA: Y los vestidos que llevaré; porque llevaré vestidos elegantes y miraré a los que conmigo se crucen altanera. ¿Entiendes, abuela? Por las calles de la ciudad altanera. Voy a marchar, me voy... Me voy para siempre...

ABUELA: Calma..., calma...

NIETA: ¿Dices que te voy a dejar? No, abuela, digo que me voy para siempre.

ABUELA: Calma...

NIETA: No, abuela, no te voy a dejar para siempre. Yo te quiero, estarás conmigo contemplando el mar. Contemplando el mar no puede nadie molestar si guarda silencio. ¡Qué tonta eres si piensas que te puedo dejar, olvidar! Soy feliz, abuela.

ABUELA: Estás enamorada...

NIETA: No me entiendes, abuela, me voy pero no te dejo, te quiero mucho, te quiero demasiado, ¿lo comprendes? Comprendo que te duela, pero es que yo voy a ser libre, abuela, voy a contemplar el mar y voy a ir por las calles de la ciudad. Y tú estarás conmigo contemplando las luces, los escaparates y los jardines. En la ciudad hay jardines, abuela.

ABUELA: Estás enamorada, chiquilla.

NIETA: ¿Tú no crees que despertaré oyendo ruiseñores? ¡¡Despertaré abrazada a mi amado, abuela!!

ABUELA: Calma..., calma... que estás enamorada...

NIETA: Me apetece gritar, llorar, cantar, bailar. Me apetece todo, abuela.

	Abuela, ¿es verdad lo que me pasa?
ABUELA:	Que estás enamorada..., chiquilla...
NIETA:	Estoy enamorada... ¡Estoy enamorada! ¡Estoy enamorada! ¡Enamorada! ¡Enamorada, enamorada, enamorada...!
ABUELA:	Calma, chiquilla, que estás enamorada.
NIETA:	Enamorada..., enamorada..., enamorada..., enamorada...

****

NIETA:	¡Ay, abuela, pienso; ¿es que tú nunca has estado enamorada?!
ABUELA:	¡Chiquilla...!
NIETA:	Pienso, tú, tú eres dulce, abuela, tan poca cosa, perdona, tú, claro, tú, tú tuviste que ser joven, ¿no? Claro, abuela, tú, tú tuviste que estar enamorada...
ABUELA:	¡Sí he estado enamorada! ¡¡Pero eso, apréndelo, no se pregunta a una abuela!!
NIETA:	Perdona, abuela, si yo...
ABUELA:	Ni abuela ni tatarabuela.
NIETA:	Abuela..., si te he ofendido...
ABUELA:	Abuela, abuela, abuela... ¡Deja ya de tanta abuela! Que estás enamorada... Ya sé que estás enamorada y yo he estado también enamorada. Sí, chiquilla, no me mires con esos ojos espantados. ¡Yo, vieja, he estado enamorada!
NIETA:	Perdona, abuela, yo...
ABUELA:	Perdona, perdona, perdona, ¿es que no sabes decir otra cosa? Me has ofendido, sí. Y ahora voy a hablarte yo; tú lo has querido, así que cállate, ahora me apetece hablar a mí. ¡Yo que estaba feliz escuchándote! Oyéndote gorjear..., como loca..., pero, ¡¿a quién se le ocurre preguntar tonterías?!
NIETA:	¿Es cierto, abuela?
ABUELA:	¿Es que lo dudas, chiquilla tonta?
NIETA:	¡¡Abuela!!
ABUELA:	¡Si me dejaras hablar!

NIETA: ¡¡Abuela!!

ABUELA: No te digo nada, ea. Iba a contarte cosas que se me agolparon; pero no te digo nada. No me dejas. Y no quiero.

NIETA: ¡Abuela!

ABUELA: Prefiero escucharte a ti. Tus voces, tus voces que creí perdidas. Es que me aturden tus voces, chiquilla, pero me hacen feliz, ¿comprendes? También soy yo feliz escuchándote, querida mía.

NIETA: Abuela, me apetece llorar: tú, enamorada...

ABUELA: Llora, chiquilla, llora, que estás enamorada...

NIETA: Estás llorando, abuela...

ABUELA: Tontas somos que estamos llorando...

NIETA: Llorando, abuela...

****

NIETA: Tengo que hacer la maleta. Es tarde, Dios mío, qué tarde. ¿Me ayudarás a hacer la maleta?

ABUELA: Te ayudo a hacer la maleta.

NIETA: Y mientras hacemos la maleta hablamos.

ABUELA: Hablamos.

NIETA: Me ibas a contar, abuela...

ABUELA: No te iba a contar nada.

NIETA: Una camisa.

ABUELA: Y un camisón.

NIETA: Estás enfurruñada.

ABUELA: Estoy tranquila.

NIETA: Una falda y un pantalón ajustado.

ABUELA: Que no lo pongas si no es para tu amado.

NIETA: ¿Un corsé como los tuyos, abuela?

ABUELA: Tu carne es firme, no los necesita.

NIETA:	Pero voy a ser mujer.
ABUELA:	No lo necesitas.
NIETA:	Deshojo la margarita.
ABUELA:	Tu carne no lo necesita.
NIETA:	Unas medias.
ABUELA:	Y las zapatillas.
NIETA:	Y el pañuelo para llorar.
ABUELA:	Y la sortija.
NIETA:	Y el vestido estampado.
ABUELA:	Y el delantal.
NIETA:	Y la sábana.
ABUELA:	Y una sartén.
NIETA:	¿Tantas cosas se necesitan, abuela, para marchar de casa? No me caben en la maleta.
ABUELA:	Pues hagamos dos.
NIETA:	Es verdad, así al llevarlas me servirán de contrapeso.
ABUELA:	Sí, querida, de contrapeso, tú lo has dicho... Siempre todo de dos en dos, de contrapeso..., hasta las maletas.
NIETA:	¿Te pasa algo, abuela?
ABUELA:	No, no; acabemos la maleta. Son los recuerdos, chiquilla. ¡No seas tan feliz, chiquilla mía querida!

****

NIETA:	Abuela.
ABUELA:	Dime.
NIETA:	Quiero que me cuentes cosas.
ABUELA:	No, querida, es mejor así. En silencio. Estará al llegar y no daría tiempo. Son locuras.

NIETA:	¿Tú crees que yo estoy loca?
ABUELA:	¡Qué tiene que ver! Y no lo decía por eso.
NIETA:	¿A ti te raptaron también?
ABUELA:	Te dije que no te hablaría.
NIETA:	Pero yo quiero saber, abuela.
ABUELA:	Una abuela sólo está para dar consejos, querida, y tú, ahora, no necesitas consejos. Está al llegar. Me dices que te van a venir a raptar y ya estás raptada, ya se han llevado a mi nieta. Vete contra el viento al mar, vete con el amado. En brazos del amado al mar. Te pido que nunca huyas de esta tu casa.
NIETA:	¿Huir, abuela?
ABUELA:	Renunciar.
NIETA:	¿Renunciar, abuela?
ABUELA:	Tus raíces. Yo me entiendo, y tú me entenderás. No eres tú la primera en descubrir la vida. El cuerpo te vibra, deja que te inunde toda tú, como siempre ha sido. De tu cuerpo saldrá otro cuerpo y así hasta siempre...
NIETA:	¡Abuela!
ABUELA:	Abuela, abuela, ¿no sabes decir otra cosa? ¿No tendrás otra maleta que hacer? ¿Estás segura de haberlo guardado todo? ¡Ay, Dios, si en esa plenitud de vida que presientes pudieses morir abrazada...!
NIETA:	¡Abuela!
ABUELA:	No te asustes, que soy una vieja, una vieja muy vieja feliz, una vieja que lleva el jersey de cuerpo añoso. Un jersey de amor raído, mi cuerpo tejido, mi amado en la tierra, la vida en las manos, vieja. No tengo otra cosa que darte, si me recordases...
NIETA:	A veces me das miedo.
ABUELA:	¡No, querida, que no nos coja desprevenidas el amado! Riamos, bailemos, bailemos mientras esperamos. ¡Esperemos alegres el momento que llega, los ojos que te penetrarán, las manos que acariciarán tus senos! ¡Soñemos! ¡Que no nos coja desprevenidas el amado!
NIETA:	Estoy de pronto como triste...
ABUELA:	¡Chiquilla, que no se diga que la nieta de su abuela está triste!

NIETA: Triste. ¿Miedo? ¿Es posible que sea miedo? ¿Por qué me has dicho esas cosas, abuela? Estaba contenta y de pronto... ¿O será la espera? ¿No tenía que haber llegado ya? No sé, es de noche. ¿Será la noche la que me da miedo? Abuela, ¿es cierto que por los bosques...? Pero yo voy a la ciudad. ¿En la ciudad también? ¿Tú crees, abuela? ¡Abrázame, abuela! ¿Será cierto que el mar es azul? ¿Quién me dijo que era verde? ¿Quién me dijo que en el asfalto no podían anidar los ruiseñores? Pero, ¿qué es el asfalto, abuela?

ABUELA: Calma, querida, calma, que estás enamorada...

NIETA: ¿Tendré frío a la orilla del mar, abuela? Y cuando espere a mi amado a la ventana, ¿me sonreirán las vecinas? Porque las vecinas tienen que sonreír a las vecinas, ¿no, abuela? ¿No tarda mucho, abuela? ¿Tú crees que cuando él venga se me quitarán las dudas, este miedo, abuela?

ABUELA: Calma, calma, que estás enamorada...

NIETA: Enamorada..., enamorada..., enamorada...

****

ABUELA: Te voy a contar, ¡ea!...

NIETA: ¡Abuela, estoy enamorada!

ABUELA: ...un recuerdo. ¿No quieres que te cuente un recuerdo?

NIETA: ¡Abuela! ¿De verdad? ¿A mí? ¡Tú has estado enamorada! ¿Como yo ahora? ¿Y también estuviste esperando al abuelo? ¿De verdad? ¡Ay, qué ilusión! ¡Cuéntame, cuéntame, abuela!

ABUELA: ¿Me dejarás hablar, cabeza loca? Yo quiero contarte mi recuerdo.

NIETA: Dime, abuela.

ABUELA: ¿Me escucharás?

NIETA: Te escucharé.

ABUELA: Pues cállate, coña.

NIETA: Me callo, abuela, recoña.

ABUELA: Era una verbena.

NIETA: ¿Una verbena?

ABUELA: Sí, una verbena. Con bombillas de colores. Y bailábamos.

NIETA: Una romería.

ABUELA: Una verbena. Y escucha. Bailábamos.

NIETA: ¿Así?

ABUELA: Así bailábamos. Y yo sé que sobre las luces aquellas de colores tenía que haber estrellas, pero no las veía. Yo sólo veía las luces de colores. Estábamos como encerrados y, sin embargo, felices, todos amigos. Como en una intimidad, todos nos conocíamos, todos bailábamos y no había más que aquello: la música, las bombillas y la hierba. Hasta que llegó. Hasta que llegó él. Hasta que sólo él y yo. Y me abrazó y me besó en la frente. En mis tiempos nadie se abrazaba delante de los demás, pero yo estoy segura de que me abrazó y me besó en la frente. Y ya no recuerdo más. Sí, claro, después, no sé cuándo, aquella misma noche, más de noche, claro, fue aquella misma noche cuando empecé a tejer mi jersey. El jersey del que te hablé antes, el jersey añoso, querida, el jersey de amor raído, mi cuerpo ajado, ¡mi jersey, querida, mi jersey! ¿Ves qué sencillo? Esa fue mi vida...

NIETA: ¡Abuela...!

ABUELA: Abuela, abuela, abuela... ¿Cuándo dejarás de decir abuela? ¿No te enseñaron otra cosa en la escuela? ¿Diciendo abuela crees que puedes ir a la ciudad? ¿Y tu amado? ¿Así es como esperas a tu amado? Abuela, abuela... Si esta chiquilla es tonta, Dios mío, si no sabe decir nada más que abuela. Y él me apretó, me apretó tan fuerte que creí que me salían los pechos al aire, pero no lo recuerdo, no estaba bien visto, es raro, yo era feliz y no me daba vergüenza y mis pechos al aire, y me felicitaban al aire. Era el amor que hace que todos sonrían y lo contemplen felices y yo que aquella noche empecé a tejer mi cuerpo añoso... ¿No me contestas, chiquilla? No me contestes, chiquilla, guarda silencio, no sabría qué más decirte... Pero, ¿será tonta esta chiquilla que no me dice nada? ¿Es que cree que pueden decirse secretos en silencio? ¡Chiquilla! ¡¿Dónde estás, chiquilla?!...

II – DE LA VIDA

Actores: Una vecina, Otra vecina y Otra vecina.

UNA VECINA: ¿Dónde estará mi marido? Putañero de él, hijo de puta. Si yo fuese macho, pelo a pelo calvo, por mi madre, entre estas cuatro paredes... Dignidad le iba yo a dar, perro famélico. ¡Vecinas! ¡¡Vecinas!! ¡A mí, mis vecinas, que tengo un marido que no es mi marido! ¡¿Habéis visto a mi marido, vecinas?! Pues yo tampoco he visto a mi marido. Canijo de mi marido. ¡Vecinas, piedad! ¡Compadeceos de mí! Decidme, ¿qué me queda a mí en la vida?! Mis manos ajadas, mi cara arrugada, ¡mi cara! ...Y mis pechos... ¡Teníais que ver aquellos pechos que yo tenía, que me envidiabais, vecinas! Los mejores del barrio, ¡Dios! Y esta barriga grasienta, ¡qué vida tan rara has ideado! Todo verde, todo miseria, todo podre, todo un poco más allá de las manos, siempre deseando lo que no se tiene, como la zorra, y no teniendo nada, como la zorra que no lo alcanza o lo alcanza verde. ¡Dios, vecinas, tened piedad de mí!

OTRA VECINA: ¿Llamabas?

UNA VECINA: No, no llamaba.

OTRA VECINA: Hija mía, no te pongas así, soy tu amiga...

UNA VECINA: ¿Tú, amiga?

OTRA VECINA: Jura que no me llamabas. Yo oí llamar a...

UNA VECINA: ...y como pasabas...

OTRA VECINA: ...pensé que...

UNA VECINA: ...hay que consolar a la vecinita, pobrecita...

OTRA VECINA: Desgraciada.

UNA VECINA: ¡Chismosa! ¿Qué carajo te importa a ti mi vida? ¿Vamos a ver, quién te manda meter las narices en casa ajena? Mira la tuya, que más te valiera.

OTRA VECINA: Pobre criatura mía, cuánto debes sufrir, yo comprendo... Desahoga, hija, si no me molestas... Tanta desgracia encima de una... No sé cómo lo soportas...

UNA VECINA: Pues lo soporto, ya ves. Y ahora me vas a decir que sales con tu maridito. Si no te conociera, merengue... Anda, vete con tu maridito y me dejas en paz, ¿quieres?

OTRA VECINA: Soy feliz; pero mi trabajo me cuesta, también hay que saber hacer por

	la labor, vecina. La felicidad nunca es completa, cada una llevamos nuestra cruz, ya lo sabes. Hay que superarse y hay que hacer por ello. Pero la vida tiene sus compensaciones. Mira el último regalo que me ha hecho pocholín, mi marido. Bueno, ¿te gusta? ¿No es divino?
UNA VECINA:	Divino.
OTRA VECINA:	Es tan cariñoso pocholín, mi marido. Perdona, es que siempre está así. Yo ya ves no soy tan ocurrente con él. Por eso pienso tanto en ti, que te veo tan sola siempre... esos maridos juerguistas, sin conciencia... Claro, te insisto, también debías hacer algo por ti...
UNA VECINA:	Oye, niña, si tanto te quiere tu marido, ¿a qué viene eso de que cada una llevamos nuestra cruz? Lo tuyo, como no sea esa hipócrita medalla que llevas al cuello... Que una también puede dar consejos, ¿eh? Te lo digo yo, que más te valiera abrir bien los ojos, imbécil.
OTRA VECINA:	No todo es perfecto en la vida, yo me sé mis cosas; pero no me gusta ir contándolas por ahí... ni dar voces...
UNA VECINA:	Pero si lo sabemos todas, pasmarata, si lo sabemos todas que tú nada de nada, que nada, que de lo que yo me sé nada. ¡Vecinas, escuchad! ¡Que la niñata dice que lleva su cruz! ¡Ya quisiera ella llevar su cruz o que le cayese encima, una piedra que le cayese encima; pero encima nada de nada! El pocholín, el pocholín es su marido ¿sabéis? ¡No quiere nada con ella...!
OTRA VECINA:	Eres una guarra.
UNA VECINA:	Así me gusta, que hables, carajo. Y ahora, ¿qué? ¿Te doy pena?
OTRA VECINA:	Resentida, que eres una resentida, qué culpa tenemos las demás de lo que a ti te pase. Viene una con el corazón en la mano ¿y qué encuentra? Insultos. No sé aún por qué habré entrado, tonta de mí.
UNA VECINA:	Para compadecerme, ¿no? Porque te había llamado yo, ¿no? Y si te pica donde te pica es que nadie te arrasca donde te pica. Y tu maridito, pocholito, tendrá una apañito, ¿no? Digo yo. Y si no, ¿a qué tanto regalo y tanta monserga? ¡Vamos, di algo, esposa perfecta!
OTRA VECINA:	Me das asco. No sé por qué habré entrado. Adiós.
UNA VECINA:	Por eso mismo, vecinita, a más ver.
OTRA VECINA:	Envidia. Ya te gustaría a ti que tu marido fuese como el mío. Y si tiene apaños por ahí, mejor para él, que se lo merece y no como el tuyo, que con pelanduscas se tiene que conformar. Claro que con el adefesio que tiene en casa...
UNA VECINA:	Largando con pocholín que se te desplancha. Vete de una vez, rediós, que aquí sobras.

OTRA VECINA: Envidia, malmaridada, envidia. ¡Vecinas, atended, que quede constancia que esta vecina me tiene envidia, que es una malmaridada y una arpía!

UNA VECINA: ¡Vecinas, oíd todas, vecinas, no admitáis en vuestras casas a esta chismosa, que mete las narices en el puchero y quiere meter las narices en vuestras camas!

OTRA VECINA: Furcia.

UNA VECINA: Vieja chismosa.

OTRA VECINA: ¿Yo vieja?

UNA VECINA: Vieja y arrugada, relamida, beata, babosa.

OTRA VECINA: ¡Que te...!

UNA VECINA: Que te zurzan y a pasear. ¡¡Vecinas, que se va a pasear!!

OTRA VECINA: Yo no llevo zurcidos.

UNA VECINA: A pasear con tu marido, el pocholín.

OTRA VECINA: Del brazo se pasea, maja, y envidia roñosa.

UNA VECINA: Que te pudras.

OTRA VECINA: A pudrirme voy.

****

UNA VECINA: Que te falta un verano, hija, un hervor, putita barata que ni a tu marido atraes. Esto sí que ha sido una sesión de terapia, como dicen ahora. Y gratis. ¡Viva la vida! ¡Despejé! Me estaba entrando la "depre", como dicen ahora, y nuevecita, como cuando una se baña entre espumas olorosas... De cine... O leche de burra, que yo me lo sé. Una habla alto, se acerca el lobo, se espanta al lobo y ya está. Si los médicos supieran... Pero es que pocholín se lo merece, porque aparte la cursilada de la vecinita está muy bien, pero que de pistón, si lo sabré yo... Es más tonta que hacerla de encargo... Esa pasa por la vida y no se entera. Si sabré yo cómo está su marido, que me lo he catado más veces que ella. Si es que la pone a una, esa mojigata, a cien. Yo comprendo que cuando tengo la neura me lanzo, pero, ¡carajo!, si un poco más y hasta le digo que soy yo la que me acuesto con su marido y no se entera. Y ella llamándole pocholín, es que no lo aguanto, de veras, no lo aguanto. Y ella, quejándose de que le llega sin fuerzas a casa... Vamos, es que si me entero yo, aunque sea de compromiso conyugal. Vamos, que si me entero de algo va a saber lo que es bueno el pocholito, que si no tiene bastante conmigo que soy una real

	hembra... No hay miedo, ella canta que es un primor, ¡inocente! Regalitos, vecinita, regalitos. Lo que digo, lo tengo todo, no sé de qué me quejo, soy feliz: marido, amante, hijos y estas cuatro paredes. Feliz, feliz, feliz.
OTRA VECINA (2):	Buenos días, vecina.
UNA VECINA:	La que me faltabas. ¿Pero qué tengo yo, o esta casa, vamos a ver?
OTRA VECINA (2):	Pues...
UNA VECINA:	¿Qué pues? Ni pues ni nada. Hala, a brindar, que vivimos cuatro días y hay que aprovecharlos.
OTRA VECINA (2):	Estás contenta.
UNA VECINA:	De todo, hija, de todo. Estaba neura, vino el viento y se llevó la neura. Y ahora tú.
OTRA VECINA (2):	¿Molesto?
UNA VECINA:	Coño, ¿no te digo que vamos a brindar?
OTRA VECINA (2):	¿Con fino?
UNA VECINA:	Sí, señora, ¿molesta? Con fino.
OTRA VECINA (2):	Muchas gracias, eres ideal.
UNA VECINA:	Chin, chin.
OTRA VECINA (2):	Chin, chin.
UNA VECINA:	Oye, ¿a ti qué te trae por aquí? Porque vamos a ver, no vas a decir que te llamé, o que presentías que te necesitaba. ¿Qué? ¿Tú no haces nada en tu casa? Y eso de que una es ideal, ¿a qué viene? O me estás buscando las cosquillas y quieres que también a ti te cante las cuarenta en bastos o en lo que pinte, ¿eh, lucerito?
OTRA VECINA (2):	Oye, para el carro, que no te he hecho nada y más o menos nos llevamos bien. Yo sólo venía a ver si me podías dejar la aspiradora, que se me ha estropeado la mía.
UNA VECINA:	No sé, a saber, porque eso de que se te estropeó la aspiradora...
OTRA VECINA (2):	¿Me la dejas o no me la dejas?
UNA VECINA:	Que te conozco, bacalao. No lo sé. Utiliza la escoba, coño, porque, claro, es más fácil así, vivir de señorona. Y a otro perro con ese hueso, que a mí me da que tú viniste para algo más.

OTRA VECINA (2): Vaya día que hace más soleado.

UNA VECINA: Pero muy frío.

OTRA VECINA (2): Da gusto pasear, ¡quién pudiera!

UNA VECINA: No me cambies la conversación.

OTRA VECINA (2): Yo no cambio de conversación. El día está soleado, ¿no? Y tú estás entornada. ¿Me lo quieres explicar?

UNA VECINA: Yo no explico nada a nadie, ¿oyes? A ti qué te importa si estoy entornada.

OTRA VECINA (2): No discutamos, di conmigo que el día está extraordinario y que hay que disfrutarlo. A propósito, ¿viste que la vecinita esa, que tú y yo sabemos, hoy no ha salido y ha tenido visita?

UNA VECINA: ¿Qué dices?

OTRA VECINA (2): Lo que oyes.

UNA VECINA: No es verdad.

OTRA VECINA (2): Que te lo digo yo.

UNA VECINA: Y yo te lo digo a ti, si lo sabré yo que he estado aquí.

OTRA VECINA (2): Pues te engañó.

UNA VECINA: Que no.

OTRA VECINA (2): Como a una paloma. Lo que yo te diga. ¿No ves que estoy tabique con tabique y que todo se oye...?

UNA VECINA: Pero si nunca nada de nada, si dijo...

OTRA VECINA (2): Hizo el paripé y picaste.

UNA VECINA: Y con el marido tan bueno que tiene, que está tan colado por ella, siempre haciéndole regalos. No me lo puedo creer. Habrá busconas en la vida. Eso para que te fíes.

OTRA VECINA (2): ¡Si hubieses oído lo que yo oí! Mira que yo soy libre, ¿eh? Pues se me subieron los colores que me caía de vergüenza. Mira que yo no soy una santa, ¿eh?, pero esto, en la propia casa, no hay derecho.

UNA VECINA: Es lo que yo digo, estas mosquitas muertas... Y cuando se destapan...

OTRA VECINA (2): Una deshonra.

UNA VECINA:	Exacto, una deshonra.
OTRA VECINA (2):	Deberíamos hacer algo. Debemos reunirnos todas y hacer algo.
UNA VECINA:	Ya se pensará, que esto no queda así.
OTRA VECINA (2):	¿Nos juramentamos en hacerle la puñeta?
UNA VECINA:	Nos juramentamos.
OTRA VECINA (2):	¡Lo juro!
UNA VECINA:	No jures, que está mal. Nosotras nos juramentamos, pero no jures. Le hacemos la puñeta, que es lo que está bien.
OTRA VECINA (2):	Pero entre todas. Una puñeta muy gorda. Ha ido contra nuestra decencia.
UNA VECINA:	No lo dudes, de eso me encargo yo.
OTRA VECINA (2):	Si es que a mí me daba vergüenza.
OTRA VECINA:	¡Puñeta me vais a hacer a mí, que os he oído! ¡Envidia, envidia tiñosa! ¡Malmaridadas!
OTRA VECINA (2):	¡Fisgona!
OTRA VECINA:	¡Mira ahora la que habla, que ni un hijo sabes tener! ¿Quieres que te enseñe?
OTRA VECINA (2):	¡Como te coja te arranco el moño!
OTRA VECINA:	¡Para ponértelo tú, que ni moño tienes!
UNA VECINA:	Oye, esta está en mi casa. ¿Qué tienes que decir de ella?
OTRA VECINA:	¡Huy, yo nada! ¡Como todo se oye por los tabiques, ella sabrá...! ¡Una puede dar sus lecciones a los maridos que las pidan...!
OTRA VECINA (2):	Tú cállate, que esto es entre ella y yo.
UNA VECINA:	Me meto en lo que me da la gana, ¿entiendes, niña? Estás en mi casa y esa no te ofende.
OTRA VECINA (2):	¡¡Es una furcia, y esto es entre ella y yo!!
UNA VECINA:	Eso ya lo sé, pero no te preocupes, que cuando sepa toda la verdad...
OTRA VECINA:	¡Vecinas, vecinas, que nos van a decir la verdad! ¡¿También quieres que te cuente a ti un cuento, quijotesa?!

UNA VECINA: Mierda. Y ahora me vas tú a contar a mí qué es eso de que no sabes tener un hijo. Es que tu marido...

OTRA VECINA (2):   Yo hago lo que quiero.

UNA VECINA: Eso no se duda.

OTRA VECINA (2):   Y si no tengo hijos es porque no quiero, porque yo soy libre y hago lo que quiero. Y tendré hijos cuando yo quiera. Y me divierto cuando quiera y como quiera, porque yo hago mi realísima gana, ¿entendido?

UNA VECINA: No del todo. Y lo que entiendo no me gusta.

OTRA VECINA (2):   Pues que te vaya gustando. Sois todas unas esclavas. Tú igual que aquella, para servir al macho. Yo no.

OTRA VECINA: ¡¡Mujeres del mundo, uníos!!

UNA VECINA: Tú calla, que eres una puta y contigo no hablamos.

OTRA VECINA (2):   Mi marido es libre. Yo soy libre. ¿Qué entenderéis? La vida es para vivirla como personas. Tú eres una retrógrada.

UNA VECINA: Sin insultar, faltaría más.

OTRA VECINA (2):   Insulto si me da la gana. Soy libre.

OTRA VECINA: ¡¡Mujeres del mundo, uníos!!

OTRA VECINA (2):   La vida es para divertirse, que son cuatro días y quién te va a agradecer nada. Qué me importa a mí lo que haga mi marido fuera de casa. Arrastráis vuestra miseria creyendo que os engañáis las unas a las otras, qué asco me dais.

UNA VECINA: No me gusta y te digo que no me gusta.

OTRA VECINA (2):   Menos me gustáis vosotras a mí.

OTRA VECINA: ¡Que hable, que hable, que hable!

UNA VECINA: Sí, habla, ya que sabes tanto y sabes también despreciarnos.

OTRA VECINA (2):   No os soporto.

UNA VECINA: Sí, nos soportas.

OTRA VECINA: ¡Que hable, que hable, que hable!

OTRA VECINA (2):   ¿O es que no quieres entender lo que esa fulana está queriendo decir de tu marido?

UNA VECINA: No cambies la conversación, estamos hablando de ti y de tu marido y de esa libertad que pregonáis y de ese placer que lo es todo.

OTRA VECINA (2): Y tú no quieras esconder la cabeza, tu marido se acuesta con esa puta, porque no es otra cosa que una puta.

OTRA VECINA: ¡Más alto, que no se oye!

UNA VECINA: Si no me engaño. Ya sé que me paso la vida añorando lo que no tengo; pero quise tener unos hijos y tengo unos hijos. Y con los hijos se acaba el placer, pero son la vida, son la raíz, todo lo que se aguanta se justifica, porque ellos a su vez tendrán otros hijos.

OTRA VECINA: ¡Más alto!

UNA VECINA: Y esa furcia tiene hijos y es más digna que tú.

OTRA VECINA (2): Así os luce el pelo, ya no sé si es desprecio o pena lo que os tengo, estáis entre barro y no queréis salir de él.

UNA VECINA: Decir que se es libre ante los hijos...

OTRA VECINA: ¡¡Más alto!!

UNA VECINA: Rediós, si es lo único que tenemos en la vida, lo único real, lo único maduro... ¡¡¡Todo lo demás, las uvas de la zorra, todo lo demás, mentira, ellos lo justifican todo, el amor y el odio, el placer y el sufrimiento!!

OTRA VECINA: ¡¡¡Más alto!!!

UNA VECINA: Te digo que no me gustas, vecina, me pareces un demonio. ¡Sal de mi casa! ¡¡Decir que se es libre ante los hijos!!

III – DE LA MUERTE

Actores: La Desahuciada y Una Amiga.

UNA AMIGA: ¿Es verdad lo que he oído?

LA DESHAUCIADA: Si lo has oído, ¿quién soy yo para desmentir lo que has oído?

UNA AMIGA: Estoy angustiada.

LA DESHAUCIADA: ¿Por qué?

UNA AMIGA: No es momento de bromas. ¿Por qué? Por lo que he oído. He oído...

LA DESHAUCIADA: ¿Y quién soy yo para desmentir lo que has oído...?

UNA AMIGA: ¡Déjame! No hay quien hable contigo.

LA DESHAUCIADA: Has oído que voy a morir.

UNA AMIGA: Sí, he oído que vas a morir.

LA DESHAUCIADA: ¿Y bien? Se supone que soy yo la que debo estar angustiada, ¿no es eso?

UNA AMIGA: Estás mintiendo, eres una hipócrita, no te aguanto.

LA DESHAUCIADA: Por poco tiempo, querida, por poco tiempo.

UNA AMIGA: Pero ¿es verdad o no es verdad?

LA DESHAUCIADA: Es un cáncer, si eso te basta.

UNA AMIGA: ¿Y quién dijo eso?

LA DESHAUCIADA: El médico.

UNA AMIGA: El médico. Qué sabrá el médico. Pero, ¿cómo puede estar seguro ese médico? Yo no creo en los médicos. Los médicos no tienen ni idea. Son unos ignorantes. ¿Con qué derecho, además, pueden así, alegremente, repartir la vida y la muerte?

LA DESHAUCIADA: No pases pena, que no fue un médico sólo, unos cuantos médicos son los que lo han dicho y ya sabes que el número hace la fuerza, y la fuerza hace la razón, y la razón es la que determina los hechos. Han dicho que voy a morir y voy a morir, en reunión secreta y profunda han concluido mi muerte y esto no tiene solución, ¡como si tarde o temprano no fuésemos a morir todos...!

****

UNA AMIGA: Dios, ¿y cómo puedes estar tan tranquila?

LA DESHAUCIADA: Precisamente por eso, querida, porque creo en Dios.

UNA AMIGA: Yo no creo en Dios.

LA DESHAUCIADA: No crees en los médicos, no crees en Dios. Chica, lo tuyo puede ser grave. ¿Crees en algo?

UNA AMIGA: En nada. Y en estos momentos en menos. La vida es absurda. ¡Y tú me estás mintiendo, eres una hipócrita! Te haces la fuerte, pero sufres, claro que sufres. Tú a mí no me engañas. Se muere y se desaparece, todo acabado. Es absurdo, absurdo. ¡Dime, dime al menos que estás triste!

LA DESHAUCIADA: Mira, en eso sí que te doy la razón, la vida es un tanto absurda: nacemos para morir y no queremos morir.

UNA AMIGA: ¡Y tú quieres morir, claro!

LA DESHAUCIADA: Cómo te lo diría...

UNA AMIGA: Me deshace los nervios que estés tan tranquila...

LA DESHAUCIADA: Se acaba la fiesta, chica. Alguien dijo que esto de morir era como dejar una fiesta en el mejor momento. Y sí es cierto, algo hay. Y la fiesta estaba siendo atractiva, muy atractiva, ciertamente, entusiasmante. ¿Qué quieres que te diga? Ya conoces mi vida, hasta sin los problemas normales que otras tenéis, hasta sin un dolor de muelas que me desasosegase; querida, siempre y una vida fácil, sin grandes deseos pero todo cumplido. Sin embargo, siempre supe que tenía que morir y muero. Y sé que me espera un hogar que me atrae más.

UNA AMIGA: Tus creencias. Si a ti te consuelan tus creencias...

LA DESHAUCIADA: ¿Cómo que me consuelan mis creencias?

UNA AMIGA: Está claro que eres una ilusa.

LA DESHAUCIADA: Soy yo la que no te entiendo ahora. Cómo que una ilusa, ¿es que tú no vas a morir también? ¿Cómo que mis creencias? Aceptar los hechos no es ningún consuelo, es mirar de frente. Yo no meto la cabeza debajo del ala, miro de frente.

UNA AMIGA: Y ahora orgullosa.

LA DESHAUCIADA: No, yo no estoy orgullosa.

UNA AMIGA: Pues lo parece. ¿No dices que vamos a morir todos? Entonces, ¿qué?

Como todos. Y tú quieres exhibirte, pareces contenta.

LA DESHAUCIADA: Estoy contenta. Ya te he dicho que me espera otro hogar.

UNA AMIGA: ¿Y tus hijos?

LA DESHAUCIADA: Saldrán adelante.

UNA AMIGA: ¿Y tu marido?

LA DESHAUCIADA: Saldrá adelante.

UNA AMIGA: Eres egoísta.

LA DESHAUCIADA: Asumo los hechos. ¿De qué me serviría no ser egoísta como tú dices? ¿Cambiarían las cosas?

UNA AMIGA: No, no creo, claro que no.

LA DESHAUCIADA: Exacto. Entonces alegra esa cara y ven conmigo a contemplar el mar.

****

LA DESHAUCIADA: Cuando pequeña yo venía al mar y me sentía importante. A mis pies creía que el mar era como un perro inmenso que me acariciaba. ¡Qué niña era! Quería ser sirena y me lamía cuando me posaba cabe él, siempre tan cariñoso, siempre esperándome. Y quería morir perdida, encontrada, inmersa en él. Era muy pequeña entonces. Pero me ha seguido atrayendo el mar. Y voy a morir; pero aquellos sueños ya no existen. Voy a morir; pero estoy muriéndome como las reinas antiguas, hablando a los míos, rodeada de los míos, dándoles consejos; porque, oye, que adquiere una como una sabiduría extraña. Y soñando una y deseando imposibles. Ya ves, me gustaría que las sábanas fuesen de hilo fino y no las tengo, y que la habitación estuviese adornada de brocados y no se lleva y quedaría de mal gusto. Como las reinas antiguas, mi perro inmenso a mis pies expresándole la gratitud de su ayuda, porque aun siendo mis siervos, les debo yo a ellos más que ellos a mí, que ellos me han ayudado a gozar de la vida, como una reina, desde la ventana contemplando el mar. ¿Te repugna acaso que te diga que soy feliz? ¿Que me encuentro como si estuviese de vacaciones, sin nada que hacer, sin preocupaciones, simplemente en mi cuerpo sintiendo la dicha del descanso, las caricias, todas las caricias? Las vacaciones que nunca acabarán, mi premio por haber vivido: contemplo el mar y recuerdo, estoy en casa y me miman.

UNA AMIGA: Estás perdiendo la razón.

LA DESHAUCIADA: ¿Loca yo? ¿Y qué más da?, ¿si la muerte también acabará con la razón? Pero no, querida, no estoy loca, mi preocupación en la vida ha sido portar mi dignidad, y quiero morir con dignidad. ¿Te das cuenta de que con esa ansia de vivir y vivir qué abyectas están siendo muchas muertes? Muertes en rebeldía, muertes frenéticas, muertes drogadas, cuerpos deshechos, destrozados, empalados. Yo quiero morir de pie, querida.

UNA AMIGA: La muerte siempre será la muerte y para todos lo mismo... Y te engañas. Y el primer paso, la inconsciencia... Y después nada...

LA DESHAUCIADA: Siempre será la muerte. Y el nacer siempre será el nacer y se festeja, para que sepa la humanidad que ha nacido otro hombre. Y el amor será siempre el amor y se proclama a los cuatro vientos para que sepan todos que empieza de nuevo una procreación blanca. ¿No ves que siempre se festejan las mismas cosas, aunque nos queramos engañar diciendo que cambiamos los motivos? Y las apasionadas novias siguen queriendo casarse de blanco. Y más te digo, siempre se seguirá contemplando el mar, siempre atraídos por el mar, por el mar inmenso.

****

LA DESHAUCIADA: Hemos guardado silencio, ha pasado un ángel.

UNA AMIGA: Ha pasado un ángel, ¡ha pasado la muerte!

LA DESHAUCIADA: Una despedida extraña.

UNA AMIGA: No parece que muy normal. Menos mal que en algo razonas como los demás humanos.

LA DESHAUCIADA: Tampoco dramatices, no es la única despedida. Muchas veces nos despedimos durante la vida de muchas cosas. Aunque ahora sí que es cierto que es de todo y de todos.

UNA AMIGA: Creí que habías dicho que creías en la vida eterna.

LA DESHAUCIADA: ¡La vida eterna...!

UNA AMIGA: Así que nos volveremos a ver...

LA DESHAUCIADA: Lo cortés no quita lo valiente, querida, una cosa es la vida eterna y Jesucristo, la esperanza, la única realidad, y otra lo que tú puedas entender por vida eterna...

UNA AMIGA: Lo que yo y lo que todos. La vida eterna es la vida eterna y punto. Hasta el niño más pequeño lo entiende. Otra cosa, por lo que veo, es que tú creas o no en la vida eterna.

LA DESHAUCIADA: Tampoco me preocupa mucho, yo creo que la muerte es de uno y de Dios.

UNA AMIGA: Pero viviremos, ¿no?

LA DESHAUCIADA: Jesucristo es nuestra esperanza.

UNA AMIGA: ¡Contéstame!

LA DESHAUCIADA: Quiero decir que hay detalles que no sabemos cómo podrán ser. Por ejemplo, lo mismo del juicio final y todo eso.

UNA AMIGA: O sea, que te lo has montado a tu manera.

LA DESHAUCIADA: No te lo tomes así, ya te digo que son pequeños detalles. Al fin y al cabo, para qué nos vamos a devanar los sesos si, ya ves, en cualquier momento te mueres y ya lo sabrás todo.

UNA AMIGA: O nada.

LA DESHAUCIADA: Es tu problema.

UNA AMIGA: Pero a mí me hace mucha gracia. Te dices católica, creyente y se te llena la boca hablando de Dios, y después, ¿qué? Como los demás, crees en lo que te apetece. Así también podía creer yo.

LA DESHAUCIADA: Es tu problema, querida. ¿Y por qué no crees entonces?

UNA AMIGA: Porque yo no me engaño a mí misma.

LA DESHAUCIADA: No es así. Yo tampoco me engaño a mí misma. ¿Pero crees que una va a andar detrás de esos que se llaman sabios o doctores, doctores de la Iglesia, para escuchar sus monsergas? No, hija, no, que todo lo ven por los ojos de la intelectualidad. Y por los ojos de ellos, que son hombres, no lo olvides, y nosotras mujeres, y a cada cual lo suyo. ¿No ves que se rodean de libros y pierden la sesera y pueden volverse locos y volver locos a los demás?

UNA AMIGA: Ese rollo ya me lo sé, que me lo has contado muchas veces; pero me hablabas de los intelectuales en general, no lo aplicabas a tu Iglesia.

LA DESHAUCIADA: Todos son iguales, querida, dictaminan sobre el cielo y sobre la tierra y no se detienen.

UNA AMIGA: No me convences. Vuestras creencias están ahí y todos las conocemos, que yo también me las he aprendido. Y si las rechacé, las rechacé y tengo la valentía de decirlo. Se es o no se es.

LA DESHAUCIADA: Muy sencilla te has hecho la vida. Sí o no, así de fácil, mi vida no ha sido tan fácil, querida. Mi esperanza no está en creer una cosa u otra, en dimes o diretes, mi esperanza es Jesucristo. Y Jesucristo es los demás. Y eso es una vida, y eso no es sencillo. Y eso no se acaba nunca. La tranquilidad, la seguridad no existen cuando se vive entre los hombres y Jesucristo. La creencia de la que no se duda deja de ser esperanza. Día a día tienes que atarte y reatarte a la realidad para creer que un hombre es Dios. Por lo menos esta ha sido mi vida. No,

	no es fácil la vida.
UNA AMIGA:	Eso que dices de Jesucristo...
LA DESHAUCIADA:	¿Te interesa?
UNA AMIGA:	¿Cómo que me interesa? ¿Es que te crees que eres tú la única que piensa? ¿Crees que los demás somos acaso ganado? ¿O tú la única buena, inteligente, la poseedora de la verdad? Sí que me interesan Jesucristo y las cosas que has dicho y que me gustaría que me explicases, ya que tanto sabes.
LA DESHAUCIADA:	Lo siento, está cerrado el quiosco. A mí ya no me toca catequizarte, estoy de vacaciones.
UNA AMIGA:	¿Vacaciones?
LA DESHAUCIADA:	Voy a morir, no lo olvides. Te he dicho que estoy en mis merecidas vacaciones.
UNA AMIGA:	¡¿Vacaciones?! ¡Qué montaje! Siempre creí que lo vuestro era salvar almas y todo eso. ¿Santa Teresa?
LA DESHAUCIADA:	De acuerdo, pero me he tomado vacaciones. Así es la vida y al que no le guste, lo siento, que yo me muero. Y ya te lo he dicho, es tu problema, tú te quedas con tu problema.
UNA AMIGA:	Mal. Muy mal. Estoy hablando en serio. Yo quiero hablar en serio.
LA DESHAUCIADA:	Y yo también estoy hablando en serio. Lo tuyo será seguir soportándote, lo mío el mar, mi mar, mi mar inmenso.
UNA AMIGA:	¿Tu Dios o tu mar? Tu Dios parece el mar, tú adoras el mar, tú estás loca...
LA DESHAUCIADA:	Jesucristo me lleva de la mano al mar.
UNA AMIGA:	La muerte.
LA DESHAUCIADA:	El mar.
UNA AMIGA:	La muerte.
LA DESHAUCIADA:	Mi mar inmenso.
UNA AMIGA:	¡Estás loca! ¡Es la muerte, sólo la muerte!
LA DESHAUCIADA:	El mar.
UNA AMIGA:	¡Necia! ¡Orgullosa! ¡Y tú no quieres morir, nadie quiere morir! ¡Como

	yo tampoco quiero morir!
LA DESHAUCIADA:	De la mano de Jesucristo, de los míos, de todos los hombres, con esencia me baña el mar los pies a la orilla, mirando de frente.
UNA AMIGA:	¡Es solo la muerte! ¡Es solo la muerte!
LA DESHAUCIADA:	Es mi mar, mi mar inmenso.
UNA AMIGA:	¡¡La muerte!! ¡¡La muerte!!
LA DESHAUCIADA:	Como una reina.

TELÓN

TRÍPTICO

TRÍPTICO

    I   - Del amor
    II   - De la vida
    III - De la muerte

        Mi agradecimiento al GRUPO DE TEATRO CARTEL, que ha tenido la gentileza de aceptar este texto a él dedicado y ponerlo en escena.

        Igualmente por las sugerencias recibidas, que han hecho que cambiase, sobre el texto primitivo, algunos detalles de la tercera parte.

        Posiblemente, como me indican, esas correcciones debieran ser mayores para que el texto ganase en teatralidad; ahora bien, dado que los fines por los que lo realicé eran y son otros, prefiero dejar mi pensamiento en la forma actual, dando por acabado para bien o para mal este pequeño auto teatral.

        Gonzalo Martínez Junquera
        Avilés, mayo 87

TRÍPTICO

I – DEL AMOR

Actores:	Nieta y Abuela.
NIETA:	¡Todo, todo para mí! Los montes y el mar. ¡El mar, abuela! ¿Te das cuenta de que a mi edad aún no conozco el mar, abuela? ¿Y que me dicen que todo será mío en cuanto conozca el mar y el mar me inunde? ¿Comprendes? ¡Todo, todo para mí! Los montes y el mar. ¡El mar, abuela!
ABUELA:	Calma..., calma...
NIETA:	Las olas y yo soñando, a la orilla soñando. ¿Es azul el mar, abuela? ¿O es verde el mar, abuela? ¡Soy feliz, abuela!
ABUELA:	Calma..., calma...
NIETA:	Y los vestidos que llevaré; porque llevaré vestidos elegantes y miraré a los que conmigo se crucen altanera. ¿Entiendes, abuela? Por las calles de la ciudad altanera. Voy a marchar, me voy... Me voy para siempre...
ABUELA:	Calma..., calma...
NIETA:	¿Dices que te voy a dejar? No, abuela, digo que me voy para siempre.
ABUELA:	Calma...
NIETA:	No, abuela, no te voy a dejar para siempre. Yo te quiero, estarás conmigo contemplando el mar. Contemplando el mar no puede nadie molestar si guarda silencio. ¡Qué tonta eres si piensas que te puedo dejar, olvidar! Soy feliz, abuela.
ABUELA:	Estás enamorada...
NIETA:	No me entiendes, abuela, me voy pero no te dejo, te quiero mucho, te quiero demasiado, ¿lo comprendes? Comprendo que te duela, pero es que yo voy a ser libre, abuela, voy a contemplar el mar y voy a ir por las calles de la ciudad. Y tú estarás conmigo contemplando las luces, los escaparates y los jardines. En la ciudad hay jardines, abuela.
ABUELA:	Estás enamorada, chiquilla.
NIETA:	¿Tú no crees que despertaré oyendo ruiseñores? ¡¡Despertaré abrazada a mi amado, abuela!!
ABUELA:	Calma..., calma... que estás enamorada...
NIETA:	Me apetece gritar, llorar, cantar, bailar. Me apetece todo, abuela.

	Abuela, ¿es verdad lo que me pasa?
ABUELA:	Que estás enamorada..., chiquilla...
NIETA:	Estoy enamorada... ¡Estoy enamorada! ¡Estoy enamorada! ¡Enamorada! ¡Enamorada, enamorada, enamorada...!
ABUELA:	Calma, chiquilla, que estás enamorada.
NIETA:	Enamorada..., enamorada..., enamorada..., enamorada...

****

NIETA:	¡Ay, abuela, pienso; ¿es que tú nunca has estado enamorada?!
ABUELA:	¡Chiquilla...!
NIETA:	Pienso, tú, tú eres dulce, abuela, tan poca cosa, perdona, tú, claro, tú, tú tuviste que ser joven, ¿no? Claro, abuela, tú, tú tuviste que estar enamorada...
ABUELA:	¡Sí he estado enamorada! ¡¡Pero eso, apréndelo, no se pregunta a una abuela!!
NIETA:	Perdona, abuela, si yo...
ABUELA:	Ni abuela ni tatarabuela.
NIETA:	Abuela..., si te he ofendido...
ABUELA:	Abuela, abuela, abuela... ¡Deja ya de tanta abuela! Que estás enamorada... Ya sé que estás enamorada y yo he estado también enamorada. Sí, chiquilla, no me mires con esos ojos espantados. ¡Yo, vieja, he estado enamorada!
NIETA:	Perdona, abuela, yo...
ABUELA:	Perdona, perdona, perdona, ¿es que no sabes decir otra cosa? Me has ofendido, sí. Y ahora voy a hablarte yo; tú lo has querido, así que cállate, ahora me apetece hablar a mí. ¡Yo que estaba feliz escuchándote! Oyéndote gorjear..., como loca..., pero, ¡¿a quién se le ocurre preguntar tonterías?!
NIETA:	¿Es cierto, abuela?
ABUELA:	¿Es que lo dudas, chiquilla tonta?
NIETA:	¡¡Abuela!!
ABUELA:	¡Si me dejaras hablar!

NIETA: ¡¡Abuela!!

ABUELA: No te digo nada, ea. Iba a contarte cosas que se me agolparon; pero no te digo nada. No me dejas. Y no quiero.

NIETA: ¡Abuela!

ABUELA: Prefiero escucharte a ti. Tus voces, tus voces que creí perdidas. Es que me aturden tus voces, chiquilla, pero me hacen feliz, ¿comprendes? También soy yo feliz escuchándote, querida mía.

NIETA: Abuela, me apetece llorar: tú, enamorada...

ABUELA: Llora, chiquilla, llora, que estás enamorada...

NIETA: Estás llorando, abuela...

ABUELA: Tontas somos que estamos llorando...

NIETA: Llorando, abuela...

****

NIETA: Tengo que hacer la maleta. Es tarde, Dios mío, qué tarde. ¿Me ayudarás a hacer la maleta?

ABUELA: Te ayudo a hacer la maleta.

NIETA: Y mientras hacemos la maleta hablamos.

ABUELA: Hablamos.

NIETA: Me ibas a contar, abuela...

ABUELA: No te iba a contar nada.

NIETA: Una camisa.

ABUELA: Y un camisón.

NIETA: Estás enfurruñada.

ABUELA: Estoy tranquila.

NIETA: Una falda y un pantalón ajustado.

ABUELA: Que no lo pongas si no es para tu amado.

NIETA: ¿Un corsé como los tuyos, abuela?

ABUELA: Tu carne es firme, no los necesita.

NIETA:	Pero voy a ser mujer.
ABUELA:	No lo necesitas.
NIETA:	Deshojo la margarita.
ABUELA:	Tu carne no lo necesita.
NIETA:	Unas medias.
ABUELA:	Y las zapatillas.
NIETA:	Y el pañuelo para llorar.
ABUELA:	Y la sortija.
NIETA:	Y el vestido estampado.
ABUELA:	Y el delantal.
NIETA:	Y la sábana.
ABUELA:	Y una sartén.
NIETA:	¿Tantas cosas se necesitan, abuela, para marchar de casa? No me caben en la maleta.
ABUELA:	Pues hagamos dos.
NIETA:	Es verdad, así al llevarlas me servirán de contrapeso.
ABUELA:	Sí, querida, de contrapeso, tú lo has dicho... Siempre todo de dos en dos, de contrapeso..., hasta las maletas.
NIETA:	¿Te pasa algo, abuela?
ABUELA:	No, no; acabemos la maleta. Son los recuerdos, chiquilla. ¡No seas tan feliz, chiquilla mía querida!

****

NIETA:	Abuela.
ABUELA:	Dime.
NIETA:	Quiero que me cuentes cosas.
ABUELA:	No, querida, es mejor así. En silencio. Estará al llegar y no daría tiempo. Son locuras.

NIETA:	¿Tú crees que yo estoy loca?
ABUELA:	¡Qué tiene que ver! Y no lo decía por eso.
NIETA:	¿A ti te raptaron también?
ABUELA:	Te dije que no te hablaría.
NIETA:	Pero yo quiero saber, abuela.
ABUELA:	Una abuela sólo está para dar consejos, querida, y tú, ahora, no necesitas consejos. Está al llegar. Me dices que te van a venir a raptar y ya estás raptada, ya se han llevado a mi nieta. Vete contra el viento al mar, vete con el amado. En brazos del amado al mar. Te pido que nunca huyas de esta tu casa.
NIETA:	¿Huir, abuela?
ABUELA:	Renunciar.
NIETA:	¿Renunciar, abuela?
ABUELA:	Tus raíces. Yo me entiendo, y tú me entenderás. No eres tú la primera en descubrir la vida. El cuerpo te vibra, deja que te inunde toda tú, como siempre ha sido. De tu cuerpo saldrá otro cuerpo y así hasta siempre...
NIETA:	¡Abuela!
ABUELA:	Abuela, abuela, ¿no sabes decir otra cosa? ¿No tendrás otra maleta que hacer? ¿Estás segura de haberlo guardado todo? ¡Ay, Dios, si en esa plenitud de vida que presientes pudieses morir abrazada...!
NIETA:	¡Abuela!
ABUELA:	No te asustes, que soy una vieja, una vieja muy vieja feliz, una vieja que lleva el jersey de cuerpo añoso. Un jersey de amor raído, mi cuerpo tejido, mi amado en la tierra, la vida en las manos, vieja. No tengo otra cosa que darte, si me recordases...
NIETA:	A veces me das miedo.
ABUELA:	¡No, querida, que no nos coja desprevenidas el amado! Riamos, bailemos, bailemos mientras esperamos. ¡Esperemos alegres el momento que llega, los ojos que te penetrarán, las manos que acariciarán tus senos! ¡Soñemos! ¡Que no nos coja desprevenidas el amado!
NIETA:	Estoy de pronto como triste...
ABUELA:	¡Chiquilla, que no se diga que la nieta de su abuela está triste!

NIETA:	Triste. ¿Miedo? ¿Es posible que sea miedo? ¿Por qué me has dicho esas cosas, abuela? Estaba contenta y de pronto... ¿O será la espera? ¿No tenía que haber llegado ya? No sé, es de noche. ¿Será la noche la que me da miedo? Abuela, ¿es cierto que por los bosques...? Pero yo voy a la ciudad. ¿En la ciudad también? ¿Tú crees, abuela? ¡Abrázame, abuela! ¿Será cierto que el mar es azul? ¿Quién me dijo que era verde? ¿Quién me dijo que en el asfalto no podían anidar los ruiseñores? Pero, ¿qué es el asfalto, abuela?
ABUELA:	Calma, querida, calma, que estás enamorada...
NIETA:	¿Tendré frío a la orilla del mar, abuela? Y cuando espere a mi amado a la ventana, ¿me sonreirán las vecinas? Porque las vecinas tienen que sonreír a las vecinas, ¿no, abuela? ¿No tarda mucho, abuela? ¿Tú crees que cuando él venga se me quitarán las dudas, este miedo, abuela?
ABUELA:	Calma, calma, que estás enamorada...
NIETA:	Enamorada..., enamorada..., enamorada...

****

ABUELA:	Te voy a contar, ¡ea!...
NIETA:	¡Abuela, estoy enamorada!
ABUELA:	...un recuerdo. ¿No quieres que te cuente un recuerdo?
NIETA:	¡Abuela! ¿De verdad? ¿A mí? ¡Tú has estado enamorada! ¿Como yo ahora? ¿Y también estuviste esperando al abuelo? ¿De verdad? ¡Ay, qué ilusión! ¡Cuéntame, cuéntame, abuela!
ABUELA:	¿Me dejarás hablar, cabeza loca? Yo quiero contarte mi recuerdo.
NIETA:	Dime, abuela.
ABUELA:	¿Me escucharás?
NIETA:	Te escucharé.
ABUELA:	Pues cállate, coña.
NIETA:	Me callo, abuela, recoña.
ABUELA:	Era una verbena.
NIETA:	¿Una verbena?
ABUELA:	Sí, una verbena. Con bombillas de colores. Y bailábamos.

NIETA: Una romería.

ABUELA: Una verbena. Y escucha. Bailábamos.

NIETA: ¿Así?

ABUELA: Así bailábamos. Y yo sé que sobre las luces aquellas de colores tenía que haber estrellas, pero no las veía. Yo sólo veía las luces de colores. Estábamos como encerrados y, sin embargo, felices, todos amigos. Como en una intimidad, todos nos conocíamos, todos bailábamos y no había más que aquello: la música, las bombillas y la hierba. Hasta que llegó. Hasta que llegó él. Hasta que sólo él y yo. Y me abrazó y me besó en la frente. En mis tiempos nadie se abrazaba delante de los demás, pero yo estoy segura de que me abrazó y me besó en la frente. Y ya no recuerdo más. Sí, claro, después, no sé cuándo, aquella misma noche, más de noche, claro, fue aquella misma noche cuando empecé a tejer mi jersey. El jersey del que te hablé antes, el jersey añoso, querida, el jersey de amor raído, mi cuerpo ajado, ¡mi jersey, querida, mi jersey! ¿Ves qué sencillo? Esa fue mi vida...

NIETA: ¡Abuela...!

ABUELA: Abuela, abuela, abuela... ¿Cuándo dejarás de decir abuela? ¿No te enseñaron otra cosa en la escuela? ¿Diciendo abuela crees que puedes ir a la ciudad? ¿Y tu amado? ¿Así es como esperas a tu amado? Abuela, abuela... Si esta chiquilla es tonta, Dios mío, si no sabe decir nada más que abuela. Y él me apretó, me apretó tan fuerte que creí que me salían los pechos al aire, pero no lo recuerdo, no estaba bien visto, es raro, yo era feliz y no me daba vergüenza y mis pechos al aire, y me felicitaban al aire. Era el amor que hace que todos sonrían y lo contemplen felices y yo que aquella noche empecé a tejer mi cuerpo añoso... ¿No me contestas, chiquilla? No me contestes, chiquilla, guarda silencio, no sabría qué más decirte... Pero, ¿será tonta esta chiquilla que no me dice nada? ¿Es que cree que pueden decirse secretos en silencio? ¡Chiquilla! ¡¿Dónde estás, chiquilla?!...

II – DE LA VIDA

Actores: Una vecina, Otra vecina y Otra vecina.

UNA VECINA: ¿Dónde estará mi marido? Putañero de él, hijo de puta. Si yo fuese macho, pelo a pelo calvo, por mi madre, entre estas cuatro paredes... Dignidad le iba yo a dar, perro famélico. ¡Vecinas! ¡¡Vecinas!! ¡A mí, mis vecinas, que tengo un marido que no es mi marido! ¡¿Habéis visto a mi marido, vecinas?! Pues yo tampoco he visto a mi marido. Canijo de mi marido. ¡Vecinas, piedad! ¡Compadeceos de mí! Decidme, ¿qué me queda a mí en la vida?! Mis manos ajadas, mi cara arrugada, ¡mi cara! ...Y mis pechos... ¡Teníais que ver aquellos pechos que yo tenía, que me envidiabais, vecinas! Los mejores del barrio, ¡Dios! Y esta barriga grasienta, ¡qué vida tan rara has ideado! Todo verde, todo miseria, todo podre, todo un poco más allá de las manos, siempre deseando lo que no se tiene, como la zorra, y no teniendo nada, como la zorra que no lo alcanza o lo alcanza verde. ¡Dios, vecinas, tened piedad de mí!

OTRA VECINA: ¿Llamabas?

UNA VECINA: No, no llamaba.

OTRA VECINA: Hija mía, no te pongas así, soy tu amiga...

UNA VECINA: ¿Tú, amiga?

OTRA VECINA: Jura que no me llamabas. Yo oí llamar a...

UNA VECINA: ...y como pasabas...

OTRA VECINA: ...pensé que...

UNA VECINA: ...hay que consolar a la vecinita, pobrecita...

OTRA VECINA: Desgraciada.

UNA VECINA: ¡Chismosa! ¿Qué carajo te importa a ti mi vida? ¿Vamos a ver, quién te manda meter las narices en casa ajena? Mira la tuya, que más te valiera.

OTRA VECINA: Pobre criatura mía, cuánto debes sufrir, yo comprendo... Desahoga, hija, si no me molestas... Tanta desgracia encima de una... No sé cómo lo soportas...

UNA VECINA: Pues lo soporto, ya ves. Y ahora me vas a decir que sales con tu maridito. Si no te conociera, merengue... Anda, vete con tu maridito y me dejas en paz, ¿quieres?

OTRA VECINA: Soy feliz; pero mi trabajo me cuesta, también hay que saber hacer por

	la labor, vecina. La felicidad nunca es completa, cada una llevamos nuestra cruz, ya lo sabes. Hay que superarse y hay que hacer por ello. Pero la vida tiene sus compensaciones. Mira el último regalo que me ha hecho pocholín, mi marido. Bueno, ¿te gusta? ¿No es divino?
UNA VECINA:	Divino.
OTRA VECINA:	Es tan cariñoso pocholín, mi marido. Perdona, es que siempre está así. Yo ya ves no soy tan ocurrente con él. Por eso pienso tanto en ti, que te veo tan sola siempre... esos maridos juerguistas, sin conciencia... Claro, te insisto, también debías hacer algo por ti...
UNA VECINA:	Oye, niña, si tanto te quiere tu marido, ¿a qué viene eso de que cada una llevamos nuestra cruz? Lo tuyo, como no sea esa hipócrita medalla que llevas al cuello... Que una también puede dar consejos, ¿eh? Te lo digo yo, que más te valiera abrir bien los ojos, imbécil.
OTRA VECINA:	No todo es perfecto en la vida, yo me sé mis cosas; pero no me gusta ir contándolas por ahí... ni dar voces...
UNA VECINA:	Pero si lo sabemos todas, pasmarata, si lo sabemos todas que tú nada de nada, que nada, que de lo que yo me sé nada. ¡Vecinas, escuchad! ¡Que la niñata dice que lleva su cruz! ¡Ya quisiera ella llevar su cruz o que le cayese encima, una piedra que le cayese encima; pero encima nada de nada! El pocholín, el pocholín es su marido ¿sabéis? ¡No quiere nada con ella...!
OTRA VECINA:	Eres una guarra.
UNA VECINA:	Así me gusta, que hables, carajo. Y ahora, ¿qué? ¿Te doy pena?
OTRA VECINA:	Resentida, que eres una resentida, qué culpa tenemos las demás de lo que a ti te pase. Viene una con el corazón en la mano ¿y qué encuentra? Insultos. No sé aún por qué habré entrado, tonta de mí.
UNA VECINA:	Para compadecerme, ¿no? Porque te había llamado yo, ¿no? Y si te pica donde te pica es que nadie te arrasca donde te pica. Y tu maridito, pocholito, tendrá una apañito, ¿no? Digo yo. Y si no, ¿a qué tanto regalo y tanta monserga? ¡Vamos, di algo, esposa perfecta!
OTRA VECINA:	Me das asco. No sé por qué habré entrado. Adiós.
UNA VECINA:	Por eso mismo, vecinita, a más ver.
OTRA VECINA:	Envidia. Ya te gustaría a ti que tu marido fuese como el mío. Y si tiene apaños por ahí, mejor para él, que se lo merece y no como el tuyo, que con pelanduscas se tiene que conformar. Claro que con el adefesio que tiene en casa...
UNA VECINA:	Largando con pocholín que se te desplancha. Vete de una vez, rediós, que aquí sobras.

OTRA VECINA:	Envidia, malmaridada, envidia. ¡Vecinas, atended, que quede constancia que esta vecina me tiene envidia, que es una malmaridada y una arpía!
UNA VECINA:	¡Vecinas, oíd todas, vecinas, no admitáis en vuestras casas a esta chismosa, que mete las narices en el puchero y quiere meter las narices en vuestras camas!
OTRA VECINA:	Furcia.
UNA VECINA:	Vieja chismosa.
OTRA VECINA:	¿Yo vieja?
UNA VECINA:	Vieja y arrugada, relamida, beata, babosa.
OTRA VECINA:	¡Que te...!
UNA VECINA:	Que te zurzan y a pasear. ¡¡Vecinas, que se va a pasear!!
OTRA VECINA:	Yo no llevo zurcidos.
UNA VECINA:	A pasear con tu marido, el pocholín.
OTRA VECINA:	Del brazo se pasea, maja, y envidia roñosa.
UNA VECINA:	Que te pudras.
OTRA VECINA:	A pudrirme voy.

****

UNA VECINA:	Que te falta un verano, hija, un hervor, putita barata que ni a tu marido atraes. Esto sí que ha sido una sesión de terapia, como dicen ahora. Y gratis. ¡Viva la vida! ¡Despejé! Me estaba entrando la "depre", como dicen ahora, y nuevecita, como cuando una se baña entre espumas olorosas... De cine... O leche de burra, que yo me lo sé. Una habla alto, se acerca el lobo, se espanta al lobo y ya está. Si los médicos supieran... Pero es que pocholín se lo merece, porque aparte la cursilada de la vecinita está muy bien, pero que de pistón, si lo sabré yo... Es más tonta que hacerla de encargo... Esa pasa por la vida y no se entera. Si sabré yo cómo está su marido, que me lo he catado más veces que ella. Si es que la pone a una, esa mojigata, a cien. Yo comprendo que cuando tengo la neura me lanzo, pero, ¡carajo!, si un poco más y hasta le digo que soy yo la que me acuesto con su marido y no se entera. Y ella llamándole pocholín, es que no lo aguanto, de veras, no lo aguanto. Y ella, quejándose de que le llega sin fuerzas a casa... Vamos, es que si me entero yo, aunque sea de compromiso conyugal. Vamos, que si me entero de algo va a saber lo que es bueno el pocholito, que si no tiene bastante conmigo que soy una real

hembra... No hay miedo, ella canta que es un primor, ¡inocente! Regalitos, vecinita, regalitos. Lo que digo, lo tengo todo, no sé de qué me quejo, soy feliz: marido, amante, hijos y estas cuatro paredes. Feliz, feliz, feliz.

OTRA VECINA (2): Buenos días, vecina.

UNA VECINA: La que me faltabas. ¿Pero qué tengo yo, o esta casa, vamos a ver?

OTRA VECINA (2): Pues...

UNA VECINA: ¿Qué pues? Ni pues ni nada. Hala, a brindar, que vivimos cuatro días y hay que aprovecharlos.

OTRA VECINA (2): Estás contenta.

UNA VECINA: De todo, hija, de todo. Estaba neura, vino el viento y se llevó la neura. Y ahora tú.

OTRA VECINA (2): ¿Molesto?

UNA VECINA: Coño, ¿no te digo que vamos a brindar?

OTRA VECINA (2): ¿Con fino?

UNA VECINA: Sí, señora, ¿molesta? Con fino.

OTRA VECINA (2): Muchas gracias, eres ideal.

UNA VECINA: Chin, chin.

OTRA VECINA (2): Chin, chin.

UNA VECINA: Oye, ¿a ti qué te trae por aquí? Porque vamos a ver, no vas a decir que te llamé, o que presentías que te necesitaba. ¿Qué? ¿Tú no haces nada en tu casa? Y eso de que una es ideal, ¿a qué viene? O me estás buscando las cosquillas y quieres que también a ti te cante las cuarenta en bastos o en lo que pinte, ¿eh, lucerito?

OTRA VECINA (2): Oye, para el carro, que no te he hecho nada y más o menos nos llevamos bien. Yo sólo venía a ver si me podías dejar la aspiradora, que se me ha estropeado la mía.

UNA VECINA: No sé, a saber, porque eso de que se te estropeó la aspiradora...

OTRA VECINA (2): ¿Me la dejas o no me la dejas?

UNA VECINA: Que te conozco, bacalao. No lo sé. Utiliza la escoba, coño, porque, claro, es más fácil así, vivir de señorona. Y a otro perro con ese hueso, que a mí me da que tú viniste para algo más.

OTRA VECINA (2): Vaya día que hace más soleado.

UNA VECINA: Pero muy frío.

OTRA VECINA (2): Da gusto pasear, ¡quién pudiera!

UNA VECINA: No me cambies la conversación.

OTRA VECINA (2): Yo no cambio de conversación. El día está soleado, ¿no? Y tú estás entornada. ¿Me lo quieres explicar?

UNA VECINA: Yo no explico nada a nadie, ¿oyes? A ti qué te importa si estoy entornada.

OTRA VECINA (2): No discutamos, di conmigo que el día está extraordinario y que hay que disfrutarlo. A propósito, ¿viste que la vecinita esa, que tú y yo sabemos, hoy no ha salido y ha tenido visita?

UNA VECINA: ¿Qué dices?

OTRA VECINA (2): Lo que oyes.

UNA VECINA: No es verdad.

OTRA VECINA (2): Que te lo digo yo.

UNA VECINA: Y yo te lo digo a ti, si lo sabré yo que he estado aquí.

OTRA VECINA (2): Pues te engañó.

UNA VECINA: Que no.

OTRA VECINA (2): Como a una paloma. Lo que yo te diga. ¿No ves que estoy tabique con tabique y que todo se oye...?

UNA VECINA: Pero si nunca nada de nada, si dijo...

OTRA VECINA (2): Hizo el paripé y picaste.

UNA VECINA: Y con el marido tan bueno que tiene, que está tan colado por ella, siempre haciéndole regalos. No me lo puedo creer. Habrá busconas en la vida. Eso para que te fíes.

OTRA VECINA (2): ¡Si hubieses oído lo que yo oí! Mira que yo soy libre, ¿eh? Pues se me subieron los colores que me caía de vergüenza. Mira que yo no soy una santa, ¿eh?, pero esto, en la propia casa, no hay derecho.

UNA VECINA: Es lo que yo digo, estas mosquitas muertas... Y cuando se destapan...

OTRA VECINA (2): Una deshonra.

UNA VECINA:	Exacto, una deshonra.
OTRA VECINA (2):	Deberíamos hacer algo. Debemos reunirnos todas y hacer algo.
UNA VECINA:	Ya se pensará, que esto no queda así.
OTRA VECINA (2):	¿Nos juramentamos en hacerle la puñeta?
UNA VECINA:	Nos juramentamos.
OTRA VECINA (2):	¡Lo juro!
UNA VECINA:	No jures, que está mal. Nosotras nos juramentamos, pero no jures. Le hacemos la puñeta, que es lo que está bien.
OTRA VECINA (2):	Pero entre todas. Una puñeta muy gorda. Ha ido contra nuestra decencia.
UNA VECINA:	No lo dudes, de eso me encargo yo.
OTRA VECINA (2):	Si es que a mí me daba vergüenza.
OTRA VECINA:	¡Puñeta me vais a hacer a mí, que os he oído! ¡Envidia, envidia tiñosa! ¡Malmaridadas!
OTRA VECINA (2):	¡Fisgona!
OTRA VECINA:	¡Mira ahora la que habla, que ni un hijo sabes tener! ¿Quieres que te enseñe?
OTRA VECINA (2):	¡Como te coja te arranco el moño!
OTRA VECINA:	¡Para ponértelo tú, que ni moño tienes!
UNA VECINA:	Oye, esta está en mi casa. ¿Qué tienes que decir de ella?
OTRA VECINA:	¡Huy, yo nada! ¡Como todo se oye por los tabiques, ella sabrá...! ¡Una puede dar sus lecciones a los maridos que las pidan...!
OTRA VECINA (2):	Tú cállate, que esto es entre ella y yo.
UNA VECINA:	Me meto en lo que me da la gana, ¿entiendes, niña? Estás en mi casa y esa no te ofende.
OTRA VECINA (2):	¡¡Es una furcia, y esto es entre ella y yo!!
UNA VECINA:	Eso ya lo sé, pero no te preocupes, que cuando sepa toda la verdad...
OTRA VECINA:	¡Vecinas, vecinas, que nos van a decir la verdad! ¡¿También quieres que te cuente a ti un cuento, quijotesa?!

UNA VECINA:	Mierda. Y ahora me vas tú a contar a mí qué es eso de que no sabes tener un hijo. Es que tu marido...
OTRA VECINA (2):	Yo hago lo que quiero.
UNA VECINA:	Eso no se duda.
OTRA VECINA (2):	Y si no tengo hijos es porque no quiero, porque yo soy libre y hago lo que quiero. Y tendré hijos cuando yo quiera. Y me divierto cuando quiera y como quiera, porque yo hago mi realísima gana, ¿entendido?
UNA VECINA:	No del todo. Y lo que entiendo no me gusta.
OTRA VECINA (2):	Pues que te vaya gustando. Sois todas unas esclavas. Tú igual que aquella, para servir al macho. Yo no.
OTRA VECINA:	¡¡Mujeres del mundo, uníos!!
UNA VECINA:	Tú calla, que eres una puta y contigo no hablamos.
OTRA VECINA (2):	Mi marido es libre. Yo soy libre. ¿Qué entenderéis? La vida es para vivirla como personas. Tú eres una retrógrada.
UNA VECINA:	Sin insultar, faltaría más.
OTRA VECINA (2):	Insulto si me da la gana. Soy libre.
OTRA VECINA:	¡¡Mujeres del mundo, uníos!!
OTRA VECINA (2):	La vida es para divertirse, que son cuatro días y quién te va a agradecer nada. Qué me importa a mí lo que haga mi marido fuera de casa. Arrastráis vuestra miseria creyendo que os engañáis las unas a las otras, qué asco me dais.
UNA VECINA:	No me gusta y te digo que no me gusta.
OTRA VECINA (2):	Menos me gustáis vosotras a mí.
OTRA VECINA:	¡Que hable, que hable, que hable!
UNA VECINA:	Sí, habla, ya que sabes tanto y sabes también despreciarnos.
OTRA VECINA (2):	No os soporto.
UNA VECINA:	Sí, nos soportas.
OTRA VECINA:	¡Que hable, que hable, que hable!
OTRA VECINA (2):	¿O es que no quieres entender lo que esa fulana está queriendo decir de tu marido?

UNA VECINA:	No cambies la conversación, estamos hablando de ti y de tu marido y de esa libertad que pregonáis y de ese placer que lo es todo.
OTRA VECINA (2):	Y tú no quieras esconder la cabeza, tu marido se acuesta con esa puta, porque no es otra cosa que una puta.
OTRA VECINA:	¡Más alto, que no se oye!
UNA VECINA:	Si no me engaño. Ya sé que me paso la vida añorando lo que no tengo; pero quise tener unos hijos y tengo unos hijos. Y con los hijos se acaba el placer, pero son la vida, son la raíz, todo lo que se aguanta se justifica, porque ellos a su vez tendrán otros hijos.
OTRA VECINA:	¡Más alto!
UNA VECINA:	Y esa furcia tiene hijos y es más digna que tú.
OTRA VECINA (2):	Así os luce el pelo, ya no sé si es desprecio o pena lo que os tengo, estáis entre barro y no queréis salir de él.
UNA VECINA:	Decir que se es libre ante los hijos...
OTRA VECINA:	¡¡Más alto!!
UNA VECINA:	Rediós, si es lo único que tenemos en la vida, lo único real, lo único maduro... ¡¡¡Todo lo demás, las uvas de la zorra, todo lo demás, mentira, ellos lo justifican todo, el amor y el odio, el placer y el sufrimiento!!
OTRA VECINA:	¡¡¡Más alto!!!
UNA VECINA:	Te digo que no me gustas, vecina, me pareces un demonio. ¡Sal de mi casa! ¡¡Decir que se es libre ante los hijos!!

III – DE LA MUERTE

Actores: La Desahuciada y Una Amiga.

UNA AMIGA: ¿Es verdad lo que he oído?

LA DESHAUCIADA: Si lo has oído, ¿quién soy yo para desmentir lo que has oído?

UNA AMIGA: Estoy angustiada.

LA DESHAUCIADA: ¿Por qué?

UNA AMIGA: No es momento de bromas. ¿Por qué? Por lo que he oído. He oído...

LA DESHAUCIADA: ¿Y quién soy yo para desmentir lo que has oído...?

UNA AMIGA: ¡Déjame! No hay quien hable contigo.

LA DESHAUCIADA: Has oído que voy a morir.

UNA AMIGA: Sí, he oído que vas a morir.

LA DESHAUCIADA: ¿Y bien? Se supone que soy yo la que debo estar angustiada, ¿no es eso?

UNA AMIGA: Estás mintiendo, eres una hipócrita, no te aguanto.

LA DESHAUCIADA: Por poco tiempo, querida, por poco tiempo.

UNA AMIGA: Pero ¿es verdad o no es verdad?

LA DESHAUCIADA: Es un cáncer, si eso te basta.

UNA AMIGA: ¿Y quién dijo eso?

LA DESHAUCIADA: El médico.

UNA AMIGA: El médico. Qué sabrá el médico. Pero, ¿cómo puede estar seguro ese médico? Yo no creo en los médicos. Los médicos no tienen ni idea. Son unos ignorantes. ¿Con qué derecho, además, pueden así, alegremente, repartir la vida y la muerte?

LA DESHAUCIADA: No pases pena, que no fue un médico sólo, unos cuantos médicos son los que lo han dicho y ya sabes que el número hace la fuerza, y la fuerza hace la razón, y la razón es la que determina los hechos. Han dicho que voy a morir y voy a morir, en reunión secreta y profunda han concluido mi muerte y esto no tiene solución, ¡como si tarde o temprano no fuésemos a morir todos...!

****

UNA AMIGA:	Dios, ¿y cómo puedes estar tan tranquila?
LA DESHAUCIADA:	Precisamente por eso, querida, porque creo en Dios.
UNA AMIGA:	Yo no creo en Dios.
LA DESHAUCIADA:	No crees en los médicos, no crees en Dios. Chica, lo tuyo puede ser grave. ¿Crees en algo?
UNA AMIGA:	En nada. Y en estos momentos en menos. La vida es absurda. ¡Y tú me estás mintiendo, eres una hipócrita! Te haces la fuerte, pero sufres, claro que sufres. Tú a mí no me engañas. Se muere y se desaparece, todo acabado. Es absurdo, absurdo. ¡Dime, dime al menos que estás triste!
LA DESHAUCIADA:	Mira, en eso sí que te doy la razón, la vida es un tanto absurda: nacemos para morir y no queremos morir.
UNA AMIGA:	¡Y tú quieres morir, claro!
LA DESHAUCIADA:	Cómo te lo diría...
UNA AMIGA:	Me deshace los nervios que estés tan tranquila...
LA DESHAUCIADA:	Se acaba la fiesta, chica. Alguien dijo que esto de morir era como dejar una fiesta en el mejor momento. Y sí es cierto, algo hay. Y la fiesta estaba siendo atractiva, muy atractiva, ciertamente, entusiasmante. ¿Qué quieres que te diga? Ya conoces mi vida, hasta sin los problemas normales que otras tenéis, hasta sin un dolor de muelas que me desasosegase; querida, siempre y una vida fácil, sin grandes deseos pero todo cumplido. Sin embargo, siempre supe que tenía que morir y muero. Y sé que me espera un hogar que me atrae más.
UNA AMIGA:	Tus creencias. Sí a ti te consuelan tus creencias...
LA DESHAUCIADA:	¿Cómo que me consuelan mis creencias?
UNA AMIGA:	Está claro que eres una ilusa.
LA DESHAUCIADA:	Soy yo la que no te entiendo ahora. Cómo que una ilusa, ¿es que tú no vas a morir también? ¿Cómo que mis creencias? Aceptar los hechos no es ningún consuelo, es mirar de frente. Yo no meto la cabeza debajo del ala, miro de frente.
UNA AMIGA:	Y ahora orgullosa.
LA DESHAUCIADA:	No, yo no estoy orgullosa.
UNA AMIGA:	Pues lo parece. ¿No dices que vamos a morir todos? Entonces, ¿qué?

	Como todos. Y tú quieres exhibirte, pareces contenta.
LA DESHAUCIADA:	Estoy contenta. Ya te he dicho que me espera otro hogar.
UNA AMIGA:	¿Y tus hijos?
LA DESHAUCIADA:	Saldrán adelante.
UNA AMIGA:	¿Y tu marido?
LA DESHAUCIADA:	Saldrá adelante.
UNA AMIGA:	Eres egoísta.
LA DESHAUCIADA:	Asumo los hechos. ¿De qué me serviría no ser egoísta como tú dices? ¿Cambiarían las cosas?
UNA AMIGA:	No, no creo, claro que no.
LA DESHAUCIADA:	Exacto. Entonces alegra esa cara y ven conmigo a contemplar el mar.

****

LA DESHAUCIADA:	Cuando pequeña yo venía al mar y me sentía importante. A mis pies creía que el mar era como un perro inmenso que me acariciaba. ¡Qué niña era! Quería ser sirena y me lamía cuando me posaba cabe él, siempre tan cariñoso, siempre esperándome. Y quería morir perdida, encontrada, inmersa en él. Era muy pequeña entonces. Pero me ha seguido atrayendo el mar. Y voy a morir; pero aquellos sueños ya no existen. Voy a morir; pero estoy muriéndome como las reinas antiguas, hablando a los míos, rodeada de los míos, dándoles consejos; porque, oye, que adquiere una como una sabiduría extraña. Y soñando una y deseando imposibles. Ya ves, me gustaría que las sábanas fuesen de hilo fino y no las tengo, y que la habitación estuviese adornada de brocados y no se lleva y quedaría de mal gusto. Como las reinas antiguas, mi perro inmenso a mis pies expresándole la gratitud de su ayuda, porque aun siendo mis siervos, les debo yo a ellos más que ellos a mí, que ellos me han ayudado a gozar de la vida, como una reina, desde la ventana contemplando el mar. ¿Te repugna acaso que te diga que soy feliz? ¿Que me encuentro como si estuviese de vacaciones, sin nada que hacer, sin preocupaciones, simplemente en mi cuerpo sintiendo la dicha del descanso, las caricias, todas las caricias? Las vacaciones que nunca acabarán, mi premio por haber vivido: contemplo el mar y recuerdo, estoy en casa y me miman.
UNA AMIGA:	Estás perdiendo la razón.
LA DESHAUCIADA:	¿Loca yo? ¿Y qué más da?, ¿si la muerte también acabará con la razón? Pero no, querida, no estoy loca, mi preocupación en la vida ha sido portar mi dignidad, y quiero morir con dignidad. ¿Te das cuenta de que con esa ansia de vivir y vivir qué abyectas están siendo muchas

muertes? Muertes en rebeldía, muertes frenéticas, muertes drogadas, cuerpos deshechos, destrozados, empalados. Yo quiero morir de pie, querida.

UNA AMIGA: La muerte siempre será la muerte y para todos lo mismo... Y te engañas. Y el primer paso, la inconsciencia... Y después nada...

LA DESHAUCIADA: Siempre será la muerte. Y el nacer siempre será el nacer y se festeja, para que sepa la humanidad que ha nacido otro hombre. Y el amor será siempre el amor y se proclama a los cuatro vientos para que sepan todos que empieza de nuevo una procreación blanca. ¿No ves que siempre se festejan las mismas cosas, aunque nos queramos engañar diciendo que cambiamos los motivos? Y las apasionadas novias siguen queriendo casarse de blanco. Y más te digo, siempre se seguirá contemplando el mar, siempre atraídos por el mar, por el mar inmenso.

****

LA DESHAUCIADA: Hemos guardado silencio, ha pasado un ángel.

UNA AMIGA: Ha pasado un ángel, ¡ha pasado la muerte!

LA DESHAUCIADA: Una despedida extraña.

UNA AMIGA: No parece que muy normal. Contigo poco hay normal.

LA DESHAUCIADA: Tampoco dramatices, no es la única despedida. Muchas veces nos despedimos durante la vida de muchas cosas. Aunque ahora sí que es cierto que es de todo y de todos.

UNA AMIGA: Creí que habías dicho que creías en la vida eterna.

LA DESHAUCIADA: ¡La vida eterna...!

UNA AMIGA: Así que nos volveremos a ver...

LA DESHAUCIADA: Lo cortés no quita lo valiente, querida, una cosa es la vida eterna y Jesucristo, la esperanza, la única realidad, y otra lo que tú puedas entender por vida eterna...

UNA AMIGA: Lo que yo y lo que todos. La vida eterna es la vida eterna y punto. Hasta el niño más pequeño lo entiende. Otra cosa, por lo que veo, es que tú creas o no en la vida eterna.

LA DESHAUCIADA: Tampoco me preocupa mucho.

UNA AMIGA: Pero viviremos, ¿no?

LA DESHAUCIADA: Jesucristo es nuestra esperanza.

UNA AMIGA: ¡Contéstame!

LA DESHAUCIADA: Quiero decir que hay detalles que no sabemos cómo podrán ser.

UNA AMIGA: O sea, que dudas. Que dudas y te lo has compuesto a tu manera.

LA DESHAUCIADA: No te lo tomes así, ya te digo que son pequeños detalles. Al fin y al cabo, para qué nos vamos a devanar los sesos si, ya ves, en cualquier momento te mueres y ya lo sabrás todo.

UNA AMIGA: O nada.

LA DESHAUCIADA: Es tu problema.

UNA AMIGA: Pero a mí me hace mucha gracia. Te dices católica, creyente y se te llena la boca hablando de Dios y después, ¿qué? Como los demás, crees en lo que te apetece. Así también podía creer yo.

LA DESHAUCIADA: Es tu problema, querida. ¿Y por qué no crees entonces?

UNA AMIGA: Porque yo no me engaño a mí misma.

LA DESHAUCIADA: No es así. Yo tampoco me engaño a mí misma. ¿Pero crees que una va a andar detrás de esos que se llaman sabios o doctores, doctores de la Iglesia, para escuchar sus monsergas? No, hija, no, que todo lo ven por los ojos de la intelectualidad. ¿No ves que se rodean de libros y pierden la sesera y pueden volverse locos y volver locos a los demás?

UNA AMIGA: Ese rollo ya me lo sé, que me lo has contado muchas veces; pero me hablabas de los intelectuales en general, no lo aplicabas a tu Iglesia.

LA DESHAUCIADA: Todos son iguales, querida, dictaminan sobre el cielo y sobre la tierra y no se detienen.

UNA AMIGA: No me convences. Vuestras creencias están ahí y todos las conocemos, que yo también me las he aprendido. Y si las rechacé, las rechacé y tengo la valentía de decirlo. Se es o no se es.

LA DESHAUCIADA: Muy sencilla te has hecho la vida. Sí o no, así de fácil, mi vida no ha sido tan fácil, querida. La creencia de la que no se duda deja de ser esperanza y mi esperanza no está en creer una cosa u otra, en dimes o diretes, mi esperanza es Jesucristo. Y Jesucristo es... los demás. La tranquilidad, la seguridad no existen cuando se vive entre los hombres y Jesucristo. Día a día tienes que atarte y reatarte a la realidad para soportar que un hombre sea Dios, día a día tienes que esclavizarte para apoyar a unos hombres débiles en contra de otros fuertes, que también son hombres. No, no es fácil la vida para nadie. No, no es fácil la vida.

UNA AMIGA: Eso que dices de Jesucristo...

LA DESHAUCIADA:	¿Te interesa?
UNA AMIGA:	¿Cómo que me interesa? ¿Es que te crees que eres tú la única que piensa, la única que se preocupa, un ser superior? Sí que me interesan las cosas que has dicho y que me gustaría que me explicases, ya que tanto sabes.
LA DESHAUCIADA:	Lo siento, a mí ya no me toca catequizarte, estoy de vacaciones.
UNA AMIGA:	¿Vacaciones?
LA DESHAUCIADA:	Voy a morir, no lo olvides. Te he dicho que estoy en mis merecidas vacaciones.
UNA AMIGA:	Mal. Muy mal. Estoy hablando en serio. Yo quiero hablar en serio.
LA DESHAUCIADA:	Y yo también estoy hablando en serio. Lo tuyo será seguir soportándote, lo mío el mar, mi mar, mi mar inmenso.
UNA AMIGA:	¿Tu Dios o tu mar? Tu Dios parece el mar, tú adoras el mar, tú estás loca...
LA DESHAUCIADA:	Jesucristo me lleva de la mano al mar.
UNA AMIGA:	La muerte.
LA DESHAUCIADA:	El mar.
UNA AMIGA:	La muerte.
LA DESHAUCIADA:	Mi mar inmenso.
UNA AMIGA:	¡Estás loca! ¡Es la muerte, sólo la muerte!
LA DESHAUCIADA:	El mar.
UNA AMIGA:	¡Necia! ¡Orgullosa! ¡Y tú no quieres morir, nadie quiere morir! ¡Como yo tampoco quiero morir!
LA DESHAUCIADA:	De la mano de los míos, de todos los hombres, con esencia me baña el mar los pies a la orilla, mirando de frente.
UNA AMIGA:	¡Es sólo la muerte! ¡Es sólo la muerte!
LA DESHAUCIADA:	Es mi mar, mi mar inmenso.
UNA AMIGA:	¡¡La muerte!! ¡¡La muerte!!
LA DESHAUCIADA:	Como una reina.

TELÓN

EL PRÍNCIPE QUIERE MORIR

EL PRÍNCIPE QUIERE MORIR

Tres actos

Personajes

EL PRÍNCIPE CARLOS
EL REY FELIPE
EL LICENCIADO
EL EXTRANJERO
LA FREGONA
FREGONA JOVEN
LA TABERNERA
RUY GÓMEZ, PRÍNCIPE DE EBOLI
CONDE DE MONTIGNY
DON JUAN DE AUSTRIA
CONDE DE FERIA
EL PUEBLO
LOS NOBLES
Otros nobles, otras mujeres, soldados y monteros:

****

La historia de S.A. el Príncipe don Carlos, hijo del Rey Felipe II, es apasionante al igual que su leyenda. No seré, pues, el último en tomar como argumento el concepto de justicia o de libertad que ella rezuma. O el dolor de un padre o el dolor de un pueblo. Segismundo nació sin nada, don Carlos nació con todo. Ambos al parecer debían probar su cordura a las luces de otro hombre que a la vez, y por sólo el hecho de ser hombres, nadie podrá saber por qué estaban en su sano juicio.

En Avilés, septiembre de 1988

****

Gonzalo Martínez Junquera
Fernández Balsera 20-2
33400 Avilés (Asturias)

ACTO I

ESCENA I

EL PUEBLO, EL EXTRANJERO, EL LICENCIADO.

Escena en calle madrileña, bodegón, piedra, noche.
El Extranjero y el Licenciado vestirán como mendigos.

****

EL PUEBLO: ¡El Príncipe quiere morir!

EL EXTRANJERO: ¿Por qué?

EL PUEBLO: ¡El Príncipe quiere morir!

EL EXTRANJERO: ¿Por qué?

EL LICENCIADO: ¿Acaso eres extranjero? ¿No sabes que el Príncipe tiene la malquerencia de su padre, el Rey? ¿Acaso llevas tan poco tiempo en esta Villa y Corte que no has oído que el Rey ha encerrado a su hijo en la torre del Palacio, que ha encarcelado a su hijo?

EL EXTRANJERO: ¿Por qué?

EL LICENCIADO: Tú eres extranjero.

EL EXTRANJERO: Sí, soy extranjero, mis pies me han traído de Lisboa.

EL LICENCIADO: Pronto serás súbdito de esta Corte.

EL PUEBLO: ¡¡El Príncipe quiere morir!!

EL EXTRANJERO: ¿Sin Príncipe?

EL LICENCIADO: Aún sin Príncipe, si vos así lo deseáis, serás súbdito de esta Corte.

EL EXTRANJERO: No os entiendo.

EL LICENCIADO: Es mucha Castilla.

EL EXTRANJERO: Pero el Príncipe...

EL LICENCIADO: (Derrumbado). Se dice, se comenta... Todos estamos intrigados, no se puede hacer caso de nadie. No lo sé, extranjero, pero es cierto. Dicen que no le han querido dar la Sagrada Comunión el día de Navidad o que él, el Príncipe, no ha querido comulgar. ¿Quién sabe? Todo son conjeturas, porque ¿quién tiene derecho

	a decirle a él, el Príncipe, lo que está bien o lo que está mal? Dicen que abofeteó al de Éboli como antes se había dicho que había abofeteado al duque de Alba. ¿Quién sabe nada? ¿Lo sé yo acaso? ¿Por qué me preguntas lo que nadie sabe?
EL EXTRANJERO:	¿Pero es cierto lo que se dice?
EL LICENCIADO:	¿Y quién puede saberlo, te digo?
EL EXTRANJERO:	¿Y no hay nadie que le defienda?
EL LICENCIADO:	No tiene amigos; le temen o le odian. Es muy príncipe el Príncipe, y ni admite las intrigas ni tolera a los soberbios.
EL EXTRANJERO:	¿Y el pueblo?
EL LICENCIADO:	Está muy alto el Príncipe para mirar al pueblo. El pueblo empieza ahora a quererle, viéndole sufrir.
EL EXTRANJERO:	¿Compadecerle, dices?
EL. PUEBLO:	¡¡El Príncipe quiere morir!! ¡¡El Príncipe quiere morir!!
EL EXTRANJERO:	Entonces, ¿nunca será rey?
EL PUEBLO:	¡¡¡El Príncipe quiere morir!!!
EL LICENCIADO:	Dicen también que ha querido matar a su padre, el Rey. Que por eso el Rey no le puede perdonar y que nunca le perdonará, que nunca será rey quien ha nacido príncipe, dueño y señor.
EL EXTRANJERO:	¿Está encadenado?
EL LICENCIADO:	También dicen que ha querido marchar a Flandes para poner orden y dignidad en dichos Estados y que su padre no lo ha permitido.
EL PUEBLO:	¡El Príncipe quiere morir!
EL EXTRANJERO:	Son muchas las culpas y pecados que dices, amigo.
EL LICENCIADO:	Muchas, extranjero, muchas; pero no sé, no sé, quiere morir. Quiere morir y ha dejado de comer, no quiere comer y se va a morir. ¡¡Y no hay derecho!! ¡Nadie tiene el derecho de dejar la mayor corona que los siglos han visto sin heredero, heredero que ha sido jurado por las Cortes de Castilla, nuestro futuro Rey y Señor por nuestra voluntad! No, ni su padre, el Rey, tiene derecho a quitarle la Corona a su hijo, a lo que a mi se me alcanza sólo nuestro fuero de Castilla, nuestras Cortes, tienen ese derecho. ¡Si algo ha hecho mal, que se diga y que se le juzgue y que se le castigue, pero el Príncipe no debe morir en la ignominia

	ni ser juzgado sino por el Consejo de Castilla! ¡¡Y es príncipe y será príncipe mientras no se revoque el juramento que le hemos prestado!!
EL EXTRANJERO:	Parece razonable lo que dices.
EL LICENCIADO:	Es razonable, extranjero, yo he estudiado en Salamanca.
EL EXTRANJERO:	¿Bachiller?
EL LICENCIADO:	Licenciado.
EL EXTRANJERO:	Perdón.
EL LICENCIADO:	No mires, fatuo, estos andrajos, que no he perdido aún la razón ni la libertad, cosa que a lo que parece algunos quieren quitar a nuestro Príncipe y por eso él quiere morir.
EL PUEBLO:	¡¡El Príncipe quiere morir!! ¡¡El Príncipe quiere morir!!
EL EXTRANJERO:	Con todo respeto he de preguntarte de nuevo si no hay nadie que le defienda.
EL LICENCIADO:	¿Contra la ira de su padre? Tú dices tonterías...
EL PUEBLO:	... El Príncipe quiere morir...

****

ESCENA II

EL PRÍNCIPE CARLOS.

Soliloquio del Príncipe Carlos en su cárcel.
Airado, inestable, contradictorio, soberbio, debe dominar la escena y, aunque él no dominaba la pronunciación, debe entendérsele muy bien.

****

EL PRÍNCIPE CARLOS: Yo, el Príncipe de los reinos de Castilla, Cataluña, Aragón y Valencia y Sicilia y Borgoña y las Indias, heredero del Reino de Portugal, gobernador por derecho propio de los Países Bajos, yo, el Príncipe, prometido y enamorado de la archiduquesa Ana, hija del Emperador, mi tío y mi súbdito, yo, nacido por la gracia de Dios, el mayor entre los nacidos, yo, adalid de la Iglesia Católica, justiciero de herejes y exterminador de mahometanos, mano firme y vigorosa, yo, ¡encerrado por mi padre!, mi miedoso padre, mi cobarde padre; yo, aherrojado por mi padre. ¿Por qué mi padre me odia? ¿Me odia o me teme?

¡Yo he nacido mayor aún que él! (Coge un libro enorme, tira el libro. Este libro existió escrito, si se puede decir así, por el mismo Príncipe, cada página consistía en el título de un itinerario) ¡Oh!, "Los grandes viajes del Rey Don Felipe": De Madrid al Pardo, del Pardo al Escorial, del Escorial a Aranjuez.... ¡Oh, jornadas laboriosas para el gobierno de las naciones que el mundo admirará! ¡Cuánto sacrificio que envidian los Atlantes!... Miseria que mi progenitor el Rey, mi padre, sea el hazmerreír de todos los que habitan sus reinos... Vergüenza a mí que sus reinos sean destruidos por la herejía mientras él se pasea del convento a la capilla, de la capilla al convento... (...) ¡El abate más remilgado del reino, mi padre!... (...) Mientras él, el Rey, mi padre, de cama en cama de empecatadas mujeres... sucias mujeres... ¡nobles mujeres!..., ¡dando mi padre, el Rey, la nobleza en la cama!... (...) ... Mientras tanto, los reinos sublevados, el Islam robustecido... ¿Por qué no me deja a mí gobernar? ¿Por qué no me ha mandado a mí a Flandes como me tenía prometido y me corresponde por derecho? ¿Por qué ha mandado al duque de Alba, ese orgulloso sanguinario?

¡¡Mi padre tiene miedo a blandir la espada y a sostener el cetro!! Si supiese portar la autoridad... Pero no, mi padre, el Rey, necesita que otros le allanen los caminos, pero otros que no se atrevan a mirarle de frente. ¿Por qué, si no, ha encarcelado al Conde de Montigny, que me adora y me respeta? ¿Porque ambos le miramos de frente? ¿Es que acaso tiene miedo de que con mi sola presencia no sea capaz de ser obedecido por mis queridos súbditos de Flandes? ¿No sabe que a quien mira de frente se le quiere, se le respeta y se le obedece? ¿Y no sabe que en caso contrario mi espada es más severa y más poderosa que la de él, porque está soportada por una mano más pura y querida de Dios? ¿Por qué, pues, ha preferido a ese duque de Alba, que se arrodilla ante mí? ¿Por qué encarcela al buen conde de Montigny venido de Flandes a ofrecerle su acatamiento y no le contesta y le desprecia, y no le deja volver a su tierra y le encarcela? ¿Es que no ha dado el conde de Montigny las mejores pruebas de acatamiento, de amor filial y de respeto al Papa, nuestro Vicario de Cristo?

Yo, el Príncipe, encarcelado, el más grande encarcelado, yo debo morir para que muera conmigo la ignominia y que la Cristiandad sepa que con esta muerte se salva el honor y la dignidad, la libertad y la ley. Que mi sangre caiga sobre los que cercenan mi justicia y mi poder. Yo, el Príncipe, quiero morir, ¡quiero morir!, y dejaré de comer y moriré y que los siglos de los siglos renueven esta afrenta y griten venganza. ¡Que sepan todos, sabed todos, vasallos míos, que no quiero comer, que muero de inanición para deshonra y ludibrio de mi señor padre, el Rey, y enseñanza de toda la humanidad, mis despojos por el triunfo de la Santa Madre Iglesia, Católica, Apostólica y Romana!

****

ESCENA III

                  EL REY FELIPE, RUY GÓMEZ-ÉBOLI.

                  En palacio, contra una ventana. El Rey distante, no mira, de frente, hierático, ¿o posiblemente tímido? El Príncipe de Éboli entra con acompañamiento que se queda atrás.

                  ****

                  Un día.

RUY GÓMEZ-ÉBOLI: Majestad, con vuestro permiso.

EL REY FELIPE: Acercaos, amigo. ¿Traéis novedades?

RUY GÓMEZ-ÉBOLI: Majestad, el Príncipe, vuestro hijo serenísimo, se ha negado a comer.

EL REY FELIPE: Gracias, Ruy Gómez, gracias. Podéis retiraros.

RUY GÓMEZ-ÉBOLI: Majestad...

EL REY FELIPE: Decíais...

RUY GÓMEZ-ÉBOLI: Puede ser perjudicial para su salud, Majestad.

EL REY FELIPE: Cumplid nuestras órdenes, amigo, dejad que el Príncipe haga lo que desee.

RUY GÓMEZ-ÉBOLI: Majestad.

                  ****

                  Otro día.

RUY GÓMEZ-ÉBOLI: Majestad...

EL REY FELIPE: Decidme.

RUY GÓMEZ-ÉBOLI: Majestad, es sobre el Príncipe...

EL REY FELIPE: Sin miedo, amado Ruy Gómez, sin miedo; sabéis que deseo estar informado en todo lo que concierne a mi hijo.

RUY GÓMEZ-ÉBOLI: Majestad, el Príncipe sigue negándose a comer, estamos preocupados... ¿Considera su Majestad que deban cambiarse las órdenes recibidas y obligar al Príncipe a que ingiera alimentos?

EL REY FELIPE: ¿No bebe agua acaso?

RUY GÓMEZ-ÉBOLI:	Sí, Majestad.
EL REY FELIPE:	Entonces, gracias Ruy Gómez, amigo, no os preocupéis.
RUY GÓMEZ-ÉBOLI:	Majestad.

****

El tercer día.

EL REY FELIPE:	Adelante, amigo, adelante.
RUY GÓMEZ-ÉBOLI:	Majestad, vuestro hijo...
EL REY FELIPE:	¿Acaso no come aún?
RUY GÓMEZ-ÉBOLI:	Majestad, son ya tres días que el Príncipe permanece sin comer.
EL REY FELIPE:	No os preocupéis, querido Ruy Gómez, no os preocupéis. Cuando le apriete el hambre ya comerá, no os preocupéis que ya comerá. Me seguiréis de cualquier modo teniendo informado. Es mi voluntad que el Príncipe no sufra más de lo que es debido al triste estado en que se encuentra; así pues, dejadle hacer a este respecto lo que él mismo desee.
RUY GÓMEZ-ÉBOLI:	Majestad, aun con el dolor de ver sufrir a quien tanto queremos, no dudéis que vuestras soberanas indicaciones sean seguidas al pie de la letra.
EL REY FELIPE:	Gracias, Ruy Gómez, gracias.
RUY GÓMEZ-ÉBOLI:	Majestad.

ESCENA IV

EL EXTRANJERO, EL LICENCIADO, LA FREGONA, EL PUEBLO.

De nuevo en las calles de Madrid. A la puerta de la misma taberna de la primera escena.

****

EL EXTRANJERO: ¿Y dices que lleva ya tres días sin comer?

EL LICENCIADO: En cualquier momento doblarán campanas.

EL EXTRANJERO: Es triste en verdad.

EL LICENCIADO: Triste y clamoroso. Los cielos no han de consentirlo. (...) ¡Fregona! Ven, fregona, ¿sabes algo?

LA FREGONA: Tengo nombre propio.

EL LICENCIADO: Dime, ¿hay noticias de palacio?

LA FREGONA: Yo no sé nada.

EL LICENCIADO: Habla, hermosa, habla que estamos entre amigos.

LA FREGONA: ¡Cuidado, hijo de puta!

EL LICENCIADO: Estás arisca.

LA FREGONA: Como es mi deseo.

EL LICENCIADO: No temas, te digo que es mi amigo.

LA FREGONA: No lo es mío.

EL LICENCIADO: Acaba de llegar de Lisboa, no temas.

EL EXTRANJERO: Para admirarte, gallarda.

LA FREGONA: Te parieron diosecillo, portugués.

EL EXTRANJERO: Gracias, fregona, sólo me falta que tú me hagas lucir.

EL LICENCIADO: Entonces, ¿hoy no hay noticias?

LA FREGONA: Parlero el amigo.

EL LICENCIADO: ¡Habla, por Dios!

LA FREGONA: ¿No sabes que tenemos prohibido hablar? Pero aunque así no fuese, yo soy una simple fregona. Como tú dices, que hasta mi nombre olvidas.

EL LICENCIADO: ¡Felisa, por la caridad del cielo!

EL EXTRANJERO: Ilustres fregonas, macizas fregonas. En mi tierra una estrella rutilante como tú...

LA FREGONA: ... Bocado apetitoso, ¿no, extranjero?

EL EXTRANJERO: ¡El lucero del alba!

LA FREGONA: (Al Licenciado). ¡No se te ocurra tocarme! (...) El Príncipe se muere... Sigue sin probar bocado... Si no estaba loco, ahora se volverá loco... No tuvo una madre que le educase... No tiene una madre que le consuele... Transparentan sus carnes... No come... El pobre, ¡ay, Dios!, el pobre...

EL EXTRANJERO: Loado sea Dios.

EL LICENCIADO: Sigue.

LA FREGONA: No hay más, dicen que el Rey ha ido a verlo; pero yo no me lo creo. No lo he visto, he estado allí y no me lo creo.

EL EXTRANJERO: ¿Por qué, fregona?

LA FREGONA: Dicen que el Rey lo tiene encarcelado para siempre, ¡siempre! Es, pues, la justicia del Rey y el Rey es justo y no se volverá atrás.

EL LICENCIADO: ¿No hay, entonces, todavía perdón?

EL EXTRANJERO: ¿Aunque se muera?

LA FREGONA: El Rey ya lo ha matado para siempre.

EL LICENCIADO: (Airado). ¡Mientes, puta fregona!

EL EXTRANJERO: ¿Es que vuestro Rey nunca duda?

LA FREGONA: Los hombres fuertes nunca dudan.

EL LICENCIADO: ¡Un padre no es débil porque perdone!

LA FREGONA: ¿Tienes dinero con que me invites, extranjero?

EL EXTRANJERO: Tengo.

LA FREGONA: ¿A qué esperamos, pues?

EL LICENCIADO: Déjanos, fregona, estamos tristes. Por muchas razones que tenga el Rey, hay cosas que no puede hacer y el Príncipe va a morir.

LA FREGONA: No creo que tú llores por el Príncipe. (...) Extranjero, ¿vienes?

EL LICENCIADO: Lloro por lo que quiero, fregona.

LA FREGONA: ¿Por un jorobado? ¿Llorar tú por un déspota imberbe, jorobado y tartamudo?

EL LICENCIADO: Por un hombre que soporta un derecho, un hombre que ha sido jurado por las Cortes de Castilla, por un hombre que representa la libertad que su señor padre, a quien toleramos por dignidad y con dignidad, nos está negando. (...) ¡Y no lloro, puta fregona, pido y exijo justicia! (...) Adiós. (Se va).

EL EXTRANJERO: Adiós, licenciado...

LA FREGONA: Las manos aquí adentro, extranjero, que las tienes frías y yo estoy triste. (...) Pero tú no acaricias como un portugués y tu acento...

EL EXTRANJERO: No soy portugués.

LA FREGONA: ¿Flamenco?

EL EXTRANJERO: Lo has adivinado.

LA FREGONA: ¿Del séquito de ese barón preso?

EL EXTRANJERO: Del Conde de Montigny, lucero mío, tú sabes mucho.

LA FREGONA: En palacio se oye mucho.

EL EXTRANJERO: ¿Qué más sabes?

LA FREGONA: Que os buscan, extranjero. Y que no daría un ochavo por la cabeza de vuestro amo. Y nada más, que todo palacio ahora está rezando, rezando y esperando no se sabe bien si la muerte que se palpa o el perdón que se desea.

EL EXTRANJERO: ¿El perdón?

LA FREGONA: Un decir, el Rey es justo aunque se diga que no tiene sentimientos, pero el Príncipe es el Príncipe. ¿Tendrá razón el licenciado cuando dice que el Rey no tiene derecho a matar a su hijo?

EL EXTRANJERO: ¿Matarlo, fregona?

LA FREGONA: Si el Rey nunca lo va a sacar de la cárcel, eso es matarlo, ya lo dije antes. ¿O no lo crees tú así?

EL EXTRANJERO: Cuentas las cosas de una manera...

LA FREGONA: Como son, flamenco, morirá el Príncipe y morirá tu amo. No lo dudes, y puede que mueras tú.

EL EXTRANJERO: (Riendo). Mi señor dice que a un hereje nunca hay que matarle porque si ha abjurado, ya ha dejado de ser hereje, y si no ha abjurado, siempre se puede esperar que se convierta; matarle sería, pues, perder un alma para el cielo. No, no me matará si puedo remediarlo ¿Me delatarías tú, rosa hermosa, capullo en mis brazos?

LA FREGONA: Eres valiente. Pero depende de cómo me trates, flamenco. Acariciar, acaricias bien, pero ahora necesito más y mejor...

****

ACTO II

ESCENA I

EL EXTRANJERO, MONTIGNY, EL PRÍNCIPE CARLOS, LA TABERNERA, LOS NOBLES, EL PUEBLO.

Sigue la acción en el Madrid del XVI, posiblemente en la taberna cuyo exterior conocemos, aunque en tiempo anterior. Avanzada la noche.

****

EL EXTRANJERO: Por aquí, señor. No tardará en presentarse.

MONTIGNY: No sé todavía lo que me queréis mostrar. ¿Acaso no sabe toda la Corte las salidas e intemperancias del Príncipe?

EL EXTRANJERO: Señor, hoy es un día importante, lo pude saber por el barbero de palacio.

MONTIGNY: Ilustre abogado.

EL EXTRANJERO: Desde luego; pero seguidme, aunque sólo sea para conocer de primera mano hechos que yo juzgaría desagradables y que, si se confirman, no dejan de ser del máximo interés. Así podréis informaros correctamente.

MONTIGNY: Cada vez os entiendo menos. ¿No podríais hablar claro de una vez?

EL EXTRANJERO: Desde luego, señor, pero por desgracia no quiero perderme la sorpresa del espectáculo. Sentémonos y bebamos algo.

MONTIGNY: ¿No nos ocultamos?

EL EXTRANJERO: No será necesario. Permaneceremos discretos en un rincón.

MONTIGNY: De acuerdo, caballero, vuecencia manda.

****

EL PRÍNCIPE CARLOS: (Apareciendo). Archiduquesa Ana, Ana hermosa, tus ojos la luz que me guía. Tú para mi y yo tu dulzura. Esa mirada, esa dulce mirada que posabas sobre mí, yo el Príncipe, mientras el pintor divino reflejaba tu belleza celestial sólo para mí, que mi retrato sé que contemplabas cuando la mano del pintor temblaba ante tanta excelsitud. ¡Cuánta belleza supo expresar de tanta belleza como tú difundes! Archiduquesa Ana, reina por mí y para mí, mis reinos a tus pies, te adoro. ¡Juro ante Dios que mis reinos serán tuyos y no consentiré que nadie se oponga ni por razones de Estado ni por envidia a nuestro augusto y excelso matrimonio! (...) ¡¡¿No pretendían que yo me casase con mi tía Juana?!! ¡¡¿Qué razón les ha hecho olvidar que soy yo quien debo elegir?!! ¡¡Y que estoy enamorado de vos!! ¿Qué religión les hace así despreciar el templo del cuerpo de una mujer para pretender que yo folgue con quien me amamantó aunque no me diese la leche de sus pechos?

PUEBLO Y LOS NOBLES: ¡El Príncipe se ha enamorado! ¡El Príncipe se ha enamorado!

EL PRÍNCIPE CARLOS: ¡Sí, amigos, el Príncipe, vuestro Príncipe, se ha enamorado! Yo ha tiempo que estoy enamorado de la archiduquesa Ana y por ella sólo aspiro y sufro; y para ella, para sólo ella, quiero guardar mi cuerpo. (...) ¡No quiero imposiciones de ninguna clase! Ni de mi padre, el Rey, ni de esas Cortes absurdas que quieren jugar con mi espíritu y con mi vida como si les perteneciese. ¡Yo sólo pertenezco y perteneceré a mi archiduquesa doña Ana! ¡Velad de aquel que pretenda interferir mi amor y mi dignidad! (...) ¡Os lo digo, procuradores de Castilla, os lo aconsejo: los procuradores que intentéis que yo no pase a Flandes con mi señor padre, el Rey, o que intentéis mi matrimonio con la princesa Juana, mi tía, seréis mis enemigos capitales y emplearé todos los medios de que disponga para destruiros!

PUEBLO Y LOS NOBLES: ¡¡Brindemos, el Príncipe se ha enamorado!!

EL PRÍNCIPE CARLOS: Y más que enamorado, caballeros. Hoy es gran día de festejos. Más noticias os traigo que parabienes merecen: he yacido con mujer, ¡hoy he yacido con mujer y he probado mi virilidad! (...) ¡Maldita mujer, qué guarra era! (...) Y ha quedado demostrado que yo, el Príncipe de toda la tierra, soy un hombre. ¿Acaso es mi padre, el Rey, quien duda de mí? Pues corred y decídselo, que yo también, como él, me puedo acostar con todas las putas que se me antoje.

EL PUEBLO: ¡El Príncipe ha yacido con mujer, el Príncipe no es impotente! ¡¡Brindemos!!

LOS NOBLES: ¡Brindemos, la Corona tendrá herederos, nuestro poder será eterno!

EL PRÍNCIPE CARLOS: Pero corred y decidle al Rey, mi padre, que no quiero volver a acostarme con rameras, que entrar quiero en el templo de mi señora bajo el palio puro de la pureza. ¡Hijos quiero legítimos, hijos de mi archiduquesa Ana, para quien desde este momento me recojo y me guardo! (...) Tener que demostrar ante el mundo mis vergüenzas... A eso es a lo que me has obligado, padre innoble, triste padre... ¿Por qué no decides mi matrimonio? ¿Por qué no me das la gobernación de los Países Bajos? ¿Por qué dudas de mí, padre mío? (...) ¡Qué hermoso placer! Aquellas manos acariciando mi cuerpo... Os lo digo yo, vuestro Príncipe: me ha embriagado la mujer que me habéis preparado. ¡Qué senos, qué boca, qué muslos! ¡Lo habéis visto, amigos, habéis sido testigos, bebed ahora, comed ahora, sigamos gozando ahora de los placeres de la vida! (...) ¡Qué asco y cómo me besaba! (...) ¡Hoy es un gran día para los Estados de Castilla, de Aragón, de Valencia y de todos mis tierras, ducados, reinos...! ¡Oh, súcubo divino! ¡Qué blasfemia digo! Si demonio no puede ser dios, si dios no puede ser demonio, era mujer, ¡era mujer! ¿Lo entendéis? Una mujer que se me abrazó desnuda, ¡oh, cielos!, embriagado me dejó, atontado, ¡qué placer! En aquel momento rezaría a ella. La conjunción absoluta, los cielos y el infierno en una sola concreción.

EL PUEBLO: ¡El Príncipe ha yacido con mujer! ¡El Príncipe ha yacido con mujer! ¡El Príncipe no es impotente!

LOS NOBLES: ¡La Corona tendrá herederos!

EL PUEBLO: ¡El Príncipe no es impotente!

LOS NOBLES: ¡Nuestro poder eterno!

EL PRÍNCIPE CARLOS: ¡¡Brindemos, amigos, comamos y bebamos!!

****

EL EXTRANJERO: Señor...

MONTIGNY: Admirable.

EL EXTRANJERO: Admirable, señor.

MONTIGNY: Entiendo ahora lo que queríais mostrarnos y no decir, era necesario verlo y saberlo. Gracias.

EL EXTRANJERO: Sin embargo, ciertas ilusiones...

MONTIGNY: Muy confuso. Habrá de todas las maneras que lograr que nos sea útil.

EL EXTRANJERO: No lo sé, señor. Su padre, el Rey, no parece que tenga ninguna venda en los ojos. ¿No habéis observado cómo se queja de él? Pero es que el Rey intenta domarlo.

MONTIGNY: El Rey, por muy rey que se crea, no lo puede todo. Tendremos que tener calma, que la fruta sazonará y puede ser nuestra; pero a estos hechos que acabamos de vivir podremos darles la vuelta, no lo dudes, como a las capas, querido, como a las capas. Este niño iluso y tonto nos servirá, por Flandes y por la libertad y por la verdadera religión, que tendrá que servirnos...

EL EXTRANJERO: ¡Por Flandes!

MONTIGNY: ¡Por Flandes y por la verdadera religión!

****

EL PRÍNCIPE CARLOS: (A la Tabernera en un momento dado de sus idas y venidas sirviendo). ¡Ven, mujer! ¿Te gusto? (Se tira a ella). ¿Remilgos? ¡Qué pechos! ¡Qué brazos! ¿Pero es que no me conoces? Soy el Príncipe don Carlos. Puta..., ¿ahora sí? ¡¡Hideputa!! (La abofetea).

LOS NOBLES: ¡Ja, ja, ja!

LA TABERNERA: Perdón, señor, yo no he...

EL PRÍNCIPE CARLOS: ¿Oís, caballeros? ¡No ha...!

LOS NOBLES: ¡Ja, ja, ja!

EL PRÍNCIPE CARLOS: Para que sepas tú, ramera, y para que sepáis todos que en mis reinos no consentiré mujeres que se pinten, que provoquen, lascivas. ¡Quiero mujeres recatadas, dedicadas a sus maridos, vírgenes ante el altar y que tengan hijos fuertes para la Patria y para la Iglesia! ¡¡Esta es mi ley y a estas normas se ajustarán los hechos de mis súbditos!! ¡Apréndelo, tú, mujer, y vosotros todos los que me oís!

PUEBLO Y LOS NOBLES: ¡Para la Patria y para la Iglesia! ¡Para la Patria y para la Iglesia!

EL PRÍNCIPE CARLOS: ¿Porque no querrás tú, Ana, mi archiduquesa Ana, hermosa y divina Ana, que manosee tu cuerpo humillándote y ofendiéndote como hoy que tuve entre estas mis manos carnes de pecado? ¡Lejos de tu cuerpo pasiones demoníacas, de tu cuerpo claustro de mi heredero, de mi tierno infante, del futuro Rey...! ¡Ni una mirada dejaré que te mancille, mi doncella Ana, archiduquesa Ana! (...) ¡Cuánto gozo entre aquellos brazos...! ¡¡Brindemos, amigos y siervos, brindemos por la felicidad que hoy me embarga!! ¡¡Que hoy he conocido a una mujer y soy hombre! (...) ¡Decidle a mi señor padre que soy hombre...!

PUEBLO Y LOS NOBLES: ¡Por Castilla y por el Papa! ¡Por Castilla y por el Papa!

EL PRÍNCIPE CARLOS: (Fijándose de nuevo en la tabernera). ¿Qué hace esta mujer aquí? ¿No he dicho que no la quiero volver a ver? Encerradla en un convento, esa mujer ha visto y manoseado mi cuerpo y no quiero que esa ramera vuelva a tener trato carnal con ningún hombre más. ¡Fuera! ¡Fuera de aquí!

EL PUEBLO: (Conteniéndole). El Príncipe se equivoca, ja, ja, ja. La tabernera no es la puta que le ha hecho hombre.

LOS NOBLES: ¡Por nuestro Príncipe y por su gloria eterna!

EL PUEBLO: ¡La tabernera no es la puta que le ha hecho hombre!

LOS NOBLES: ¡Por el Príncipe y por Castilla!

EL PUEBLO: ¡No es la tabernera!

EL PRÍNCIPE CARLOS: ¡A ti sólo mi archiduquesa Ana!

NOBLES Y PUEBLO: ¡Por Castilla y por el Papa!

****

ESCENA II

LA FREGONA, OTRA FREGONA, EL PRÍNCIPE CARLOS, EL CONDE DE FERIA.

En palacio. Entre las habitaciones privadas del Príncipe don Carlos y una amplia galería-claustro. Luz de amanecida, antes del santo sacrificio de la misa.

****

OTRA FREGONA:	He visto a la Reina Isabel y tiene las tetas picudas.
LA FREGONA:	Menudas y prietas.
OTRA FREGONA:	Dicen que se baña todas las semanas. ¿Será verdad?
LA FREGONA:	Muchas cosas te quedan por ver. Los domingos por la mañana acostumbra a bañarse. Afeites y perfumes a la nacida del baño, como una reina que es. ¡Y si vieses cómo la trata el Rey!
OTRA FREGONA:	No es lo que se dice.
LA FREGONA:	¡Qué sabe la gente lo que es la nobleza! Yo soy como tú y me basta con que me metan mano, pero a las mujeres que tienen cuna las adoran y ahí se ve la grandeza a la que llega el alma de los hombres.
OTRA FREGONA:	Pero se refocilarán juntos, como todo el mundo, digo.
LA FREGONA:	No lo entiendes. Claro que se divierten juntos.
OTRA FREGONA:	No lo entiendo.
LA FREGONA:	Jovencita y nueva en estas lides. Pronto irás a servir a su cámara y te enterarás de todo. Y si un día vas limpia y te haces valer, hasta puedes lograr sentirte por unos momentos princesa.
OTRA FREGONA:	Me tendrás envidia.
LA FREGONA:	No te tendré envidia porque ya he servido mucho tiempo en la cámara de la Reina. Y además ellos no te tratan como a una diosa, que las tratan distinto te he dicho, que lo he visto.
OTRA FREGONA:	Enigmática estás, seré nueva; pero no me asustas.
LA FREGONA:	Yo prefiero ahora servir a otras de las que se pueda sacar más provecho, que pagan ricamente por traerles en secreto lo que a veces les falta...

OTRA FREGONA: Pero dicen que la Reina es muy generosa.

LA FREGONA: Sí que es generosa...

OTRA FREGONA: ¿Otra vez con misterios?

LA FREGONA: No tengo misterios, recoño, lo que te digo es que pagan en palacio aún mejor otros servicios, y si eres tonta y no me entiendes, peor para ti, que yo me entiendo de maravilla.

OTRA FREGONA: ¿Y qué tienes que decir de la Reina?

LA FREGONA: Que es muy dadivosa, ya te lo he dicho, sobre todo si se trata de pasar avisos al Príncipe, que tal parece que fuesen enamorados. (...) Pero desengáñate, que aquí son las otras damas las que prefieren y pagan buenas espadas, y si tú las pruebas antes para estar segura de su filo y de su penetración, mucho mejor, querida, que entonces también te regalan ellos.

OTRA FREGONA: Merecerían ser amantes el Príncipe y la Reina. Harían tan buena pareja... Dicen que se iba a casar con el Príncipe, pero que el Rey se enamoró de ella y se la quitó.

LA FREGONA: No sabes nada. El Rey se casó con ella porque quería mandar en Francia. Pero es cierto que está enamorado. Y te digo que se vieron de noche, a escondidas, antes de casarse, fue un amor... ¡Si hubieses visto cómo se abrazaban!

OTRA FREGONA: ¿Y el Príncipe?

LA FREGONA: La adora como a una madre.

OTRA FREGONA: No será porque dicen también que el Príncipe el pobre...

LA FREGONA: Habladurías. El Príncipe es un niño que dan ganas a veces... Eso sí, seguro que con las tetillas de la Reina se le pasaba todo; pero la archiduquesa esa de la que anda enamorado también debe ser bonita y es joven. (...) Dicen que la otra noche, al fin, refocilóse con la Alfonsa.

OTRA FREGONA: ¡Habría que haberlo visto con esa carita..., tan tierno y tan delicado!

LA FREGONA: Sí, sí, tan tierno. Duro el cipote como nabo de madera, si hubieses visto la cantidad de mejunjes, pócimas y ungüentos que le dieron y con qué le frotaron...

OTRA FREGONA: ¿Y resistió la Alfonsa?

LA FREGONA: ¡Qué inocente eres! ¡Un toro a la Alfonsa!

OTRA FREGONA:	Pues hay ungüentos... (...) Seguro que la mandan ahora a un convento. Dicen que una que también tuvo no sé qué con él en Alcalá de Henares está ahora en un convento.
LA FREGONA:	Tú nunca sabes nada. Está en un convento, pero es que la Mariana de Garcetas no era una puta, ni tampoco los pobres hicieron nada, que el Príncipe estaba enamorado pero aún no se le había soltado el frenillo... Pero el honor es el honor... Sin embargo, la Alfonsa...
OTRA FREGONA:	¡Qué complicada es esta gente para cosa tan natural...! ¿Y por eso se rompió la cabeza que casi se muere?
LA FREGONA:	Iba tan emocionado a su encuentro, ja, ja... No, hija, fue que se cayó cuando iba a verla, fue un accidente.
OTRA FREGONA:	Ya decía yo que no podían ir a un convento todas...
LA FREGONA:	¡Qué simple eres! Estábamos perdidas con el Rey, que no vive para otra cosa que para rezar y folgar.
OTRA FREGONA:	Sí, pero ellas... ¿Qué? ¿Cómo se divierten si ellos nos prefieren a nosotras?
LA FREGONA:	A nosotras... Cuando lleves más tiempo en palacio ya te enterarás...
LAS DOS:	(Sorprendidas). ¡Alteza, Señor!
EL PRÍNCIPE CARLOS:	Buenas mujeres, ¿qué hacéis aquí...?
LAS DOS:	Limpiábamos, monseñor...
EL PRÍNCIPE CARLOS:	¿No sabéis que estas son mis habitaciones privadas?
LA FREGONA:	Sí, señor, pero hoy nos han dado la orden de limpiarlas...
EL PRÍNCIPE CARLOS:	¿El conde de Feria, acaso? Quien da las órdenes aquí soy yo. Y no quiero volver a encontraros. ¿No os dais cuenta de que un hombre no puede estar sin testigos con mujeres? ¿Que sería del buen nombre del Príncipe con dos fregonas? (...) Las habitaciones del Príncipe se arreglarán mientras el Príncipe asiste al santo sacrificio de la misa. Como siempre. Marchad.
LA FREGONA:	Alteza. Perdón, Alteza, ahora mismo nos retiramos.
EL PRÍNCIPE CARLOS:	A ti no te conozco. ¿Quién eres? ¿Quién te ha mandado venir? ¿Por qué no se me ha dicho nada?
LA FREGONA:	Es nueva, señor, se llama Teresa.

EL PRÍNCIPE CARLOS:	Teresa, eres joven y bella, una flor, un capullo, una estrella. Consérvate pura, hija mía, el cielo sólo es digno de tanta belleza.
OTRA FREGONA:	Alteza, no me sonrojéis, sólo soy una humilde criada.
EL PRÍNCIPE CARLOS:	¿Quién la ha escogido?
LA FREGONA:	No lo sé, Alteza, me la pusieron hoy de compañera.
EL PRÍNCIPE CARLOS:	Rosa alegre de un alma solitaria. Ven, acércate... (De pronto, la abraza). ¿Te acostarías conmigo?
OTRA FREGONA:	¡Alteza! Yo... lo que me mandéis...
EL PRÍNCIPE CARLOS:	(La tira al suelo). ¡Fuera de aquí, hideputa! (Le da patadas). Y tú, andrajosa y alcahueta Felisa, ¿qué pretendes? ¿Acaso crees que voy a tocarle las tetas, como a ti cuando era pequeño y la curiosidad me dominaba? Vieja podrida... No necesito de tus servicios. ¡Soy un hombre! (Se abalanza contra ellas. Gritos).
FERIA:	Monseñor, ¿qué hacéis, por Dios? Dejad a esas mujeres. ¿Qué os han podido hacer?
EL PRÍNCIPE CARLOS:	¡¡Fuera, fuera de mi vista!! ¡Y tú, conde de Feria, ¿qué pretendéis?, ¿defender a esas putas o defender el honor de vuestro Príncipe? ¿O lo que realmente ocurre es que vos también estáis preocupado por mi virilidad? ¿Es que acaso no os han dicho, ni dicho a mi señor padre, el Rey, que me sé muy bien valerme con mujeres? ¿Que no necesito alcahuetes ni valedores? ¿Que lo que quiero es limpiar de inmundicia este Reino que mi padre y otros como mi padre, el Rey, están llevando a la podredumbre? Me habéis agotado la paciencia, fementido. Os mataré. (Se abalanza sobre él). ¡Por la archiduquesa doña Ana, mi dueña y señora! (Lo zarandea, saca una daga. El duque no se defiende hasta ese momento. Le soporta el brazo. Pide auxilio: "A mí la guardia", vienen nobles y soldados, los separan).
EL PRÍNCIPE CARLOS:	¡Os pondré en mi lista negra, conde de Feria! Tarde o temprano caerá sobre vos mi ira. (Ríe). Más bien más pronto, os lo juro.

****

ESCENA III

EL EXTRANJERO, MONTIGNY, EL PRÍNCIPE CARLOS, LA TABERNERA, DON JUAN DE AUSTRIA.

****

EL EXTRANJERO: Os habéis aficionado, señor. Y puede ser peligroso.

MONTIGNY: Todo sea por el buen vino y el buen jamón.

EL EXTRANJERO: ¿Y las buenas mujeres?

MONTIGNY: No hay por qué desdeñarlas. Sin embargo, ya sabéis que no son mi debilidad. Me habéis aconsejado y sigo vuestros consejos. Es mejor conocer de primera mano a quién debemos después dominar.

EL EXTRANJERO: Así es, señor.

MONTIGNY: Estás receloso. ¿Es que puede haber hoy novedades dignas de recuerdo o algún peligro?

EL EXTRANJERO: No lo sé, señor, espero novedades y creo que deberíamos intentar ocultarnos mejor.

MONTIGNY: ¿No les extrañaría? Venimos con frecuencia y siempre nos sentamos a la misma mesa.

EL EXTRANJERO: De acuerdo, señor, vayamos al rincón de siempre...

****

LOS NOBLES: (Entrando). ¡El Príncipe os hablará! ¡El Príncipe os hablará!

EL PRÍNCIPE CARLOS: ¡Brindemos por la grandeza de las tierras de Castilla que pronto bajo mi cetro prosperarán en paz y en gracia de Dios!

PUEBLO Y LOS NOBLES: ¡Por el Príncipe Carlos!

EL PRÍNCIPE CARLOS: ¡Pronto, pronto os asustaréis al contemplar mis hazañas! ¡La paz extenderá su imperio por todas las tierras nuestras! ¡Mi brazo será adalid de la felicidad en los Países Bajos! (...) Estáis ya aquí, no os había visto, perdón, tampoco os esperaba a vos.

MONTIGNY: ¡No os entiendo, señor!

EL PRÍNCIPE CARLOS: ¿No sois vos...? Hay tan poca luz... ¿No sois un mandado de don García Álvarez Osario? ¿Quién sois vos?

EL EXTRANJERO:	No sabemos de qué nos habla, señor, somos viandantes peregrinos descansando.
EL PRÍNCIPE CARLOS:	Hablaba con tu compañero, peregrino, y debe contestarme aquel a quien me dirijo.
EL EXTRANJERO:	Perdonad, señor.
EL PRÍNCIPE CARLOS:	Monseñor, peregrino, ¿no sabéis siquiera quién soy? Soy Su Alteza el Príncipe don Carlos.
EXTRANJ. Y MONTIGNY:	Monseñor...
DON JUAN:	(Que ha entrado). ¡Carlos!
EL PRÍNCIPE CARLOS:	¡Juan, tío mío! Abrazad a quien es el mayor de los nacidos.
DON JUAN:	¡Y vos a quien es nacido de padre mayor que el vuestro!
EL PRÍNCIPE CARLOS:	Cierto, amado tío. (...) Al fin llegasteis. (...) ¿Quiénes son estos mequetrefes?
DON JUAN:	No lo sé, pero no son quienes esperáis.
EL PRÍNCIPE CARLOS:	Eso ya lo sé. ¿Es que me tratáis de tonto?
DON JUAN:	¡Por la Santísima Trinidad, Alteza!
EL PRÍNCIPE CARLOS:	¿Quiénes son, entonces? ¿Por qué están aquí? ¡Averiguadlo! ¡¡Arrestadlos!!
DON JUAN:	Por favor, Carlos, estos señores, aunque no sepamos quiénes son tienen derecho a estar en esta taberna. No han hecho nada malo.
EL PRÍNCIPE CARLOS:	Debemos saber quiénes son, pueden ser espías de mi padre. ¿No sabes que mi padre me odia y me persigue? No estoy dispuesto a que mis planes se malogren. Comprende que estamos casi al final y de que lo logremos dependen muchas vidas y la felicidad de muchas almas. Mi marcha a Flandes y mi boda con la archiduquesa no pueden ser obstaculizados en este momento.
DON JUAN:	Aun así, no deberíamos dar un escándalo. Advertid que habría que dar explicaciones y tu padre, el Rey, podría enterarse.
EL PRÍNCIPE CARLOS:	¡Obedeced, tío mío! ¡Que todo quede en secreto es vuestro problema!
DON JUAN:	Aun así, Alteza...
EL PRÍNCIPE CARLOS:	¡Quiero que se me obedezca!

EL EXTRANJERO:	(A Montigny). No tengáis miedo, dejadme a mí. (...) A sus órdenes, señor...
DON JUAN:	En seguida vuelvo, señor. (En la puerta ya). Vuestras caras me resultan conocidas y vuestras mercedes seguro que me conocen a mí: soy don Juan de Austria. Pero, ¿de qué os conozco?
EL EXTRANJERO:	No lo sé, señor...
DON JUAN:	No intentéis huir de esta Corte, mañana os presentaréis a mí. Ahora, marchad.
EL PRÍNCIPE CARLOS:	(De lejos). Marchad, marchad antes que mi espada vengadora... (Desenvaina).
DON JUAN:	(Volviendo). Bien, Alteza, habéis comprendido mi pensamiento. No os preocupéis ya, mañana sabremos quiénes son, pero seguro que dicen verdad. No nos interesa el escándalo.
EL PRÍNCIPE CARLOS:	(De nuevo dolido). Yo no escandalizo nunca, soy el Príncipe.
DON JUAN:	Sí, Carlos, pero la prudencia...
El PRÍNCIPE CARLOS:	¡No me hables en ese tono...!
DON JUAN:	¡Perdón, Príncipe, yo...!
EL PRÍNCIPE CARLOS:	Dime, ¿a qué has venido? ¿Me traes noticias del dinero que tenía que estar aquí y por lo que veo nadie me da?
DON JUAN:	He venido porque estaba citado con vos, Alteza, y traigo noticias de vuestras peticiones de dinero.
EL PRÍNCIPE CARLOS:	¡Malditos usureros! Me vengaré. Negar a un Príncipe dinero... Seguro que a mi padre se lo darían; pero ya sabrán quién soy yo. Y quiero que venga a verme Garci Álvarez contigo antes que mi cólera se desborde. Quiero yo, el Príncipe, oír sus razones directamente, quiero saber quién está conmigo y quién está contra mí.
DON JUAN:	Mañana. En estos momentos Garci Álvarez Osorio viene de Toledo. Llegará esta misma noche y mañana os dará detalle de todo lo ocurrido. Me adelantó recado para que Su Alteza no estuviese intranquilo. Trae, a lo que parece, bastantes buenas noticias.
EL PRÍNCIPE CARLOS:	(...) ¡No quiero bastantes buenas noticias, quiero todo el dinero que necesito! (...) ¡Dios, que yo tenga que mendigar! ¡Pero no querrán los cielos que mis planes den al traste! Amado Juan, la luz brillará, la cruz brillará. (...) Debo conseguir dinero, amado tío, para poder salir de España, llegar a Italia y presentarme en

	Flandes. ¿Lo oís? Don Juan, amado tío, es necesario para el bien de los reinos. (...) Me habéis prometido ayuda. Me ayudaréis, ¿verdad? Contra los dos no se atreverá mi padre. Os mostraré las cartas de adhesión que he tenido. He hecho una lista con ellas. ¡Y tengo también otra lista de los que no me han contestado! ¡Por Dios, que me vengaré! ¡Oh, cuando yo sea libre y poderoso! ¡Cómo me reiré de todos los que me ofenden...! ¡¡Vos y yo, don Juan de Austria, los dos invencibles, seréis mi mano derecha!!
DON JUAN:	Volvamos a Palacio.
EL PRÍNCIPE CARLOS:	No quiero. ¡Sirve vino, tabernero, para mis amigos y para mis súbditos y para el pueblo! ¡Y para mí tráeme, como siempre, un buen vaso de agua fría! (...) Soy yo quien da las órdenes. No se te olvide, querido y amado tío mío, a mí debe de obedecérseme. (Bebiendo un gran vaso de agua). Dulce placer, amigos. ¡Más agua, más agua fría!
DON JUAN:	¡Volvamos a palacio, Príncipe! Debéis descansar y sabéis también que os puede sentar mal beber tantas cantidades de agua.
EL PRÍNCIPE CARLOS:	No me molestéis, don Juan. Marchad vos, os lo ordeno, ¡marchad! (Mirando como se va). Yo, el Príncipe de toda la tierra, a mis pies todos, sea cual sea su cuna, yo... (A todos). ¡Brindemos, brindemos por la pronta recta gobernación de los reinos de la cristiandad! ¡Pronto quedaréis asombrados de las hazañas de vuestro Príncipe!
LOS NOBLES:	¡Por Castilla y por su Príncipe!
EL PUEBLO:	¡Por el Príncipe!
LOS NOBLES Y PUEBLO:	¡Por Castilla!
	*****************
	En la calle.
MONTIGNY:	Es peor que un niño.
EL EXTRANJERO:	Tendremos que abandonar estas salidas. Algo ha hecho dudar a don Juan, aunque no nos haya reconocido, pero otra vez no creo que saliésemos tan bien parados y no podríamos justificar nuestra presencia.
MONTIGNY:	No creo que le importe que nadie siga los pasos del Príncipe. Nada de lo que hemos oído puede ir en serio, es imposible que don Juan tome en serio al Príncipe. Tengo en estos momentos más miedo de su padre que nos tiene atrapados aquí en Madrid como rehenes... Y sin poder hacer nada de lo que nuestra Patria nos tiene comisionado...

EL EXTRANJERO: Es imposible saber lo que piensa el Rey e impredecibles sus reacciones.

MONTIGNY: Siento, sin embargo, que nos engaña, y que no está en su ánimo concedernos la más mínima libertad ni de gobierno ni de religión.

EL EXTRANJERO: Sí, pero ya contábamos con ello. De hecho, cuando vinimos ya barruntábamos que todo sería inútil e incluso que podríamos correr peligro. Este Rey es demasiado fanático.

****

ESCENA IV

EL REY FELIPE, DON JUAN DE AUSTRIA.

De nuevo en habitaciones del Rey. Distintos sitios y distintas fechas.

****

Un día en el Escorial.

DON JUAN: Majestad.

EL REY FELIPE: Querido hermano, estáis sofocado.

DON JUAN: Vengo de Madrid. Traigo noticias graves.

EL REY FELIPE: Lleváis una vida dura y sabéis que confío en vos.

DON JUAN: Gracias a la Santísima Cruz, de la que soy muy devoto, mi salud entera está a vuestro servicio, Majestad.

EL REY FELIPE: Entonces tranquilizaos y descansad, me lo contaréis después del santo sacrificio de la misa.

DON JUAN: Es sobre vuestro hijo, Majestad. El Príncipe insiste en obtener mi ayuda.

EL REY FELIPE: No os preocupéis, ya me lo contaréis, todo puede esperar. ¿Deseáis asistir conmigo al santo sacrificio de la misa?

****

Otro día en el Pardo.

DON JUAN: Majestad, gracias por recibirme. ¿Habéis desayunado ya?

EL REY FELIPE: Dime, hermano, para ti ya sabes que estoy siempre.

DON JUAN: Es sobre el Príncipe Carlos, vuestro hijo.

EL REY FELIPE: Entonces, tómate un descanso. No conviene de tema tan importante hablar sofocados, ni tomar decisiones precipitadas o airadas.

DON JUAN: Gracias, Señor, pero he considerado que Su Majestad debería saber con urgencia de los últimos pensamientos y de las últimas decisiones de Su Alteza, el Príncipe, vuestro hijo. Majestad, el Príncipe está ultimando su huida. Ha conseguido algo de dinero de Toledo y Sevilla y ahora pretende ya mi ayuda y que le

	acompañe. ¿Qué debo hacer, señor?
EL REY FELIPE:	¿Cuándo debéis verle de nuevo?
DON JUAN:	Dentro de cuatro días.
EL REY FELIPE:	Permaneceréis aquí y le citaréis aquí en el Pardo, lo entenderá. Iréis a la cita con el Prior Antonio de Toledo. Así os libraréis de dar una contestación inmediata y sabremos de sus propósitos.
DON JUAN:	¿Manda algo más Su Majestad?
EL REY FELIPE:	Me tendrás todo el tiempo a tu disposición, hermano.
DON JUAN:	Majestad...

****

Otro día en el palacio de Madrid.

DON JUAN:	Majestad.
EL REY FELIPE:	Decidme, hermano. ¿Vuestra salud sigue bien?
DON JUAN:	Sí, Majestad.
EL REY FELIPE:	¿Cuál es la novedad?
DON JUAN:	El Príncipe ha fijado la fecha de su partida para el día 21 de este mismo mes de enero.
EL REY FELIPE:	¿Sus habitaciones siguen con el mecanismo realizado por Luis de Foix para ser cerradas por dentro?
DON JUAN:	Sí, señor. Su Alteza se jacta de ello todos los días.
EL REY FELIPE:	¿Y sigue el Príncipe, mi hijo, durmiendo con toda sus armas debajo de las almohadas?
DON JUAN:	Sí, Majestad.
EL REY FELIPE:	Gracias, don Juan, hermano querido, podéis retiraros. Sois leal, sois hermano, os amo.
DON JUAN:	Gracias, Majestad.
EL REY FELIPE:	Y no temáis, están previstas ya las medidas necesarias. Y no sufráis, hermano mío, sé del afecto que tenéis por mi hijo y que mi hijo tiene por vos. Sólo se tomarán las medidas estrictamente imprescindibles.

DON JUAN: Confío y confiaré siempre en vuestra justicia, Majestad.

EL REY FELIPE: Y yo en tu nobleza.

****

ESCENA V

EL PRÍNCIPE CARLOS, RUY GÓMEZ-ÉBOLI.

En las habitaciones del Príncipe don Carlos.

****

RUY GÓMEZ-ÉBOLI: Monseñor, ¿manda su Alteza alguna cosa más?

EL PRÍNCIPE CARLOS: Sí, Ruy Gómez, estoy esperando al infante don Juan de Austria y quiero que se me presente inmediatamente, no quiero recibir a nadie más, anulad todos mis actos para el día de hoy.

RUY GÓMEZ-ÉBOLI: Así se hará, Alteza. (Sale).

EL PRÍNCIPE CARLOS: (Como preparando un discurso. O delante de un espejo). ¡Todos mis vasallos a las armas! (...) ¡Por la Cruz del Cristo! (...) ¡Al ataque! (...) Conde de Egmond, perdonadme, creo que os equivocáis, comprendedme, la verdad está en el heredero de Jesucristo, su Vicario, el cual habla por mi boca, Príncipe heredero de toda la cristiandad. Espero, pues, de vos que utilicéis vuestro señorío sobre estas nobles tierras y vuestra ascendencia sobre estos nobles vasallos y que les haréis acatar la verdad, la única verdad que en la tierra representa el Vicario de Cristo, el Papa de la Iglesia Católica, Apostólica y Romana, y que mi brazo iluminado de Príncipe de la Cristiandad defiende. La paz y la felicidad resplandecerán para siempre en estos reinos. (...) Podéis retiraros, conde de Egmond. Gracias conde. (...) ¡A mí, mis vasallos! (...) ¡Todas, todas las tierras serán mías! El respeto a mi persona unánime y completo (...) ¡Ay de aquel que no acate mi disciplina! (...) ¡Qué fácil es ser Rey! ¡Como engrandecerán mis tierras y se engrandecerán mis reinos! ¡Mi padre, entonces, me envidiará y me odiará más, porque admire reconcomido mis triunfos! ¡Pero la gloria será mía y yo haré lo que desee!

RUY GÓMEZ-ÉBOLI: (Entrado). Alteza, Señor, con vuestro permiso.

EL PRÍNCIPE CARLOS: ¿Siempre tendréis que importunar, Ruy Gómez? ¿Es que no os he dicho que estoy ocupado excepto para el Infante don Juan?

RUY GÓMEZ-ÉBOLI: Perdón, Alteza, el Infante don Juan está enfermo y manda sus excusas. Le ruega posponga la entrevista para el miércoles de la semana que viene. Con vuestra venia, Monseñor. (Sale).

EL PRÍNCIPE CARLOS: ¿Más demoras acaso? No lo consentiré. La fecha fijada está fijada. (...) Esta espera, esta espera... (...) Lo lograré, todo en orden para mi victoria. ¿Qué cara pondrá mi señor padre, el Rey, cuando se entere? ¿Correrá acaso tras de mí o se limitará a ir a sus iglesias y conventos en peregrinación? (...)"Los grandes viajes del Rey Don Felipe", de Madrid al Pardo, del Pardo al Escorial, del Escorial a Aranjuez... (...) Odio a mi padre, no le perdonaré nunca. Si tuviese valor lo mataría antes que él me mate a mí, porque él me odia y me quiere aniquilar. (...) ¡Ja, ja, ja, qué cara puso el Prior de Atocha cuando le confesé el odio que siento por mi padre, el Rey! (...) Necios que se empeñan en decirme que es pecado. ¿No se dan cuenta de que yo soy el único en la tierra que puedo odiar y matar, si quiero, al Rey porque soy su heredero y responsable del gobierno, de la felicidad y las creencias de todos los súbditos? (...) Yo no quiero ni puedo ofenderte, Señor Dios de los Ejércitos, yo soy tu paladín, tu escudero. Tu cruz resplandecerá en los cielos gracias a mí. Yo no puedo cometer pecado, soy Príncipe, tu Príncipe, Señor Dios del Cielo... (...) ¡Mi dulce Ana, archiduquesa Ana, hacia ti voy por los caminos de Italia y saldrás a recibirme, e iremos juntos, a Flandes juntos, y allí, rodeados del cariño de los nuestros, nos casaremos...! ¡Hermosa Ana, archiduquesa Ana, mi prometida!

****

ACTO III

ESCENA I

EL REY FELIPE, RUY GÓMEZ, CONDE DE FERIA y el resto del CONSEJO ÍNTIMO DEL REY: Diego de Espinosa, Prior Antonio de Toledo y doctor Martín de Velasco.

Salón del Trono.

****

EL REY FELIPE: Señores, mi destino es y ha sido el buen gobierno de los Estados. Dios en su infinita misericordia me ha concedido muchas y luengas tierras sobre las que reinar, muchos y grandes nombres sobre los que gobernar, a todo he procurado responder con las dotes que Él mismo me ha concedido y mi voluntad siempre ha estado pronta a obedecer sus destinos, pero ese Dios que tanto me ha dado y a quien doy las gracias por tantas cosas, no me ha concedido un hijo en quien confiar.

Dios me ha puesto a prueba, señores. Mis ilusiones han sido cercenadas. Dios ha sido cruel conmigo. La ambición de un hombre no acaba con poseer o reinar, la esencia del hombre exige que su sangre se continúe con su sangre, el orgullo de un hombre es admirar a sus hijos y a los hijos de sus hijos. Yo lloro ante Vuestras Mercedes al admitir y confirmar que Dios me ha negado el principal y raíz de todos los bienes de la especie: un hijo capaz de mi herencia.

Perdón, señores, que con las palabras puestas en la desesperación del santo Job no sea capaz de expresar mi dolor, pero perdónenme más aún si mis palabras les han hecho dudar de mi fe en Dios, Nuestro Señor. Créanlo, señores, mi mirada sólo está puesta en Él, en el cumplimiento de su santa voluntad y en el bien de los súbditos que Él me ha confiado.

Saben ya, pues, Vuestras Mercedes, para qué les he reunido hoy aquí: día a día habéis informado a vuestro Rey y día a día vuestro Soberano ha querido saber vuestra documentada opinión sobre sus preocupaciones. Pues bien, he tomado una resolución, y es que es mi voluntad soberana que sea así: mi hijo el Príncipe Carlos será encarcelado y definitivamente separado de todos los derechos que por ser mi hijo le deberían ser conferidos... Porque no es apto para suceder en el trono a su padre, el Rey, ni capaz para gobernar el Estado.

Esta orden será cumplimentada mañana y yo, el Rey, la refrendaré con mi presencia. Vuestras Mercedes responderán que todo lo que hablemos aquí sea mantenido en el máximo secreto. Yo mismo, el Rey, daré las instrucciones precisas de todo y sólo lo que por razones de la gobernabilidad de los Estados deba ser dicho y transmitido, y nadie saldrá de esta Villa y Corte mientras ellas no sean departidas. Estudiemos ahora, amigos, amigos dilectos míos, la manera que tendremos de llevarlo a cabo.

****

ESCENA II

EL REY FELIPE, EL PRÍNCIPE CARLOS, CONSEJO ÍNTIMO, SOLDADOS.

En las habitaciones del Príncipe. El Príncipe en la cama. Después se levanta. Durante esta escena, los soldados clausurarán postigos y retirarán todos los objetos de posible uso como armas, incluidos trebejos de la chimenea. Los miembros del Consejo recogerán en primer lugar las armas que habrá dejado debajo de las almohadas de la cama del Príncipe y recogerán después cuantos documentos haya en la mesa y otros muebles; pero siempre al menos dos (Éboli y Feria) guardarán las espaldas del Rey.

****

EL PRÍNCIPE CARLOS:	¿Cómo es esto? ¿Quién me quiere matar?
EL REY FELIPE:	Calmaos, Príncipe, no os pasará nada.
EL PRÍNCIPE CARLOS:	¿Es Vuestra Majestad? (...) ¿Es que me quiere matar vuestra Majestad?
EL REY FELIPE:	Nadie quiere haceros daño, Príncipe, tranquilizaos y estad quieto, obedeced.
EL PRÍNCIPE CARLOS:	¿Me está apresando Vuestra Majestad?
EL REY FELIPE:	Tranquilizaos, Príncipe.
EL PRÍNCIPE CARLOS:	¿Tranquilo me decís, padre?
EL REY FELIPE:	Por favor, don Carlos, nadie desea haceros daño.
EL PRÍNCIPE CARLOS:	¡Me estáis apresando!
EL REY FELIPE:	Obedeced y tranquilizaos, Príncipe.
EL PRÍNCIPE CARLOS:	Si me apresa Vuestra Majestad debe matarme. El ludibrio de toda la Cristiandad caerá sobre sus hombros y el escándalo sobre la excelsa Corona. Yo mismo me mataré si vuestra Majestad no se atreve a ello para que la vergüenza y la ignominia no sean vistas por mis ojos. Yo mismo me mataré para no contemplar el horror de los siglos de los siglos.
EL REY FELIPE:	No temáis, Príncipe, nadie os hará daño. ¡Dios os ilumine para que un día comprendáis que estas medidas son necesarias! Pero si os matáis, Príncipe, haríais una locura.

EL PRÍNCIPE CARLOS: ¿Me llamáis loco, padre? ¡No estoy loco y me mataré si esta injusticia no se acaba ahora mismo! (...) Nunca me quisisteis, padre, nunca me quisisteis y me odiáis, padre, me odiáis porque soy más grande que vos, porque soy más fuerte que vos, más valiente que vos. Siempre me negasteis el poder que me corresponde, siempre me habéis temido, y ahora que me quería rebelar contra vos y vuestra tiranía, ahora que iba a lograr lo que me corresponde y sólo lo que me corresponde, el reino de Flandes, ahora que sin vuestro permiso, que no necesito, iba a desposarme con mi amada la hermosa, la dulce archiduquesa doña Ana, ahora traidoramente, cuando estoy indefenso en la cama, venís con toda vuestra guardia y armado y me apresáis. Cobarde, padre, aunque seáis Rey, y que mi sangre caiga sobre vos.

EL REY FELIPE: Príncipe Carlos, sabed que de ahora en adelante no os trataré como padre sino como Rey. (...)

EL PRÍNCIPE CARLOS: (...) ¡Padre y Señor, no podéis renunciar a ser mi padre! (...) (Arrodillado). Perdonadme, Majestad. Os juro que nunca volveré a intentar nada contra vos, que estaréis orgulloso de mí. Si algo contra vos he manifestado alguna vez, es del amor que os tengo, Majestad, y el afán que me impulsa para que vuestros súbditos vivan felices en el seno de la Santa Madre Iglesia Católica. Perdón, padre mío.

EL REY FELIPE: (Pausa, silencio, acaban). ¿Está todo, Señores?

EL PRÍNCIPE CARLOS: ¡¡Soy el heredero proclamado de la Corona de Castilla!! ¡Esta injusticia no quedará impune, mis amigos sabrán vengarme!

EL REY FELIPE: (A todos). Vayámonos, señores, gracias por vuestra ayuda, confío en la fidelidad que me habéis mostrado. (Salen).

****

ESCENA III

EL PUEBLO, EL LINCENCIADO, LA FREGONA.

En la calle.

****

EL PUEBLO:	¡El Príncipe ha sido encarcelado! ¡El Príncipe ha sido encarcelado!
EL LICENCIADO:	Dime, fregona, ¿es cierto lo que se dice?
LA FREGONA:	Es cierto.
EL PUEBLO:	¡El Príncipe ha sido encarcelado! ¡El Príncipe ha sido encarcelado!
EL LICENCIADO:	¿Quién es el Rey para encarcelar a su hijo, el Príncipe?
LA FREGONA:	Su padre y su rey. ¿Te parece poco?
EL LICENCIADO:	¿Y dónde está encerrado?
LA FREGONA:	En sus mismas habitaciones, no puede salir de ellas, pero se habla de que lo llevarán a la torre.
EL PUEBLO:	¡¡Lloremos que el Príncipe de Castilla, de Cataluña, de Aragón y de Valencia, y de otros muchos reinos, nuestro Príncipe está encarcelado!! ¡¡Lloremos, villanos, lloremos!! ¡El Príncipe ha sido encarcelado! ¡El Príncipe ha sido encarcelado...!
EL LICENCIADO:	¿Pero por qué? ¿Por qué ha sido encarcelado?

****

ESCENA IV

EL PRÍNCIPE CARLOS. Otros.

En la torre ya. Soliloquio. Después de la sagrada comunión, que le ha sido impartida a través de un ventanuco del aposento. Todo en silencio.

****

EL PRÍNCIPE CARLOS: ¡Oh Dios clementísimo, que, en vuestra infinita sabiduría, conocéis todos mis pecados, perdonadme! He pecado contra vos y he pecado contra el Rey, mi padre y señor; os ruego que me perdonéis. He ofendido a mis amigos y he despreciado a mis súbditos, mi mente no se daba cuenta de que todos querían mi bien y yo, el Príncipe, no he seguido sus consejos, orgulloso como estaba del poder que debo heredar. ¡Os prometo, Dios y Señor mío, seguir los caminos de la prudencia, el decoro y la obediencia!

¡Oh Dios misericordiosísimo que, en vuestra infinita bondad, perdonáis a la más humilde de vuestras criaturas, perdonad a este contrito pecador tuyo por el gran pecado cometido contra vos mismo intentando poner fin a sus días! ¡Perdonadme por haber atentado contra mi vida, que es sólo tuya, dejando de comer! ¡¡Perdonadme, Señor, Dios!!

¡Oh amantísimo Dios Uno y Trino, por el Cuerpo de tu Hijo Jesucristo que mora en mí en estos momentos, y que después de tantos días de despreciaros negándome a confesar y arrepentirme de mis pecados me habéis perdonado, dad a este vuestro Príncipe la paz para que en la serenidad de vuestra prudencia sepa gobernar en el futuro, cuando llegue el momento, según tus mandatos hasta el fin de los días que os dignéis concederme!

Que así sea, amén, yo el Príncipe Carlos, heredero de todas las coronas, vuestro más humilde vasallo entre todos los súbditos en la tierra.

****

ESCENA V

EL PUEBLO, LA FREGONA, EL EXTRANJERO.

Otra vez en las calles de Madrid. De día.

****

EL PUEBLO: ¡El Príncipe se ha arrepentido! ¡El Príncipe se ha arrepentido! ¡Esperamos la clemencia del Rey Soberano!

EL EXTRANJERO: ¿Es verdad el rumor que se oye?

LA FREGONA: Sí, es verdad el rumor que se oye. El Príncipe ha confesado y comulgado.

EL EXTRANJERO: Entonces, al Príncipe se le dará la libertad.

LA FREGONA: No, no lo sé. Te aseguro que todo sigue igual y el Rey no ha asistido a la ceremonia. Algún pecado mayor tiene que haber cometido.

EL EXTRANJERO: Si Dios ha perdonado...

EL PUEBLO: ¡El Príncipe se ha arrepentido! ¡El Príncipe se ha arrepentido! ¡Esperamos la clemencia del Rey Soberano!

EL EXTRANJERO: ¿Pero es que hay algo mayor para tu Rey que vivir en pecado y sin sacramentos?

LA FREGONA: ¡Qué sabes tú, extranjero! Se habla, incluso, de que intentó sublevarse contra el Rey.

EL EXTRANJERO: Pero si ha pedido perdón... ¿Es que vuestro Rey es más que Dios? ¿Es que vuestro Rey se cree más que Dios?

LA FREGONA: No blasfemes, hideputa, no mezcles a Dios en las cosas de la tierra.

EL EXTRANJERO: No puede tener encarcelado en la torre para siempre al Príncipe.

LA FREGONA: Soy lerda, pero, ¿por qué no, si eso fuese justo?

EL EXTRANJERO: Yo odio la tiranía y tu amo es un tirano.

LA FREGONA: Mi amo es el Rey. Y es justo como mil veces lo ha demostrado. Alguna razón tendrá si mantiene al Príncipe en la cárcel, extranjero.

EL EXTRANJERO:	Alguna razón que se desconoce...
LA FREGONA:	Que tú no necesitas conocer, extranjero, ni el Rey obligación de darte.
EL PUEBLO:	¡¡El Rey Soberano no perdona a su hijo!! ¡Lloramos porque el Rey Soberano no perdona a su hijo!!

****

EL LICENCIADO:	(Apareciendo y poniéndose al frente del pueblo). ¡Queremos que el Consejo de Castilla intervenga en la prisión del Príncipe! ¡Nadie tiene autoridad para ir contra lo que han decidido nuestras Cortes!
EL PUEBLO:	¡El Rey Soberano no perdona a su hijo!! ¡¡Lloramos porque el Rey Soberano no perdona a su hijo!!
EL LICENCIADO:	Fregona, ¿qué es eso que se dice ahora de que el Príncipe sigue encarcelado porque está loco?
LA FREGONA:	No lo sé, yo no sé nada, a mí no me preguntes nada.
EL LICENCIADO:	¿Es entonces verdad?
LA FREGONA:	Ha estado enfermo, ha estado muy enfermo. ¿Cómo quieres que yo sepa nada? Pero si no estuviese loco cuando lo encarcelaron, ¿no crees que ahora en la cárcel, encerrado en la torre de su mismo palacio, no es suficiente para volverse loco?
EL EXTRANJERO:	Triste razón la sinrazón de los demás. ¿Quién no está loco en esta vida?... ¿A esas explicaciones ha tenido que recurrir este vuestro Rey de ignominia?
EL LICENCIADO:	¡No podemos consentir esta injusticia, ni al mismo Rey podemos consentir esta injusticia! ¡Las Cortes de Castilla han jurado un heredero! ¡Pueblo, pueblo histórico de Castilla, no consintamos que se rían de nosotros! ¡¡¡Tomemos ejemplo de nuestros mayores!!!
EL PUEBLO:	¡El Rey es soberano! ¡El Rey es soberano!
EL LICENCIADO:	¡Queridos! Todos debemos acatar las leyes, nuestros mayores nos han dado ejemplo.
EL PUEBLO:	¡El Rey es soberano! ¡El Rey es soberano!
EL LICENCIADO:	¡¿Dónde vuestra sangre castellana, hermanos?! ¡¿No defenderemos a nuestro Príncipe?! ¡Debemos pedir justicia!
EL PUEBLO:	¡El Rey es soberano...! ¡El Rey es soberano...!

EL LICENCIADO: ¡Nadie es soberano sobre las Cortes de Castilla! (...) ¡¡Condenaos, esclavos, no sois dignos de mis palabras!! (...) Fregona, hermosa, me apeteces ahora, el Príncipe es cojo, tonto y jorobado, ¿por qué me voy a romper el pecho por él?

LA FREGONA: El Príncipe sufre, no lo olvides.

EL LICENCIADO: ¿Maternales tus ubres ahora, fregona? Siempre te has reído y enojado con tu principito.

LA FREGONA: Mis amos te llevarán a la hoguera como sigas insultándoles.

EL LICENCIADO: La hoguera es para los herejes, fregona.

LA FREGONA: ¡Hideputa, maricuelo!

EL EXTRANJERO: Pero quien apretaría la cuerda sería tu prudente y justo Rey, princesa hermosa. Déjame que me refocile contigo mientras vivo.

EL LICENCIADO: ¡Cuidado, extranjero, ahora quiero que sea mía!

LA FREGONA: ¡Luchad por mí, virotes!

EL EXTRANJERO: ¿Tan tirano como tu Rey? Ella es la que debe elegir.

EL LICENCIADO: No, extranjero, que noble nos has salido... La Felisa no escoge, no tiene ese derecho. Entre el pueblo escoge la fuerza.

EL EXTRANJERO: Pues quiero a la fregona.

EL LICENCIADO: Me siento obligado, extranjero, pero también la quiero yo. (Mientras luchan). ¿No hablabais de injusticias y de tiranías, extranjero? Pues ayuda a que tales actos no se cometan, es fácil criticar mientras rameras se mecen en tus brazos.

LA FREGONA: ¡¿Ramera yo?! ¡¡Yo no me vendo por dinero...!!

EL EXTRANJERO: ¿Por placer...?

EL LICENCIADO: ¡Por amor, querida, por amor, díselo bien! ¡Por el amor que vas a sentir por mí en cuanto acabe con este fantoche!

LA FREGONA: ¡Lucha, extranjero! ¡Lucha por mí! ¡Que no me insulte y me desprecie más ese engreído!

EL LICENCIADO: ¡Por ti, Felisa!

EL EXTRANJERO: ¡Por ti, fregona!

EL LICENCIADO: Vas a morir.

EL EXTRANJERO:	Te traspasaré con el mismo placer que traspasaría a tu rey.
EL LICENCIADO:	¡Por Castilla! ¡Castilla os domina y os desprecia extranjero! ¡Los derechos se obtienen luchando y no lloriqueando como damiselas, flamencos orgullosos! ¿Creíais que me engañabais? Tu señor ya está en la cárcel y vos moriréis ahora. Hace tiempo que os persigo...
EL EXTRANJERO:	Tampoco me engañasteis vos a mí.
EL LICENCIADO:	Entonces muere dándole una ilusión a la fregona Felisa.
EL EXTRANJERO:	¿Para darle también un placer a tu Rey y a tu Príncipe?
EL LICENCIADO:	Tú lo has dicho, como os gustaría a vosotros matarles, como te gustaría a ti matarles.
EL PUEBLO:	¡¡Por Castilla!! ¡¡Fuera con los traidores!! ¡¡Por Castilla!! (Lo mata).
LA FREGONA:	¡Noble, que ha muerto por una mujer, aunque sea yo y no sea dama!
EL LICENCIADO:	(Pisando al extranjero. Espada al alto). ¡Así han de morir los que quieren mandar en casa ajena! ¡Así han de morir los que ven antes la paja en ojo ajeno que la viga en ojo propio! ¡¡Así hemos de matar, pueblo querido de Castilla, a los flamencos!!
EL PUEBLO:	¡¡Por Castilla!!

****

EL PUEBLO:	¡¡El Príncipe se ha arrepentido!! ¡¡El Príncipe se ha arrepentido!! ¡Esperamos la clemencia del Rey Soberano!
LA FREGONA:	¡¡No hay perdón, no hay perdón!!
EL PUEBLO:	¿Por qué, fregona?
LA FREGONA:	¡¡¡El Rey es justo!!!
EL LICENCIADO:	¡¡¡El Rey debe rendir cuentas!!!
EL PUEBLO:	¡El Rey es Soberano...! ¡El Rey es Soberano...!

****

ESCENA VI

EL PRÍNCIPE CARLOS, ÉBOLI. Monteros.

En la cárcel. Acabando de comer. Sensación de haber comido mucho. Éboli vigila desde la puerta. No habla. Los monteros van y vienen.

****

EL PRÍNCIPE CARLOS: ¡Príncipe de Éboli, ¿no habéis oído que quiero ahora otro capón más?! ¡Os ordeno que se me presente antes de que acabe de comer! (...) ¿Dónde está mi capón? ¡¡Y traedme más agua, quiero agua helada...!! (Tira el agua que está en la jofaina por encima de su cabeza y pecho). ¡Quiero morir! ¡De una vez quiero morir! (Le sirven el capón). ¡Decidle a mi padre que me estoy fartando! ¡Príncipe de Éboli, Príncipe de Éboli, rápido a mi padre, el Rey, dile que si no he muerto de hambre voy a morir de fartura! ¡Y traedme un pastel de manzana ahora mismo, Ruy Gómez, ahora mismo! ¡No me hagáis esperar! (...) ¡De una vez por todas caiga sobre mi padre, el Rey, toda la ignominia de este ultraje! No quiere mi arrepentimiento, no quiere mi obediencia, no quiere mi valentía. ¿Qué quiere, pues, mi padre y señor, de mí? (...) Si no muero por hambre, que es duro, muerte satisfecha... Más, quiero más... ¡Ruiz Gómez, quiero más!

****

ESCENA VII

EL REY FELIPE.

El Salón del Trono. Este soliloquio es un párrafo de una carta dirigida a su hermana la Emperatriz, madre de la Archiduquesa Ana, de quien el Príncipe don Carlos está enamorado. Puede, pues, estar solo, puede estar dictando.

****

EL REY FELIPE: Carta a mi hermana la Emperatriz María y al Emperador Maximiliano. (...) ¿Por qué no querrán entenderlo, Dios mío? (...) "No es eso, queridos primos, y mi dolor apenas puede hablar, sus altezas saben que esta dolencia tiene tiempos y que, por otra parte, es diferente cosa el tratar de estos defectos en respecto a lo que toca al gobierno y acciones públicas, o en cuanto a los actos y cosas personales y de la vida particular que puede muy bien estar que para lo uno sea uno enteramente defectuoso, y en lo otro se pueda pasar y permitir, según VV.AA. lo podrán bien juzgar, y de lo dicho, que no contradice este acto particular al defecto de entendimiento que, por mis pecados, ha permitido Nuestro Señor que hubiese en mi hijo".

****

ESCENA VIII

RUY GÓMEZ-ÉBOLI, FERIA.

Antecámara en la torre del palacio.

****

RUY GÓMEZ-ÉBOLI:	Está muy grave.
FERIA:	No teníamos que haberle dado de comer todo lo que nos pedía.
RUY GÓMEZ-ÉBOLI:	Las órdenes de Su Majestad son muy precisas, querido conde, y Su Majestad es sabedora de sus desarreglos en la comida, como de esta calentura que le ha advenido.
FERIA:	Comer poco o comer mucho..., ambas cosas le hacen daño... Dios se apiade de su alma... Esto no parece tener solución... Estos desórdenes van a acabar llevándole a la tumba.
RUY GÓMEZ-ÉBOLI:	Nuestra obligación es obedecer.
FERIA:	En cualquier caso deberíamos informar de esta gravedad. El Príncipe podría morirse y habría que disponer muchas cosas.
RUY GÓMEZ-ÉBOLI:	Ahora mismo tengo audiencia con Su Majestad y será, como siempre, informado de todo.

****

RUY GÓMEZ-ÉBOLI:	Su Majestad sabe de su gravedad; pero sus órdenes siguen siendo las mismas, nadie de la familia real debe acercarse.
FERIA:	¿Ni la Reina Isabel?
RUY GÓMEZ-ÉBOLI:	Excepto su confesor, que como siempre tendrá acceso libre.
FERIA:	Sólo está esperando la muerte... Las fiebres son muy intensas, son ya cinco días que delira.
RUY GÓMEZ-ÉBOLI:	Tiempos difíciles, conde, tiempos difíciles nos esperan, debemos ser fuertes en torno a nuestro Rey, que sufre.
FERIA:	Sin embargo, esta severidad... El Príncipe reza y llora, pide clemencia, pide cariño... ¡Si al menos pudiese ver a la Reina y ella pudiese darle consuelo, su espíritu quedaría en paz...!
RUY GÓMEZ-ÉBOLI:	Su confesor sólo, su confesor sólo... La paz sólo se encuentra en Dios...

****

FERIA: A ratos delira, a ratos está consciente, reza y llora y pide perdón. Pide la presencia de su padre, el Rey. Los días pasan, pero todo parece ya irreversible.

RUY GÓMEZ-ÉBOLI: Su padre, el Rey, no viene, y su resolución parece firme, no creo que venga. (...) No sabemos si estamos en el final, hágase la voluntad de Dios, pero si Su Alteza, el Príncipe, ha de morir es buen momento ahora que la gracia divina se difunde en su alma, y el juicio que nunca tuvo mora en su mente.

FERIA: Su anhelo es vivir hasta el día de Santiago. ¿Podrá producirse otro milagro y que realmente Dios le conceda estos dos días que faltan? (...) ¿O podría ocurrir que mejorase su salud, y que aumentase su sindéresis, y que le viésemos un día sentado en su trono?

RUY GÓMEZ-ÉBOLI: Soñáis, conde, ya una vez un milagro salvó la vida del Príncipe, los milagros no se repiten.

FERIA: ¿Para qué Dios le habrá concedido entonces más larga vida?

RUY GÓMEZ-ÉBOLI: Alguna lección nos querrá dar la Divina Providencia que ahora no logramos ver.

****

FERIA: ¿Su Majestad, el Rey, no viene?

RUY GÓMEZ-ÉBOLI: No viene, conde, no viene.

FERIA: Son los últimos momentos.

RUY GÓMEZ-ÉBOLI: Es la voluntad real.

****

ESCENA IX

EL PUEBLO, EL EXTRANJERO, LA FREGONA, EL LICENCIADO, OTRA FREGONA.

La misma escena que al comienzo. Calle madrileña, piedra, noche.

****

EL PUEBLO: ¡El Príncipe ha muerto! ¡El Príncipe ha muerto!

EL EXTRANJERO: ¡El Rey ha envenenado al Príncipe!

LA FREGONA: ¿Cómo lo sabes, extranjero?

EL EXTRANJERO: ¿Qué otra razón puede haber?

LA FREGONA: El Príncipe era muy débil, estuvo otras veces a la muerte.

EL EXTRANJERO: No seas ingenua, fregona, el Rey odiaba al Príncipe. Y el Rey ha envenenado al Príncipe.

LA FREGONA: ¡Mientes!

EL EXTRANJERO: Te digo que el Rey ha mandado envenenar al Príncipe.

LA FREGONA: ¡Pero el Rey es justo!

EL EXTRANJERO: Es un sanguinario...

LA FREGONA: ¡El Rey es incapaz de matar a nadie!

EL EXTRANJERO: ¡Cándida paloma, salvo a herejes!

LA FREGONA: ¡El Rey amaba al Príncipe...!

EL EXTRANJERO: El Rey sólo se ama a sí mismo. ¡Y lo ha envenenado!

LA FREGONA: El Rey... el Rey... ¿Por qué...?

EL PUEBLO: ¡El Príncipe ha muerto! ¡El Príncipe ha muerto! ¡Dicen, quien lo sabe bien, que han matado al Príncipe! ¡Hemos oído que lo ha matado el Rey!

EL LICENCIADO: (Apareciendo). ¡¡Extranjero!! ¡¿Que no he de acabar contigo, extranjero?! ¡Que siempre ha de haber un extranjero envidioso en esta Castilla!! ¡¡¿Qué a vosotros de nuestro Rey o de nuestro Príncipe muerto?!! ¡Dejadnos llorar o reír, dejadnos sufrir o indignarnos! Pero, ¿por qué vosotros aquí con insidias, calumnias o consejos? Lección de qué, hideputa, a un noble castellano, porque sepa guardar silencio ante los abusos de su padre o Rey, ¿o ante la estulticia de su hijo o Príncipe? ¡¿Es que vuestras madres nunca parieron abortos?! (El extranjero desaparece).

****

EL LICENCIADO:	¡Dios, que ya nunca se pueda hacer justicia...!
EL PUEBLO:	¡Dios, que ya no vive!
OTRA FREGONA:	¡Cantad, por Dios, que yo le conocía y era bueno!
EL PUEBLO:	¡Dios, que lo han matado! ¡Dios, que lo han matado!
OTRA FREGONA:	¡¿Su cara de niño, a quién hacía mal?! ¡Yo le conocía, que he estado en palacio, toda su vida!
EL PUEBLO:	¡Dios, que ya no vive!
EL LICENCIADO:	No lloréis. Os lo digo: era jorobado, cojo y tartamudo.
LA FREGONA:	Era el Príncipe y tú no tienes tampoco derecho a hablar.
LA OTRA FREGONA:	¡Era barbilampiño!
EL LICENCIADO:	¡El Rey no tenía derecho a juzgarlo! ¡Queremos justicia!
EL PUEBLO:	¡Era nuestro Príncipe! ¡Era nuestro Príncipe! ¡Dios, que lo han matado! ¡Dios, que ya no vive!
OTRA FREGONA:	¡¡Cantemos, por Dios, al Príncipe, que me dijo que era una rosa!!
FREGONA:	¡Era intrépido, era agradecido!
OTRA FREGONA:	¡Hermosa! ¡Me dijo hermosa!
FREGONA:	Tan tierno e inocente el niño...
EL LICENCIADO:	¡Cantemos, pues, al Príncipe! ¡Cantemos loas al Príncipe para que su memoria permanezca entre nosotros y que los siglos de los siglos no se olviden y juzguen lo que no podemos saber ahora!
EL PUEBLO:	¡Dios, que lo han matado! ¡Dios, que ya no vive!
LA FREGONA:	¡Dios, que yo estoy triste!
OTRA FREGONA:	¡Que me sonreía...!
LA FREGONA:	¡Que era valiente, que era comedido!

EL LICENCIADO:	¡¡¡Cantemos al Príncipe!!!
EL PUEBLO:	¡Que lo ha matado el Rey... que ya no vive...!
EL LICENCIADO:	(Recitando con guitarra. Es epitafio de San Juan de la Cruz).

"Aquí yacen de Carlos los despojos:
La parte principal volvióse al cielo;
Con ella fue el valor, quedóle al suelo
Nudo en el corazón, llanto en los ojos."

****

Gonzalo Martínez Junquera
Fernández Balsera 20-2
33400 Avilés (Asturias)

LA TIERRA DE JAUJA

TIERRA DE JAUJA

Obra Teatral

por

Gonzalo Martínez Junquera
En Avilés y en primavera de 1991

LA TIERRA DE JAUJA

PRÓLOGO   El Anuncio de la Tierra de Jauja

ACTO ÚNICO   Noche de Jauja

    Escena I   El robo nocturno
    Escena II   Después del robo nocturno
    Escena III   El resto de la noche

EPÍLOGO   La lucha por la Tierra de Jauja

La acción transcurre en la calle de un barrio que se supone popular en sentido moderno, esto es, es sujeto pasivo de la movida, lo que actualmente significa que es el lugar donde los más jóvenes del lugar se estacionan, beben y hasta alborotan; pero en una parte tranquila del mismo. Empieza una tarde y acaba a la mañana siguiente.

Se ha de suponer también que desde las casas se ve campo abierto y que las casas cuyas fachadas vemos tienen jardín o tierra y cuadras por la parte de atrás.

Las intervenciones de HOMBRES y MUJERES se dejan sin dar nombre a los personajes, ya que se considera que los papeles pueden repartirse de distinta manera según el número de actores con los que se cuente.

Personajes

Recesvinda
Eufrasio
Albino
Emilio
091-1 y 2
Eugenio
El Cuchi
Niñata-1 y 2
Eutimio
Hombres y mujeres

CONSIDERANDA

La presente obra ha sido parida en función de dos barrios de Gijón, de las Asturias de Oviedo, uno llamado Cimadevilla, marinero y ancestral, ombligo de dicha Villa, todo él rodeado de mar y que es tal la influencia que de él recibe que su fantasía y grandeza les desborda, y siendo el mar el dios único que adoran han erigido en su cumbre un templo a su horizonte adonde en peregrinación unos y otros suben diariamente; el otro barrio es llamado La Guía, aldeano, residencial y, sobre todo, embudo entre el ombligo de la ciudad y la diversión, el deporte, la salud, la ciencia y no sé cuántas cosas más.

La Guía, como digo, es la puerta que al ser abierta descubre a los de Gijón el múltiple horizonte humano que se encuentra a la otra parte y por la que les entra el aire, el donaire y el soplo de los dones, aunque todo ello por y con las estrecheces propias del caso y escaso embudo.

Por La Guía, pues, la Tierra de Jauja.

La Tierra de Jauja es definida por los que lo saben como la tierra que mana leche y miel y la tierra en la que los perros se atan con longaniza.

Ni qué decir tiene que si la longaniza es al perro como el caramelo al niño, el que los perros se aten con longaniza, y sobre todo, que se mantengan atados, da a entender el grado de saciedad en el que en tal tierra viven los niños.

Así pues, es cierto que la Tierra de Jauja está al caer.

Finalmente, diré que los hechos que se cuentan en esta trama son actuales y reales, aunque estén mal contados: unos los he vivido, otros los he escuchado, con protagonistas, evidentemente, de los barrios dichos de Gijón, de las Asturias de Oviedo.

Todo esto, pues, ha de tenerse en cuenta para una posible puesta en escena: que el tiempo es actual, que los caracteres son duros o marineros, que siguen existiendo pescadoras, que son las que venden el pescado, y que son todas las que salen a escena, y que el campo y el mar están cerca de los personajes dándoles amparo, que el barrio sigue siendo una unidad vital para los vecinos, y que la Tierra de Jauja es algo real, que ya está ahí, como la tierra prometida.

Así pues, los personajes son de Cimadevilla y la acción transcurre en La Guía.

Dedico, finalmente, esta obra a Amparo Zavala y Andrés Mori, habitantes de estos barrios -donde han nacido y pacen-, con quienes rediviviendo estas anécdotas -con su amistad, con su vino y en su mesa- hicieron posible que yo fuese capaz de imaginar en qué consiste

Jauja e intentase aprovechar los datos.

Gonzalo Martínez Junquera

PRÓLOGO: EL ANUNCIO DE LA TIERRA DE JAUJA

El escenario es el propio de un corral de comedias, o por mejor decir, dicho de otra manera y como ya se ha dicho, el decorado es una fachada. Hay banco de piedra adosado. Una puerta es un bar. El primer piso, desde luego, tiene balcones corridos.

Un grupo de mujeres, unas viejas y no tan viejas, otras jóvenes, sentadas en dicho banco o en sillas traídas de sus casas, en corrillos se entretienen.

La reunión es fundamentalmente de mujeres, pero hay algún hombre, como, por ejemplo, EUFRASIO. Su mujer, RECESVINDA, también destaca. Ella, bastante más joven que él, ronda los sesenta; pero es aún guapetona y rescamplada, mujer bravía, pescadora.

****

RECES:	¿Os habéis enterado de lo de la Tierra de Jauja?
MUJER:	¿Tú crees esas cosas?
RECES:	Me han dicho que dentro de poco esto será la Tierra de Jauja.
MUJER:	A mí también me lo han dicho. Pero, mujer, yo creo que mientras no sea para todo el mundo...
RECES:	Para todo el mundo es, que me lo han dicho, lo difícil es que todo el mundo esté conforme y lo quiera, digo yo.
MUJER:	Es verdad.
MUJER:	Cierto.
RECES:	Así lo dicen.
MUJER:	Pues yo creo que es un chiste. Y un mal chiste.
RECES:	Pues tú dirás por qué.
EUFRASIO:	¡Qué majaderas sois! No se trata de lo que se piense, ¡aviados estaríamos si para cada cosa que se hace hubiese que convencer a todo el mundo de que es necesario o de que es bueno! Convencer uno a uno a todo el mundo..., ¡estáis apañadas!
MUJER:	¿Entonces?
EUFRASIO:	Los políticos.

MUJER:	¡¿Los políticos?!
MUJER:	¡¿Esos mierdas?!
MUJER:	¡Cojonudo!
RECES:	¡Ahora sí que lo arreglaste!
EUFRASIO:	Pero, mujeres, no seáis mujeres, los políticos son los que trabajan por la ciudad, en principio buena gente. Y por extensión decimos políticos a todos los que trabajan en el Estado; pero la Tierra de Jauja no la han de traer unos políticos cualesquiera, sino los que mandan: el gobierno. Para que la Tierra de Jauja sea una verdadera Tierra de Jauja es necesario que haya una ley que lo declare y lo refrende. Nada más; pero nada menos. Si el gobierno decreta la Tierra de Jauja, esto será la Tierra de Jauja. Y si no lo declara, nunca llegaremos a ser la Tierra de Jauja.
MUJER:	¡Qué bien habla tu marido!
RECES:	Ni que lo digas, un pico de oro, se llama Eufrasio, por si no lo sabías.
MUJER:	No te jode, y yo Teodosia...
EUFRASIO:	¡Y ahora querréis saber vosotras, claro, incluso, qué sea la Tierra de Jauja!
MUJER:	Sí, sí, explica.
RECES:	Ya que sabes tanto, ¡anda, dilo!
EUFRASIO:	En la Tierra de Jauja todo el mundo lo pasará bien, porque habrá justicia...
MUJER:	¿Y tiene algo que ver la justicia con ganar a la loto, que es lo bueno?
MUJER:	¿Y cómo se logra?
MUJER:	Y cómo se logra el qué, el qué.
MUJER:	El ganar al bingo.
MUJER:	¡Majadera, el que haya justicia!
MUJER:	Eso de lo que habláis.
EUFRASIO:	¡¡Todo de todos!!
MUJER:	Y una gaitada. Eso ya lo dijeron los socialistas y los comunistas y mira cómo les ha ido... ¿No te has enterado, tú que lo sabes todo, de que a

	los comunistas los están matando por fuleros?
MUJER:	¡¿Sí?!
MUJER:	Uno a uno, y sin dejar uno.
MUJER:	Ni a la madre que los parió.
MUJER:	¿Los ponen en fila india?
MUJER:	Entonces, como hacía Franco.
MUJER:	Más o menos.
MUJER:	¡Joder, no me digas!
MUJER:	Oye, no me digas, entonces mi marido...

(Silencio de pronto, expectación. Es Albino que entra. Un bardo, edad media, se le llama Albino porque es albino. Entrando con una guitarra, a la guitarra va sujeta una armónica que la toca a la vez: habla, salmodia, canta...).

ALBINO: La Tierra de Jauja es una tierra donde todo es abundante, tan abundante que no es necesario trabajar para conseguirlo. Se alza la mano para coger una estrella o una manzana; toda suerte de frutas al alcance de la mano y los frutos del campo frescos y abundantes como si fuesen para los pajaritos que alimenta vuestro Padre celestial, sin pasión por poseer, nada será en exclusiva de nadie; todo sólo pendiente de vuestro deseo.

Jauja es como un silo enorme. Un silo es como un gran almacén, como un gran bazar, una gran tienda, como un gran mercado con todos los caprichos que existen y con todos los adelantos que existen para ni siquiera perder tiempo en escoger, recoger y llevaros la mercancía.

Jauja todo lo tiene, nunca se acaba, todo en todo momento. Y todo vuestro.

En Jauja hay amor y no guerras, cariño y no envidias, diversión y ocio; pero dejará de decirse aquello de que el ocio es la madre de todos los vicios, porque será la madre de todas las virtudes. Virtudes que serán engendradas por vuestra alegría, por vuestro gozo, por vuestra exaltación.

¡Oh, mujeres, pariréis sin dolor! Y sin dolor ni antojos gestaréis a vuestros hijos; pero con el mismo sumo gozo, o aún más, si es posible, que ahora, los concebiréis. Gozaréis con vuestros maridos tanto como vuestros maridos con vosotras. No sabréis que estáis preñadas, y nadie os llamará locas por tener hijos o por desear tenerlos, pues vuestro hijo no os dará fatigas, ni el siguiente hijo quitará el pan a su hermano, ni al hijo de la vecina, ni al hijo del vecino de la vecina.

Y si no tenéis hijos, no lloraréis por vuestra soledad ni por vuestro estéril vientre; pues todos en uno os holgaréis de la vida y el placer de vivir ni por un momento os será negado, que la Tierra de Jauja es tierra de espíritu, pero también de pan, longaniza y vino.

Yo os predico la Tierra de Jauja que se me ha dado a conocer, no la Utopía. No se trata, pues, de que seáis justos o buenos o misericordiosos, ni de que el trabajo sea compartido equitativamente ni deseado por fácil o gustoso o placentero. Se trata de no trabajar, de divertirse, de poseerlo todo, de disfrutar.

(Marcha. Aplausos. Se deshace el corro. La gente va marchando).

MUJER:	¡Qué majaderías dice este pobre hombre!
MUJER:	¿Y por qué no va a ser verdad? Se está inventando mucho.
MUJER:	Sí, pero no tanto como para que los ríos sean de leche o vino, a gusto del consumidor.
MUJER:	Oye, ¿no abres el grifo en la cocina y echa agua? ¿No abres la espita y echa gas?
MUJER:	Sí, sí, pagando...
MUJER:	¿Y por qué no sin pagar? ¿Por qué no el grifo de la leche, el grifo de la miel?
MUJER:	¿O el grifo de las pesetas?
MUJER:	Es muy hermoso.
MUJER:	Pero también es difícil de creer, ¿no crees? Yo lo creo, faltaría más; pero a la vez no estoy muy convencida...
MUJER:	Joder, cómo te defines...
MUJER:	Bueno, mujer, los curas siempre han predicado algo parecido, el cielo no es ni más ni menos que eso. Así que tampoco es nada especial.
RECES:	¡El cielo...! Después de muertos... ¡Vaya tontería!
EUFRASIO:	Pues no deja de tener mucha razón. Los curas lo que quieren es que les obedezcamos y que les demos nuestros dineros, pero eso no significa que todo lo que dicen sea mentira... La ciudad de Dios, la ciudad sagrada..., eso está profetizado por los santos padres de la Iglesia; pero no sólo por ellos sino que en todos los sitios, en todas las culturas tienen este símbolo de la gran ciudad, la ciudad santa, este

símbolo es universal.

RECES: ¿De dónde has sacado tú eso ahora?

EUFRASIO: No me desmientas, mujer. ¿Es que yo no he corrido mundo y he visto lo que he visto y leo lo que leo? ¿Es que los libros no están en mi casa que es la tuya? Que yo me sé lo que me sé...

RECES: Eso es verdad, sí señor.

MUJER: No quiero ofender ¿eh? Pero es que pasa que eso de la Tierra de Jauja, no sé..., me parece mucho avanzar... Claro que los que sois intelectuales...

EUFRASIO: Pues si piensas cuando los hombres éramos monos, y ahora somos hombres, más hemos avanzado, ¡qué coño, lo que hemos avanzado es inmenso!

RECES: Buen mono estás hecho tú.

EUFRASIO: ¡Nuestros antepasados fueron los gorilas!

RECES: Pues ya podrías parecerte tú en algo, que yo me sé al menos a los gorilas.

EUFRASIO: ¡Mujer, no desprecies a tu marido y aprende de él, te digo que el hombre fue mono y que no es ninguna tontería, ni que lo haya sido ni que ahora sea hombre!

MUJER: Os dejo, queridos, que a mí me espera mi gorilo particular.

EUFRASIO: ¡No marches! ¡Apréndelo tú también! Dicen que la Tierra de Jauja es el placer continuado de vivir. Dicen que la Tierra de Jauja es la despreocupación absoluta del gozar, dicen que...

MUJER: Pues mi gorilo dice que yo a trabajar y punto. Adiós.

RECES: Adiós, guapa, ¿pero es que no lo has entendido? ¡¡Para los hombres ya existe Jauja desde siempre con mujeres esclavas como nosotras!! (...) (A su marido que ha empezado la retirada hacia el bar). Y tú ándate con cuidado que el día menos pensado te doy un corte de mangas y ahí te quedas más jodido que la una y, entonces, sí que empieza mi Jauja ¡Jauja que te crió!
(...)

ALBINO: (De pronto en el proscenio). No hablemos de la justicia, que la justicia es absurda, que pertenece al reino de la Utopía. ¿Acaso pensáis que en este mundo en que vivimos se puede ser justo? ¿Acaso creéis que puede haber eso que los políticos al uso y a la violeta, como decían nuestros antepasados, proclaman como igualdad de oportunidades cuando unos nacen ricos, otros pobres, unos listos y otros tontos, o la igualdad de sexos cuando unos nacemos hombres y otros mujeres? ¿No veis que eso del "todos iguales" se basa en que todos seamos esclavos, cuando hemos nacido libres? ¿O en que todos fuésemos solitarios autocomplacientes, hermafroditas, cuando hemos nacido anhelantes, compartientes, amantes?

No y no, queridos, olvidemos las utopías de los políticos, que son peores que la resignación de los religiosos. ¿No despreciáis a los políticos porque os mienten y al final todo lo hacen en su provecho? ¿Porque nada de lo que prometen cumplen y sin embargo día tras día por la fuerza de la extorsión os roban llamándolo impuestos y teniendo que trabajar para ellos? ¡Exterminio, pues, a los políticos!

¿Y qué os diré de los religiosos? ¿No odiáis a las religiosos? ¿Por qué? ¿Porque os predican libertad o porque os predican sumisión? ¿Porque os predican satisfacción o porque os predican sacrificio, humillación, al final siempre resignación, bochorno que os sube a las mejillas y que os impide mirar a vuestros vecinos con orgullo de haber nacido?

¡¡Abajo las utopías y los políticos!! ¡¡Abajo las religiones y los curas!! Decid conmigo: el hombre es hijo de Dios, es libre y amante. ¡¡Viva la Tierra de Jauja!! ¡Seguid el mandato de San Agustín: ama y haz lo que quieras! Y todo ello en esta tierra que mana leche y miel, pan, longaniza y vino, en la Tierra de Jauja.

****

ACTO ÚNICO: NOCHE DE JAUJA

ESCENA I: EL ROBO NOCTURNO.

El mismo lugar. De noche. Se supone que hay un ladrón dentro del bar. Dos ciudadanos dan la voz de alarma, progresivamente entran otros y otros hasta formar un buen grupo de ciudadanas y ciudadanos más o menos airados y temerosos.

Aparecerán en un momento dado, al principio, EUFRASIO, con su consorte, y EMILIO, joven, desenfadado, dominando siempre la situación; y, también, casi al final, DON EUGENIO, de media edad, bien alimentado, entre tabernero próspero y propietario de pequeño negocio de hostelería: jodido, pues, pero no apaleado; es el dueño del bar en el que se está robando.

****

CIUDADANO/A: De vez en cuando se oyen prédicas así.

CIUDADANO/A: Engatusadores.

CIUDADANO/A: Ya verás qué pronto te empiezan a pedir dinero. La gente es crédula y se lo da. A mí me recuerdan a los curas.

CIUDADANO/A: Soñar y soñar.

CIUDADANO/A: Soñar no cuesta dinero.

CIUDADANO/A: Si sirve para que alguien sea feliz...

CIUDADANO/A: Es curioso cómo hay gente tan simple que se cree feliz, se autoconvence y se ríe mientras la engañan.

CIUDADANO/A: La vida consiste en bailar, cuanto más se baile mejor, nadie nos puede quitar lo bailado.

CIUDADANO/A: Sí, pero si crees que bailas y te echan la zancadilla, ya me dirás. El timo en eso consiste, en creer tú que estás engañando a otro, o sea, digo, en creer que bailas.

CIUDADANO/A: Hay ignorantes, ¡qué vas a hacer! Los que somos inteligentes, cuando bailamos bailamos... (Estrépito. Susto. A una pareja que entra). ¡Cuidado, ladrones!

CIUDADANO/A: ¿Ladrones?

CIUDADANO/A: En el bar.

CIUDADANO/A:	(A otros que entran). ¡Ladrones!
CIUDADANO/A:	¿Ladrones?
CIUDADANO/A:	¡Al ladrón! ¡Al ladrón!
CIUDADANO/A:	¡Silencio, coña, que nos pueden oír!
CIUDADANO/A:	¡¡Al ladrón!!
CIUDADANO/A:	¿Es que son varios?
CIUDADANO/A:	Yo creo que uno.
EMILIO:	Es uno solo.
EUFRASIO:	¿Por qué no se entra a por él?
CIUDADANO/A:	Eso, eso, a por él.
CIUDADANO/A:	¡Silencio!
CIUDADANO/A:	¿Tanto alboroto por un ladrón?
CIUDADANO/A:	Eso digo yo, silencio, que nos puede oír.
CIUDADANO/A:	¡¿Veis?! Lo que yo os diga, es fundamental estar en silencio, a los ladrones se los coge en silencio...
EUFRASIO:	Mi pistola, ¿dónde está mi pistola? ¡Reces, trae mi pistola!
CIUDADANO/A:	¿Se ha avisado a la policía?
EMILIO:	No, no está avisada.
CIUDADANO/A:	Si no fuese por mí, aquí no se hacía nada. ¿Qué se espera para avisar a la policía?
CIUDADANO/A:	¡¡¡Silencio, coña!!!
CIUDADANO/A:	¡Qué manía con el silencio! ¡Está loco! Si estamos en silencio es cuando va a intentar escapar, ¿no? ¿Y qué? ¿Vas tú a cogerle, eh? Yo no.
CIUDADANO/A:	Si es eso, lo que hay que hacer es armar jaleo para que no se atreva a salir.
CIUDADANO/A:	Será la policía.
EMILIO:	La policía no está avisada.

CIUDADANO/A:	Pues por eso.
CIUDADANO/A:	¡Cómo que por eso! ¡Uno que vaya a avisar a la policía!
CIUDADANO/A:	¿Pero todavía no vino?
CIUDADANO/A:	Yo no la veo.
CIUDADANO/A:	¡Que digo que hay que avisar a la policía!
CIUDADANO/A:	¡Silencio, majo, y vete tú si tanto te gusta!
CIUDADANO/A:	No me da la gana ¡Quién, coño, eres tú para mandarme a mí!
CIUDADANO/A:	Aquí hay mucho jaleo, de esta manera no hacemos nada.
CIUDADANO/A:	¡¡Cuanto más jaleo, mejor!!
CIUDADANO/A:	Así se habla.
CIUDADANO/A:	Ni que lo digas.
EUFRASIO:	¡A mí mi pistola, Reces!! ¡¡Mi pistola!! ¡¡¡Que se nos escapa el ladrón!!!
CIUDADANO/A:	¡Venga, todos a una!
CIUDADANO/A:	¡Pues yo digo que silencio!
TODOS:	¡¡¡Uuuuhhhhhhh!!!
CIUDADANO/A:	¿Qué es lo que pasa?
CIUDADANO/A:	Un ladrón.
EUFRASIO:	No pasa nada, con Franco esto no pasaba. ¡A mí, ladrones!
CIUDADANO/A:	No se preocupe, la policía está al llegar.
CIUDADANO/A:	¡Silencio, que así no vamos a ninguna parte!
CIUDADANO/A:	No, eso es cierto, pero en silencio tampoco.
CIUDADANO/A:	Nadie me hace caso, pero hay que meter ruido (...) ¡¡Te matamos como salgas!!
CIUDADANO/A:	¡Eso ni se duda!
TODOS:	¡Eso! ¡Eso!
CIUDADANO/A:	¡Ánimo, todos a por palos, nos lo matamos!

TODOS:	¡Muerte al ladrón! ¡¡Una buena paliza al ladrón!!
EUFRASIO:	¡Aquí faltan armas, a mí mis armas! ¡¡Reces, mis armas!! ¡¡A mí Franco que se me ponga por delante!!
RECES:	¡Calla, que te van a oír! Ya voy, y calla de una puñetera vez. Pero como salga el que está dentro y me pierda el espectáculo, te acuerdas para el resto de tu vida.
EUFRASIO:	No se dice espectáculo, ignorante, se dice xou.
CIUDADANO/A:	¡Silencio, viejo chocho!
EUFRASIO:	¿Por mí o por la parienta?
CIUDADANO/A:	Por ti, carcamal.
EUFRASIO:	Menos mal que rectificaste, porque a mi parienta no la mentas tú ni marcha atrás.
CIUDADANO/A:	A ti y a tus muertos.
EUFRASIO:	¿Y dices que viejo yo? ¡¡No lo consiento!! En el monte luchando como yo me hubiese gustado verte.
CIUDADANO/A:	Pero a lo mejor te huelen los pantalones.
EUFRASIO:	Una mierda, y para que lo sepas: a Franco fue al que le olieron los pantalones, que se cagó cuando me tuvo delante, que no tuvo cojones, que no se atrevió a venir a por mí y a por los míos en el treinta y seis. La pena es que yo no pude antes estar en el Ebro, que si no otro gallo cantaría. ¡Ay, si hubiese estado en el Ebro como estuve en otras, no hubiésemos perdido la guerra!
CIUDADANO/A:	¡¡Quiquiriquí!!
RECES:	¿Ves? ¡Ya te han oído! Anda, déjalo que ya me desagraviaste.
EUFRASIO:	¡¿Todavía estás ahí, maricona?!
CIUDADANO/A:	¡Silencio!
CIUDADANO/A:	Yo creo que lo mejor es meter ruido.
CIUDADANO/A:	¿Qué pasa?
CIUDADANO/A:	Cómo que qué pasa, ¿no lo ve?
EMILIO:	Ladrones.
EUFRASIO:	¡¡Mi pistola!! ¡¡A mí, mis ladrones!!

CIUDADANO/A:	¡¡Silencio, que se va a enterar el de dentro!!
CIUDADANO/A:	Buen ladrón estás tú hecho.
EUFRASIO:	¡¡Esto con Franco no pasaba!!
CIUDADANO/A:	Si no está sordo.
CIUDADANO/A:	¿Usted cree que está sordo?
CIUDADANO/A:	A ver si no.
CIUDADANO/A:	Dicen que está sordo.
CIUDADANO/A:	Oye, que está sordo.
CIUDADANO/A:	Entonces ya podemos hablar, ¿no?
CIUDADANO/A:	Si sigue dentro sí, lo que pasa es que a lo mejor ya marchó.
CIUDADANO/A:	Si sigue dentro sí ¿qué?
CIUDADANO/A:	Si ya marchó, ¿para qué tanto cuento?
CIUDADANO/A:	Eso me parece a mí.
CIUDADANO/A:	Lo mismo digo yo, eso está clarísimo.
EMILIO:	Está dentro y está destrozando las máquinas tragaperras.
CIUDADANO/A:	Tienes razón, chaval.
CIUDADANO/A:	¿Ves? Lo que yo digo, estos jóvenes de hoy día se las saben todas. ¿Dónde estudias, chaval?
EMILIO:	Yo no estudio, paisano, yo hago la paz española.
CIUDADANO/A:	Muy bien, chaval, eso es.
CIUDADANO/A:	¡Qué preparados están! ¡Cómo se ve que estudian!
CIUDADANO/A:	Que está diciendo que no estudia.
CIUDADANO/A:	Sí, pero vaya frase, ¿eh?: ¡"Haciendo la paz española"!
CIUDADANO/A:	Es lo mismo, la preparación que tienen.
EUFRASIO:	¡Gracias a Franco, hijo, gracias a Franco! Pero, ¿dónde está mi pistola? ¡¡Mi pistola!!

CIUDADANO/A:	¡Silencio!
CIUDADANO/A:	¡Juerga!
CIUDADANO/A:	Esto degenera, me parece que me voy para la cama.
RECES:	Ten tu pistola y calla de una vez.
EUFRASIO:	Al fin llegaste. ¡¡Señores, orden, señores!! Que ya estamos armados. Ahora, a preparar el plan de ataque. ¡¡Viva Franco!!
CIUDADANO/A:	Haced que calle ese mamarracho.
CIUDADANO/A:	Hágalo usted. Mucho decir, mucho decir pero aquí lo que hay es que hacer y no irse del pico, ¡bien por el viejales!
VARIOS:	¡¡Bien!!
EUFRASIO:	Un voluntario para defender la puerta, ¡mi pistola lo cubre!
CIUDADANO/A:	¡Yo!
CIUDADANO/A:	¡Yo, no!
CIUDADANO/A:	¡Yo tampoco!
EUFRASIO:	¡¡Con Franco esto no pasaba!! ¡¡Franco quería y tenía voluntarios!! Por eso nos ganó la guerra, sin embargo, nosotros, nada, siempre haciendo lo que nos daba la gana, y así no se va a ninguna parte.
UNA:	(Desde un balcón). ¡¡Jodido viejo, ¿no podrías callar un poco?!!
RECES:	A mi marido no le da la gana callar, ¿y qué pasa?
UNA:	¡Que me dejéis dormir, carajo!
CIUDADANO/A:	Están robando en el bar.
UNA:	Alguna razón tendrán, eso es cosa de la policía. A vosotros qué más os da, ¿eh?
CIUDADANO/A:	¿La policía? ¿Es que va a venir la policía?
UNA:	A ver, nunca están donde deben, pero al final llegarán, digo yo.
UNO:	(Desde otro balcón). La policía va a venir porque hace media hora que la avisé yo, ¿qué pasa?
CIUDADANO/A:	Y yo.
UNO:	Y yo ¿qué?

CIUDADANO/A:	Que estoy de acuerdo.
UNO:	¿Pasa algo?
CIUDADANO/A:	Ladrones. Dicen que hay ladrones.
CIUDADANO/A:	Lo mejor será marchar.
CIUDADANO/A:	Ni que lo diga.
UNO:	¡La policía!
CIUDADANO/A:	¡Silencio, la policía!
CIUDADANO/A:	¡¡Silencio!!
CIUDADANO/A:	¡¿Qué policía?!
CIUDADANO/A:	¡La policía!
UNO:	¡¡Joder, la que hay, ¿cuál va a ser?!!
CIUDADANO/A:	¡¡Silencio!!
UNO:	No hay manera. ¡¡Que digo que silencio, que está aquí la policía, que ya llegó la policía!!
CIUDADANO/A:	¡Alguien que tire un volador en honor de la policía!
CIUDADANO/A:	¡¡Hurra!!
CIUDADANO/A:	Oye, ¿y para qué quieren a la policía?
CIUDADANO/A:	Vete tú a saber, dicen que hay un ladrón ahí dentro.
	(Entra la pareja de la policía. Se supone que han llegado en el coche de patrulla. Respetuoso, nervioso y momentáneo silencio).
091-1:	Somos la policía.
UNA:	Ahora llegaron los listos, ¡mira que saber que son la policía!
CIUDADANO/A:	¡Olé, torero!
091-1:	¿Qué es lo que ocurre? A ver, ¿quién habla?
UNA:	Yo.
091-1:	¿Fue usted la que nos llamó?

UNA:	Yo lo que quiero es dormir.
CIUDADANO/A:	Pues duerma, puñetas, que desde que usted se ha asomado, aquí no hay quien se entere de nada.
UNO:	Fui yo, ¿por qué?
091-1:	Cómo que por qué, aquí las preguntas las hago yo, ¿entendido?
CIUDADANO/A:	Que están robando ahí dentro.
091-1:	¿Por qué?
UNA:	¡Que quiero dormir, joder, qué pregunta, que por qué roba la gente, vosotros sabréis, que sois los que mandáis, puñeteros!! (Cierra dando un balconazo).
CIUDADANO/A:	Necesitarán dinero, porque están desvalijando las tragaperras.
091-1:	¿Cuántos son?
EMILIO:	Roba dinero.
CIUDADANO/A:	Es verdad, necesita dinero.
UNO:	Para droga, si es que la juventud está perdida. Claro, como todo se tolera...
EMILIO:	Dicen que necesita dinero.
CIUDADANO/A:	Lo que yo decía, si no no robaba.
091-1:	(A Emilio). Tu, carajillo, habla cuando se te pregunte, ¿entiendes? ¡He preguntado que cuántos son!
UNO:	Son drogadictos, si lo sabré yo.
CIUDADANO/A:	Señor, son drogadictos, lo dicen aquí.
091-1:	¿De verdad que es para droga?
EMILIO:	Es uno sólo; pero peligroso.
CIUDADANO/A:	Señor guardia, es uno sólo pero debe ser muy peligroso.
091-1:	¿Va armado?
CIUDADANO/A:	No lo sé. Tú, ¿va armado?
EMILIO:	Lleva navaja.

UNO:	Lleva navaja, señor guardia.
091-1:	¿Lo viste entrar?
EMILIO:	Como si lo viese.
CIUDADANO/A:	Délo por visto, señor guardia.
091-1:	Pero, ¿sí o no?
EMILIO:	Por la manera de desvalijar, fijo que es El Cuchimizado, el Cuchi para los amigos, pero como no sabe robar todo lo destroza, le falta un verano, ¿comprende, jefe?
091-1:	El que a ti te sobra, cojones. Y contéstame sólo cuando te pregunte, que ahora no estaba hablando contigo.
EMILIO:	Perdón, señor guardia, pero yo creo que sí estaba hablando conmigo.
091-1:	¡¡Silencio!!
CIUDADANO/A:	¡¡Silencio!!
CIUDADANO/A:	Eso, eso: ¡silencio, que hay ladrones!
091-1:	Mucho sabes, ¿vas con él?
EMILIO:	Ni loco, jefe, lleva navaja. Bueno, pero nada más que navaja, ¿eh? No vaya a creer...
091-1:	La autoridad no cree nada, ¿entiendes? Quiero hechos.
EMILIO:	El Cuchi está robando, jefe.
091-1:	Bien, a empezar. Usted guarde esta puerta, coja esa garrota y, si sale, ya sabe, a palos con él.
CIUDADANO/A:	¿Aunque se rinda?
091-1:	Esos nunca se rinden, usted a palos, ¿oye?, a palos.
CIUDADANO/A:	¡Silencio!
091-1:	Eso lo digo yo. Usted a callar.
091-2:	¡Silencio! ¡¡Silencio de una puñetera vez!! ¡¡¿Por qué habla aquí todo el mundo, vamos a ver?!! ¡¡¿Es que no se ha dicho que silencio?!!
091-1:	No lo sé, pero tú calla también, cojona.
091-2:	Eso digo.

EMILIO:	Orden, jefe, aquí hay que poner orden, que no nos enteramos de nada.
EUFRASIO:	¡Mi pistola, carajo, mi pistola! Que yo soy el que cuido de la puerta y me sobro con mi pistola. ¡¡Todos atrás!!
091-2:	Esa pistola, ¿de dónde ha salido? Es un delito. Hay que confiscar esa pistola inmediatamente.
EUFRASIO:	¡Con Franco esto no pasaba!
091-1:	Déjate de averiguaciones, vamos a controlar la situación.
091-2:	La puerta ya la tenemos dominada. ¡Todos fuera, atrás, atrás! Tú no, coño, que me respondes de la puerta, ¿entendido? Y a palos, ¿entendido? ¡¿Bien entendido?!
091-1:	A ver, tú, chaval, que eres el único sensato, ¿qué más salidas hay?
EMILIO:	Gracias, señor guardia, porque mi reputación estaba en entredicho.
091-1:	¡Déjate de puñetas y contesta!
EMILIO:	Jefe, por la parte de atrás hay salida subiendo al tejado, y pienso que es posible que El Cuchi lo sepa.
091-1:	Bien, chaval, dirige la expedición, vamos a inspeccionar la parte de atrás y tomar las medidas precautorias que correspondan.
	(Salen los tres y algunos más).
EUFRASIO:	A mí mis cataplines, a ver quién era el majo que se metía conmigo, que se manifieste ahora si tiene lo que tiene que tener, por mis muertos que lo deterioro.
CIUDADANO/A:	¿Está cargada?
CIUDADANO/A:	¡Viva Franco!
CIUDADANO/A:	Cuidado que es capaz hasta de disparar, está loco.
CIUDADANO/A:	¡¡Viva Franco!!
RECES:	¡Buenas noches, Don Albino!
EUFRASIO:	¡¡¡Con Franco esto no pasaba!!!
ALBINO:	(Desde un balcón). Buenas noches a todos, una vez; buenas noches a todos, dos veces; buenas noches a todos, tres veces.

CIUDADANO/A:	¡Cállese, don Albino, que hay ladrones!
CIUDADANO/A:	¡Cuatro veces, don Albino!
CIUDADANO/A:	¡Y Dios con nosotros que corremos peligro!
ALBINO:	Agua va, una vez; agua va, dos veces; agua va, tres veces. Y cuatro veces, agua va.
	(Empieza a tirar el contenido de una lata que ha hecho las veces de bacinilla).
CIUDADANO/A:	Don Albino, por Dios, ¿qué hace usted?
CIUDADANO/A:	Más peligro, ¿no lo ves?
CIUDADANO/A:	Está loco.
CIUDADANO/A:	¿Pero tienen ustedes otro loco?
CIUDADANO/A:	Oye, ¿qué quieres?
CIUDADANO/A:	¿Y es un loco de aquí?
CIUDADANO/A:	Pero tú de qué vas, majo; de aquí, de allí, ¿no lo ves encolado en un balcón? Pues todo el que se asoma a un balcón está loco.
CIUDADANO/A:	En mi barrio no. En mi barrio la gente normal también se asoma al balcón.
CIUDADANO/A:	¡Vaya barrio!
091-2:	(Entrando, se supone que ha visto a Albino). ¡¡Esto es intolerable, voy a ponerle una multa!!
CIUDADANO/A:	¡Repítelo, anda, a ver si te atreves!
CIUDADANO/A:	¡Pues vaya barrio!
091-2:	¡Usted abajo inmediatamente!
091-1:	Déjalo ahora, que lo importante es el ladrón.
091-2:	En absoluto, y nuestra autoridad, ¿qué?
091-1:	Es verdad, ya verás. ¡¡¡Silencio todos!!!
CIUDADANO/A:	¡Cojona!
091-1:	¡¡¡Instrucciones y a cercar al ladrón!!

CIUDADANO/A:	¡Cojona!
CIUDADANO/A:	¡Menuda la que nos ha caído!
CIUDADANO/A:	Que si está armado, la armamos... Estos son capaces de todo.
CIUDADANO/A:	¿Quién coño los habrá llamado a este entierro?
UNO:	(Asomándose otra vez). Fui yo, ¿qué pasa?
CIUDADANO/A:	Que mejor estabas follando, mira lo que has hecho.
UNO:	Eso ya lo sé yo, gracioso, si me prestas a alguien de tu familia... (Entra).
091-1:	¡¡Instrucciones!!: todos a separarse, despejen el campo de operaciones, el que quiera marchar que marche, ¿entendido? Puede haber peligro. Usted y usted quédense aquí de refuerzo.
CIUDADANO/A:	Entonces, ¿no marcho?
CIUDADANO/A:	¿Nos pagarán por esto, jefe?
CIUDADANO/A:	¿Y qué hacemos con el peligro?
091-2:	¡Mierda! ¡¡A obedecer!!
CIUDADANO/A:	No pagan.
CIUDADANO/A:	No pagan.
CIUDADANO/A:	¿Nos podemos marchar o no nos podemos marchar?
EUGENIO:	(Entrando. Es el dueño del bar). ¿Qué es lo que pasa? ¿Qué es lo que pasa?
091-2:	¡¡No moleste!!
CIUDADANO/A:	Que le están robando, don Eugenio.
EUGENIO:	¡¡Dios, a mí me tenía que pasar esto!! ¡¿Pero es cierto?!
EMILIO:	Sí, don Eugenio, le están robando.
EUGENIO:	¿Pero qué es lo que pasa, por qué no se hace nada?
091-2:	Sin faltar a la autoridad, ¿eh? ¿Usted quién es? ¡¡Fuera!!
CIUDADANO/A:	Que no quieren pagar por colaborar.
CIUDADANO/A:	Un absurdo, una explotación, don Eugenio.

EUGENIO:	¿Que no os quieren pagar? Serán maricas... Así es como se construye España.
091-1:	¡Le he dicho a usted que afuera!
EUGENIO:	¡Oiga, que soy el dueño!
091-1:	¡Si por mí fuera y mandasen los míos, usted no sería dueño de nada!
EUGENIO:	Pero ¿a qué esperan para cogerlos? ¿No son la policía? ¿Qué hacen, vamos a ver? ¿Es que están esperando refuerzos o qué? ¿Hace falta una dotación con metralletas para coger a unos ladronzuelos? ¿No ven que cuanto más tiempo pase más me destrozan el local?
CIUDADANO/A:	Lo siento, don Eugenio, pero si no pagan yo no trabajo, mi sindicato no me deja. ¿Oye señor guardia? Usted no sabe con quién está hablando, yo soy un obrero y tengo mis derechos.
CIUDADANO/A:	Jo, yo no marcho que aquí va a haber toros, ahora viene lo bueno.
091-2:	¡¡Usted a obedecer como los demás!!
CIUDADANO/A:	Ustedes no saben lo que es un sindicato, claro, pero un sindicato es el que nos defiende y nos hace personas contra la tiranía.
CIUDADANO/A:	¡Déjalo! ¿No ves que no lo entienden? ¡Ellos no tienen sindicatos ni nada, son ciudadanos de segunda categoría...!
EMILIO:	¡Al ladrón! ¡¡Al ladrón!! ¡¡Por allí, que salta!!
091-1:	El de la garrota, ¡atención! ¡¡Situación de defensa y ataque!!
CIUDADANO/A:	Que ¿qué?
091-2:	¡¡Defensa y ataque!!
EUGENIO:	¡Al ladrón todos! ¡¡Todos, coño, que me está robando!!
EMILIO:	¡Señor guardia, por allí!
091-1 y 2:	¡Alto a la autoridad! ¡¡Alto a la autoridad!! ¡¡Pare o disparo!! (Salen corriendo, a uno de los policías se le cae el arma. [Nota bene: La verdadera historia es que lo que se le cayó al guardia fueron los pantalones y después, y como consecuencia, la pistola; como la verdad a veces no suele ser muy creíble, se deja al criterio de quien monte la escena. Y pienso que pensando en el distinto público que pueda tener y que es quien ofrece la credibilidad, la realización de lo ocurrido]. Se revuelve a coger el arma, queda parado. Su compañero vuelve, le ayuda, salen).

091: ¡¡Al coche, déjalo, vamos al coche!! (Salen al coche).

EMILIO: (Hacia fuera). Por ahí no, señor guardia, que se fue por el otro lado.

091: (Voz). Será por donde yo diga. ¿Entendido?

EMILIO: Vale, jefe, que yo colaboro.

****

ESCENA II: DESPUES DEL ROBO NOCTURNO.

Inmediato. Los que quedan, que son cuatro, a saber: dos noctámbulos, que pueden ser muy bien los mismos que paseando y charlando descubrieron el robo en la escena anterior, más EUFRASIO y EUGENIO. Como es lógico, EUGENIO entra y sale del bar nervioso, etc. Después entrarán EMILIO y EL CUCHIMIZADO, y más adelante los dos agentes de la policía.

La puerta del bar está abierta.

****

1: Hay noches y noches. Quién nos iba a predecir este barullo.

2: Un poco más y se me atraganta la cena.

EUGENIO: Puñetas con vuestra cena, ¡egoístas de mierda! Mejor os preocupabais de resolver este estropicio que me ha hecho ese hijo de puta.

1: Esta juventud está perdida.

2: En nuestros tiempos también la corríamos.

1: Cierto, cierto, nosotros, jóvenes, no nos quedábamos atrás.

2: Pecadillos de juventud.

EUGENIO: Tuvo suerte que vino la policía. En el fondo la policía lo que hace es defenderlos a ellos, porque si llego yo antes lo lincho. ¡Eso como tengo madre en los cielos, que se me murió, que lo lincho!

2: ¡Bueno! ¡Bueno...! Menos lobos..., que menudas las tenemos armadas también nosotros. ¿Te acuerdas de los bailes? Siempre salíamos a puñetazos. Y cuando no a tiros o a navaja... ¿Te acuerdas? Valía de todo, pero, joder, yo creo que merecía la pena, ¿no?

1: Ya ves, a mí también esta noche se me recordaron aquellos tiempos...

2: ¡Aquellos tiempos!

EUGENIO: ¿Pero es que estáis intentando justificarlo? ¿Os estoy entendiendo bien? ¿Es que queréis justificarlo? ¿Queréis hacer el favor de callar de una vez?

2: No, si es lo que yo digo, Eugenio, convéncete, siempre tiene que haber algo, la juventud es la jodida juventud, qué se va a hacer...

1: Mientras no falten al respeto, ¡eso sí!, que ahora hay cada uno, vamos, que yo esta noche me quedé con ganas de intervenir. Se me recordó que qué quieres, y ya sabes que cuando se me recuerda, yo a veces soy violento...

EUGENIO: ¡¡Es que si lo cojo, lo mato, lo mato!!

EUFRASIO: ¡Pero vino Franco y os puso en orden, majaderos!

1: Por eso tú te tiraste al monte, ¿no?

EUFRASIO: Eran otros tiempos. ¡Viva Franco!

1: Tranquilízate, Eufrasio, que ya no hay ladrones por aquí y todos nos conocemos y conocemos tu vida.

EUFRASIO: Mi vida es mi vida y no conocéis de la misa la media. En la vida hay que saber cuándo hay que luchar y cuándo hay que estar por la paz, y, sobre todo, hay que saber elegir al enemigo. ¡¡Yo no me dediqué a hacer gamberradas!!

1: Tú como todos, ¡qué coño!

2: Ahora el perfecto que andaba con el sindicato...

EUFRASIO: ¡¡El sindicato era una cosa muy seria!! Y yo luché por la justicia y por la libertad, ¿entendido? Y después yo luché contra Franco, cuando había que luchar contra Franco, porque Franco fue un canalla, un usurpador, y además un cenizo, que os lo digo yo, que muy pocos lo sabemos, era un cenizo; pero ahora hay que alabar a Franco porque Franco hizo muchas cosas, ya ves, muchas cosas, y buenas, jódete, y yo alabo a Franco, porque ahora Franco es un muerto y los muertos, cuando están muertos, merecen un respeto, y no me duelen prendas el decirlo.

1: ¡Chúpate esa! Ahora Franco está en el cielo.

2: Es lo que yo digo, Franco está en el cielo.

EUGENIO: Otro Franco con cojones es lo que necesitábamos para acabar con estos atropellos y con esta barbarie.

EUFRASIO: ¡Viva Franco! Eso sí, elegido como Dios manda, ¿eh?, que lo que es es y la legitimidad es la legitimidad.

1: Bueno, bueno, tengamos la fiesta en paz, aquí cada uno que piense como quiera.

EUFRASIO: ¡No me sulfuréis, coño! Que eso es otra salvajada. ¿Qué es eso de que cada uno piense lo que quiera? Entonces, los que estudian para qué

	estudian, ¿eh? Y si sois unos ignorantes, lo reconocéis y vale, ¿vale?
1:	Pues ahora se dice que cada uno haga lo que quiera, y que hay que dejar que cada uno piense lo que quiera.
2:	Pero si los que estudian ahora son los jóvenes, Eufrasio, que no te enteras, qué tendrá que ver la velocidad con el tocino.
EUFRASIO:	Yo no me creo nada y aquí no hay velocidad ni tocino, ¿enterado? Pero eso de que cada uno piense lo que quiera sirve para engañaros a vosotros, a los ignorantes, que encima presumís de listos; la verdad es la verdad y si se sabe se sabe y si no hay que aprenderla, te vas a la escuela y estudias.
1:	Nadie tiene la verdad, la verdad no existe, que a mí me lo dijo mi nieto que está estudiado.
EUGENIO:	¡Tu nieto...! Vergüenza a tu nieto y a los que deforman a los nietos de esta manera.
1:	El progreso se ha hecho siempre imponiéndose a los retrógrados, que son los viejos.
EUFRASIO:	Pero, bueno, ¿qué entenderás tú de retrógrados y de viejos? Yo tendré mis años, pero no soy viejo ni retrógrado.
2:	Lo que yo digo, la verdad no existe.
EUFRASIO:	Existe la verdad y la fuerza para imponer la verdad. La Revolución Francesa, ¿qué? ¿Qué me decís de ella, eh? Pues la Revolución Francesa mató por la verdad, porque la libertad es verdad, y la igualdad es verdad ¿eh? ¿Sí o no? Entonces, ¿qué cojones habláis? La verdad existe y hay que luchar por ella, y hay que matar por ella, qué nos vais a decir a nosotros que nos hemos roto los huevos por la verdad y por la libertad y por la justicia y por lo que se terció, cojones, porque los teníamos.
EUGENIO:	¡Sí, señor! Así se habla, y el que quiera joderse que se joda; pero Eufrasio tiene razón, y la razón existe; y, por lo tanto, si hay que imponerla se impone. ¿Qué mierda es esa de que ahora pueden venirte a asaltar los que quieran y como quieran y no les hacen nada? ¿Eh? (...)
EMILIO:	(Entrando con el ladrón, que efectivamente es El Cuchi. Lo trae amenazado). ¡Aquí lo tenéis! (...) Bueno, ¿qué, qué hago con él? (...)
EUGENIO:	(Asomando). ¡¿Este es el jodido?! ¡Espera que salgo ahora mismo!
1:	¿Dónde estaba?

EMILIO:	¿Dónde iba a estar? Intentando cruzar el cañaveral para ir al pub de Carrasco.
1:	Oye, tú, chaval, ¿de mayor qué vas a ser? Porque tú sí que harías un buen policía.
EMILIO:	Oiga, sin ofender, que yo voy por lo legal. Venga, ¿qué hago con él?
2:	Avisa otra vez al 091. ¿Qué vas a hacer, si no?
EMILIO:	Te digo que yo no los avisé, que digo que yo voy por lo legal.
EUGENIO:	¡Déjamelo a mí, coño!
1:	Cuidado, Eugenio, que esto puede ser más serio de lo que parece, no cometamos una tontería.
EUGENIO:	¿A mí me dices en serio lo que tengo que hacer, que me acaba de desvalijar ese sinvergüenza, hijo de puta, drogadicto?
EUFRASIO:	¡Cálmate, Eugenio, cálmate, que con matarlo tampoco adelantamos nada!
EUGENIO:	Matarlo es poco, ¡mierda!
1:	No, no, para matarlo así en frío, no, no contéis conmigo.
2:	¡Hombre, es que yo me lo merendaba, en mis tiempos me lo merendaba, y punto y se acabó, así de fácil! Pero ahora...
1:	Yo propongo torturarlo. Lo mejor sería torturarlo.
EUGENIO:	¡La madre que te parió! Encima con bromas...
EUFRASIO:	De buena te libraste, hijo, que si te pillo antes..., esta pistola cantaba, ¿entiendes?, cantaba. Pero ahora... ¡Cuán fácil los humanos hablamos y hablamos y ya ves, aquí sin atrevernos a machacarte...! Porque la verdad es que no nos atrevemos, porque somos mejores que tú, porque somos personas, lo que a ti te falta, esa es la verdad, cojones, ¿entiendes? Porque digo, en primer lugar, digo, con todo el respeto para tu madre, ¿eh?, y para las putas, ¿entendido?, ¿bien entendido?, digo: ¿eres un hijo de puta o no eres un hijo de puta? (...) ¡¡Cuidado, que sigo con mi pistola, ¿eh?!! (...) ¡Siéntate, coño, de una vez! (...) ¡Y vosotros decid algo!! (...)
2:	¡Hombre, yo creo que es un hijo de puta!
EUFRASIO:	Eso ya lo dije yo.
1:	Tú preguntaste y él te contesta, Eufrasio.

EUFRASIO:	Eso ya lo dije yo. Si no entendéis el castellano, peor para vosotros; pero mi pregunta, que era retórica, afirmaba de un modo elíptico. ¡Así que decir otra cosa, coño!
1:	¡Joder, con el Eufrasio hoy!
2:	Está loco. (...)
1:	A mí no se me ocurre nada...
2:	Tú, Emilio, llévalo a la policía de una puñetera vez.
EMILIO:	Oiga, que yo ya he dicho que voy por lo legal. Si quiere que haga algo dígame en serio qué hago, pero yo no lo traigo para llevarlo a la policía.
EUGENIO:	¡Dejádmelo a mí, coño!
EMILIO:	Usted, don Eugenio, está muy afectado, comprenderá que eso tampoco.
EUGENIO:	Entonces, ¿para qué lo trajiste, puñetas?
EMILIO:	No sé, digo, me pareció lo correcto. Es que es lo correcto.
EUFRASIO:	¡¡Claro que es lo correcto!! ¡¡¿Me dejáis hablar a mí?!! (...) Este chico siempre dándonos lecciones de buena y sana inteligencia. Efectivamente es lo correcto. ¡Juzguémoslo! ¡Tribunal popular! Y un tribunal popular sin miedo, que cada uno diga lo que crea conveniente. Expongo los hechos. Este macarra, presunto drogadicto, ha entrado en ese bar, cuyo dueño es don Eugenio, aquí presente, ha desvalijado tres máquinas tragaperras, ha robado su contenido y se ha fugado por el tejado. He dicho.
EMILIO:	No ha robado nada, don Eufrasio, que el dinero quedó ahí dentro.
EUFRASIO:	¿Es verdad?
EUGENIO:	Supongo que sí, hay una bolsa con dinero ahí dentro.
EUFRASIO:	Esto cambia las cosas; no ha robado nada. He dicho. Pero sigamos, porque hay que seguir, meditemos. No ha habido robo. ¿Qué coño ha habido, pues? Ha asaltado, ha desvalijado, ha huido... ¡Te toca hablar a ti!
1:	Yo digo...
EUGENIO:	¡Tú no dices nada, coño, dejádmelo a mí que me lo meriendo!
2:	Que no, don Eugenio, que no, que en frío, no vale...

1:	Si al menos hubiese robado algo...
2:	Es que esta juventud de hoy día es lo que yo digo, joder, es que no sabe ni robar, tiene cojones.
EUGENIO:	¿Y quién me paga a mí las máquinas que me ha destrozado, eh?
EUFRASIO:	¿No va a quedar otro remedio que entregarlo a la policía?
EMILIO:	¡Me niego!
1:	Tienes razón, chaval, tú lo trajiste para que hubiese justicia, no para entregarlo a la policía, para eso bien podrían ellos haberlo atrapado.
EMILIO:	Exacto.
EUFRASIO:	¡¡Pues hablad!!
1:	Pero nosotros no sabemos hacer justicia.
2:	Es lo que yo digo, nosotros no estamos preparados para hacer justicia, no sabemos hacer justicia.
EUFRASIO:	¡¡Sois unos baldragas, todo lo tengo que resolver yo en este barrio, cómo que no sabemos hacer justicia!! (...) Primero, condenado por no saber robar, en la vida hay que saber lo que se hace. Por lo tanto, si se roba hay que prepararse para robar. Lo demás es desidia y mala formación: es delito contra la persona. He dicho. (...) Segundo, condenado por destrozar. En la vida no hay que destrozar los bienes de nadie, ni los propios ni los ajenos. Todo es naturaleza y destrozar la naturaleza es un delito ecológico, un delito contra la humanidad. He dicho. (...) Y tercero y último, que voy a decir y digo: condenado por no hablar. Desde que ha venido no ha hablado y en la vida, digo, y digo bien, hay que saber defenderse, dar la cara, saber y decir por qué se hace lo que se hace, razones que otros podrán no compartir, pero que cada uno ha de proclamar y defender. He dicho. (...) Culpable, pues, por tres delitos infamantes: desidia en la persona, lesa naturaleza y humillación aceptada. ¡¡¿Estáis conformes?!!
1:	Sí, señor, me adhiero.
2:	Me adhiero.
1:	¡Muy bien!
2:	¡¡Enhorabuena, por una vez tengo que darte la razón, sí señor!!
EUGENIO:	¿Y qué carajo le hacemos?
1:	¿Es que es obligatorio hacerle algo?

2:	Digo yo, claro, ¿por qué?
EUGENIO:	¿Pero cómo que por qué? ¡¿Es que os habéis vuelto locos?!
EUFRASIO:	¡Meditemos! ¡¡Meditemos, por favor, de la reflexión saldrá la luz!! Es cierto que desde siempre detrás de la condena se impone la pena, eso es así y así actuaremos (...) ¿Algo que decir? (...) ¿Nada que decir? (...) Pues yo sí condeno, porque los hechos han sido intolerables y están probados y sentenciados. Así pues, digo: ¡¡Vete!! ¡¡¡Vete, no te queremos ver, te despreciamos y te echamos de entre nosotros!!!
EUGENIO:	¡¡Esto es indignante, y yo qué!!
EL CUCHI:	Usted es capitalista, ¿qué más le da? ¿Qué le he hecho yo realmente?
EUGENIO:	¡¡Agarradme, que lo mato!!
EUFRASIO:	¡¡Eugenio, ¿qué más castigo quieres que nuestra repulsa?!! ¡¿Qué más doloroso que nuestro menosprecio y desprecio?! Cualquier medida de castigo sería volver a la ancestralidad, a nuestra animalidad, ¿no crees? En la Tierra de Jauja...
EUGENIO:	¡¡Mierda!!
EUFRASIO:	¡¡Digo que en la Tierra de Jauja no puede haber castigos de otra manera, ¿no comprendes?, sino sólo el desprecio!!
EUGENIO:	¡Y a mí qué me importan tus idioteces, di!
EUFRASIO:	¡¡Es la razón!!
EUGENIO:	¡Qué mierda de razón! ¡¡Que me pague lo que me destrozó o lo muelo a palos!!
091-1:	(Irrumpiendo en el barullo). ¿Qué pasa aquí otra vez?
EMILIO:	Nada, jefe.
EUFRASIO:	Charlábamos amigablemente sobre la justicia.
091-1:	¡¿Dando voces?!
EUFRASIO:	Es que es un tema apasionante, ¿no creen?
EUGENIO:	En concreto hablábamos sobre el castigo que podía merecer quien roba a otro, como el caso de hoy. ¿Ustedes qué opinan? (...) A propósito, ¿cogieron ustedes al ladrón?
091-1:	No.
091-2:	Pero lo tenemos fichado, no hay problemas, lo conocemos muy bien,

	ése no se nos escapa.
EUGENIO:	No se nos escapa, no se nos escapa. ¡Qué fácil, ¿eh?! Y yo qué, ¿eh? y yo qué, a mí quién me paga los platos rotos.
091-1:	Oiga usted, un respeto a la autoridad. ¿Qué es eso de enfrentarse a nosotros? Y, a propósito, ¿usted quién es para pedir cuentas a la autoridad sobre lo que hacemos?
EUGENIO:	Yo soy el dueño del bar, ¿le parece poco?
091-1:	¡¡Usted va a venir con nosotros ahora mismo, eso es lo que va a hacer!!
091-2:	¡Eso mismo! ¡Venga, andando!
EL CUCHI:	¡Por favor, señores guardias, déjenlo, es comprensible que esté un poco ofuscado! ¿No comprenden? Acaban de robarle...
EMILIO:	Es buena persona, jefe, se lo digo yo.
EL CUCHI:	¿No cree que otro, si pudiese, no hubiese roto la cara a un macarra como ese que se fugó? Pues este señor, ya ve...
091-1:	¡¡Coño, silencio!!
1:	Estábamos de broma, jefe.
2:	Eso digo yo. ¿Por qué tomar en serio estas cosas, verdad? Claro que todos podemos perder los nervios en un momento dado, ¿no creen?
EMILIO:	No se preocupe, don Eugenio, estos están locos, no saben, no contestan.
091-1:	¿Nosotros locos?
EMILIO:	No, no, por favor, digo la vida, la vida es la que está desquiciada.
EL CUCHI:	Al fin y al cabo, señores guardias, ¿por qué esos se ponen a robar, díganme? ¿Se lo han preguntado ustedes alguna vez? Y resulta que nunca se sabe.
091-1:	Nosotros cumplimos con nuestra obligación.
EL CUCHI:	Es triste, pero es así. Ustedes deben intentar por todos los medios atrapar a ese gandul, tiene aterrorizado a medio barrio.
091-2:	Lo conozco como si lo pariera, no paséis pena; pero si se atreve a venir otra vez por aquí, no dejen de avisarnos... No le hagan nada, avísennos, que esa es la obligación de ustedes, avisarnos a la autoridad y nosotros ya vendremos.

TODOS: No faltaría más, señores.

091-1: Ustedes lo conocen, así que ya saben, si antes no le cogemos nosotros...

EMILIO: El que lo conozco soy yo, jefe, pero no se preocupe que ya estoy al tanto.

091-1: Buenas noches.
(...)

1: Nos ha quedado cara de tontos.

EUGENIO: Mierda, ¿acaso no lo somos?

EL CUCHI: No se preocupe, don Eugenio, que yo estoy aquí.

EUGENIO: ¡¡No me mentes la bicha, majadero!!

EUFRASIO: ¡Que se imponga la razón, coño, que se imponga la razón! ¡¡Venga, aquí todos amigos, ¿eh?!!

****

ESCENA III: EL RESTO DE LA NOCHE.

> El mismo lugar. La misma noche. Ha pasado un tiempo y, posiblemente, un ángel.
>
> EMILIO, EL CUCHI Y DOS NIÑATAS, en el banco. Después RECES y ALBINO, en los balcones. Al final, rota la calma, todo el barrio por todos los sitios.

****

EL CUCHI:	¡Jo!
NIÑATA-1:	¡Qué tío!
NIÑATA-2:	¿Vamos?
EMILIO:	No tengo.
EL CUCHI:	Ten.
NIÑATA-2:	Abur.
EMILIO:	¡Mira!
EL CUCHI:	¡Bah!
EMILIO:	No jodas, divina.
EL CUCHI:	Ya.
NIÑATA-1:	Yo quiero agua.
NIÑATA-2:	No tanto.
EL CUCHI:	O sea, cerveza.
EMILIO:	Vale, voy. Yo el tonto de recadero.
NIÑATA-1:	Acude.
EL CUCHI:	Deja la puerta abierta, total...
EMILIO:	¿Y si viene alguien?
EL CUCHI:	No.
EMILIO:	Ganas.

EL CUCHI:	Estáis poco preparados...
NIÑATA-2:	Mira que tú... que te has lucido...
EL CUCHI:	Era una estratagema para que nos dejasen ahora tranquilos, quería invitaros con barra libre.
NIÑATA-2:	Ya.
EL CUCHI:	Claro.
EMILIO:	Pues un poco más y se arma gorda, si no llega a ser por mí te luces, macho. Y ahora quieres que haga de camarero. (Entra en el bar en busca de las bebidas).
EL CUCHI:	A ver.
NIÑATA-2:	Vis veo.
NIÑATA-1:	¿Qué ves?
NIÑATA-2:	Una cosa de color de rosa.
EL CUCHI:	Agua.
NIÑATA-1:	Cerveza.
EL CUCHI:	Lo que quieras.
NIÑATA-1:	¡Mañana berreamos en el fútbol!
EMILIO:	(Que vuelve). ¡Bien!
NIÑATA-1:	Más.
NIÑATA-2:	¿Más qué?
NIÑATA-1:	Joder, más.
EL CUCHI:	¡Voces, voces, voces...!
EMILIO:	Oye, sin exagerar.
NIÑATA-2:	Tiene razón, mañana en el fútbol todo lo que nos apetezca.
EL CUCHI:	Jo, aquí, ¿quién manda? Mando yo, ¿no? Pues ahora digo que se necesita agua.
NIÑATA-2:	Cerveza. Se veía cerveza.

NIÑATA-1:	Nos acercamos.
NIÑATA-2:	¿Qué dices?
EMILIO:	Sois vagos hasta las entretelas. (Sale de nuevo).
EL CUCHI:	Que aquí falta ganado.
NIÑATA-1:	Sobra.
NIÑATA-2:	¡¿Qué dices?!
NIÑATA-1:	Hoy no te enteras, ¿eh?
EL CUCHI:	Es curiosidad.
NIÑATA-2:	Claro.
NIÑATA-1:	Claridad.
NIÑATA-2:	Habláis que parece que estáis en un funeral.
EL CUCHI:	Eso. Es que debes expresarte con más claridad, o sea, más expresiva, ¿sabes? La expresión, digo.
NIÑATA-1:	Joder, lo tuyo.
NIÑATA-2:	Demasiado.
EL CUCHI:	¡Calma!
EMILIO:	(De vuelta otra vez. Reparte litronas). ¿Cuándo te convencerás de que con la cantinela de hacerte el macho te haces idiota? El ganado no te lo puedo traer, ya ves.
NIÑATA-2:	¿Qué?
NIÑATA-1:	¿Quién hablaba de ganado?
EL CUCHI:	Olvídalo.
NIÑATA-2:	Olvidado.
EMILIO:	¿Vale así?
NIÑATA-1:	Ya lo he dicho y no me hacéis caso, tengo ganas de la descomunal en el fútbol, está muy soso últimamente.
NIÑATA-2:	Yo te hacía caso.
EL CUCHI:	Joder con tanto repetir, si se acuerda se acuerda. Tú lo dijiste ¿no?

	Pues mañana, de puta madre.
EMILIO:	Te ha dado fuerte, ¿eh, niña?
EL CUCHI:	Tengo que decírtelo, esta vez te has pasado trayendo líquido. Vas a dejar sin existencias la bodega. Y después, ¿qué? ¿No viste que ese gordinflas es un exaltado? Y así igual se nos acaban las noches nocturnas.
EMILIO:	Y tus mariconadas.
NIÑATA-1:	Lo dicho, en represalia, mañana al fútbol, ¿no es buena idea?
EMILIO:	Jo, niña, deja hablar.
NIÑATA-2:	A mí me mola.
NIÑATA-1:	Es que se ponen imposibles con tanta seriedad.
NIÑATA-2:	No entiendo por qué van al fútbol, con lo bien que están en sus casas.
NIÑATA-1:	Reprimidos, los que van al fútbol son unos reprimidos.
NIÑATA-2:	No debían dejarles entrar. El fútbol es nuestro, ¿no es así?
EMILIO:	Sí, señor, así debe ser.
EL CUCHI:	Y vosotras, mañana, ¿qué? A darles represión para adelante, ¿no? Sois geniales.
NIÑATA-1:	Sí, claro, fundamental; pero se dice genitales, las represiones siempre son de los huevos y de los ovarios.
NIÑATA-2:	Cojonudas.
EL CUCHI:	Y nosotros a defenderos de las burradas que hagáis, ¿no? Sois peores que putas.
NIÑATA-2:	Más agua de color de rosa.
EL CUCHI:	Tú ya bebiste bastante.
EMILIO:	Dorada.
NIÑATA-1:	La que se veía era de color rosa.
NIÑATA-2:	Me buscáis la perdición.
EL CUCHI:	A ti no te pierde ni tu madre.
EMILIO:	(Dándole un botellín). ¿Vale?

NIÑATA-2:   Sí.

NIÑATA-1:   Teníamos que estar mejor organizados.

EL CUCHI: Joder, lo tomaste en serio.

NIÑATA-1:   Hay que armarla buena y punto, es que va siendo hora de que nos respeten. Y si no nos respetan va a ser a nosotros a los que no nos van dejar entrar en el futbol.

EMILIO: Los niños pijos de las peñas, que todo lo joden.

EL CUCHI: Un decir.

NIÑATA-1:   No lo digas.

EMILIO: Si tiene razón.

EL CUCHI: Con razón o sin razón, ¿de qué se trata, de armarla de puta madre? Pues se arma de putísima y se acabó. No os preocupéis. ¿Para qué estoy yo aquí? Pero ya hablasteis demasiado, molestáis.

NIÑATA-1:   Joder, cómo estás, niño.

NIÑATA-2:   Es que con la tremolina de antes, no te digo... Para salir en los papeles.

EMILIO: Jo, qué idea, macho.

NIÑATA-2:   Hembra.

EMILIO: Ya.

NIÑATA-1:   "Latrocinio en la Guía: El Cuchimizado, para los amigos el Cuchi, desvalija el bar del Eugenio y se corre por los pantalones".

EL CUCHI: Vale.

NIÑATA-2:   ¿Quién?

EL CUCHI: Que vale.

NIÑATA-1:   ¿Fumamos?

EMILIO: ¿Tú crees?

NIÑATA-1:   Me apetece.

NIÑATA-2:   ¿Tenéis?

EL CUCHI:	Por aquí queda algo, y si no en la máquina...
EMILIO:	Saca y calla. Que por hoy ya estuvo bien, no hay que matar la gallina de los huevos de oro.
EL CUCHI:	La gallina cojonuda, se dice.
NIÑATA-1:	¡Cloc! ¡Cloc!
NIÑATA-2:	¿Quién, quién? ¿Es que las gallinas tienen huevos?

****

RECES:	(En el balcón, habla hacia dentro. Está en bata. Dentro se oyen los ronquidos de Eufrasio que se interfieren con la conversación). ¡Dios, que este hombre duerme hasta con un terremoto...! ¡Qué noche!...
EUFRASIO:	¡¡Hice la guerra y estoy acostumbrado!!
RECES:	¡No contestes dormido, coño! ¡Es lo que me faltaba, dormido, roncando y habla! No va a poder una ni desahogar... (...) Pero, miradlo, feliz, si es un hombre feliz, ¿no lo veis? ¡Mierda...! Si es que estoy pegajosa, este calor no hay quien lo aguante, no hay quien duerma, no hay quien nada..., ¡joder!
EUFRASIO:	¡Franco iba a admitir estos jaleos!
RECES:	¡Un tiro debía haberte dado el Franco ese antes de que yo te conociese...! (...) Sin embargo..., ¡qué agradable se está en el balcón, parece mentira! ¡Y se respira! ¡Qué brisa! ¡Hasta se siente un repelús...! ¡¡Y qué estrellas!! Son tan pocas las veces que se ven...
EUFRASIO:	¡Ven a dormir, Reces, que me falta tu calor!
RECES:	Y a mí que me abracen de verdad...
EUFRASIO:	¡Querida...! (...) (Los ronquidos dejarán oírse de vez en cuando en la primera parte de la siguiente escena).
ALBINO:	Buenas noches.
RECES:	Buenas noches, don Albino. ¿También sin poder dormir?
ALBINO:	Buenas noches.
RECES:	¿Tampoco usted puede dormir? Ahí dentro hace un calor insoportable.
ALBINO:	Contemplaba a Dios.

RECES: ¿A Dios? Usted, don Albino, siempre tan poético, tan místico...

ALBINO: Contemplaba a Dios y te escuché a ti.

RECES: No hablaba, don Albino, al menos que yo sepa.

ALBINO: Tutéame, por favor, hace muchos años que nos conocemos, y esta noche lo merece todo, hasta romper el hielo que los humanos creamos para vivir separados y amargados.

RECES: Gracias.

ALBINO: Yo oigo las voces interiores. Y oía tus lamentos en tu soledad. Y tu pasmo al contemplar las estrellas.

RECES: Por favor, Albino, que las cosas son más sencillas. Lo que pasa es que se está tan bien aquí que lanzaría un suspiro de satisfacción.

ALBINO: No, no oí un suspiro de satisfacción y mira que me hubiese gustado tu canto de sirena. No, yo ya estaba aquí cuando tú saliste, tú saliste porque yo ya estaba comunicando contigo; yo, Recesvinda, me comunicaba contigo por medio de Dios, Dios es el que hizo que salieses al balcón.

RECES: Mucha poesía, Albino; lo que me ha hecho salir al balcón es este jodido calor y los ronquidos de Eufrasio, ¿no crees?

ALBINO: Dios se comunica con el Papa, su Vicario en la tierra, y el Papa conmigo. Es así como yo sé las cosas.
(...)

RECES: A propósito, ¿también viene de ahí, de esa inspiración tan divina, lo de la Tierra de Jauja, que tienes soliviantado al barrio?

ALBINO: La Tierra de Jauja es el futuro que nos espera, del cielo viene, desde luego; pero yo creo que es aún más que del cielo. ¡La Tierra de Jauja es inconmensurable, Reces! ¡No ya hijos de Dios como Dios nos dice que somos: ¡seremos dioses!!

RECES: No te pases, Albino, no te pases. Que a mí me importa un carajo Dios, pero eso suena mal.

ALBINO: ¡Si tuvieses fe, Recesvinda, qué diosa harías!

RECES: ...Sueños, sólo sueños...

ALBINO: Diles sueños divinos.

RECES: ¡¿Otra vez Dios?! Pero vamos a ver, hombre, de una puñetera vez y sin palabrería, ¿eh? Dios es Dios o somos nosotros los que somos Dios, no te me líes.

ALBINO: Dios habla a los hombres.

RECES: Esta perra vida es la que habla.

ALBINO: ¿Sólo porque no puedes dormir? En la Tierra de Jauja no habrá problemas para dormir.

RECES: ¡Bah!

ALBINO: Pero aunque no estemos aún en la Tierra de Jauja, no culpes a tu marido.

RECES: ¡Bah!, no lo merece, ese duerme y ronca.

ALBINO: También hay que dormir, es ley de vida.

RECES: Deja en paz a mi marido.

ALBINO: Pensabas en él con rabia.

RECES: ¡Evidente, si está roncando y yo no puedo dormir!

ALBINO: Algo más, Reces, yo veo algo más en tu voz. Me comunican que hay algo más en tu voz.

RECES: Es de los que cree en tu Jauja, dice que incluso para él ya casi es la dichosa Tierra de Jauja... Y no me extraña, con lo bien que vivió siempre y, encima, todavía con recochineo, todavía quiere más... Para algunos, la verdad, siempre ha sido Jauja, ¿no te parece? Pero para otros, que nos ha tocado trabajar, puñeteros esclavos que somos...

ALBINO: Creía que reñíais.

RECES: No, qué va, pretendía en sueños meterme mano el muy cerdo, ¡que estoy para esos belenes...!

ALBINO: Besarse, abrazarse, ¿por qué belenes? Fundirse en uno es Dios.

RECES: Joder, eso es joder y lo demás poesía barata. Y sudando no hay cristiano que joda, salvo mi marido, claro...

ALBINO: ¿No te das cuenta de que en una noche como ésta las estrellas se meten en uno y Dios con ellas y los hombres y las mujeres deseamos meternos unos en otros, y que así transfiguramos nuestra vida y así nos hacemos dioses? ¿No te das cuenta de que eso que tú, de forma pesimista y despreciándolo, has llamado joder es lo más importante que podemos realizar en la vida?

RECES: Si tú lo dices...

ALBINO: Lo digo, Reces, lo digo.

RECES: Pues sigue diciéndolo, pero sudando y roncando no se le ocurre más que a un viejo chocho y verde, a un obseso sexual, como dicen ahora. Y las cosas apetecen o no apetecen, ¿o no?

ALBINO: Posiblemente deberían apetecernos más...

RECES: Mira, aquí, ahora, con este fresco, no sé si pudiese una ponerse a tono, ya sabes, cachonda; pero ahí dentro... (...) En una noche como ésta, aquí, ahora, la verdad, hasta puedes tener razón de que folgar es amor y no una guarrada. Pero, entonces, que salga, puñetas, y que no se ponga a dormir y a roncar como un cerdo, ¡que me diga cosas bonitas!

ALBINO: No, no, que no salga...

RECES: ¿Decías?

ALBINO: ¡Nada! (...) ¡No uses esas palabras, Reces! El amor es siempre sublime.

RECES: De acuerdo, joder, ¿pero qué he estado diciendo hasta ahora? ¿No dije que me gustaría que me dijese palabras bonitas? Y no te pongas así, que no hay para tanto.

ALBINO: No estaba enfadado, perdona, yo contigo no podría enfadarme nunca... nunca... Yo te podría decir palabras bonitas...

RECES: ¡Albino, corta ya y hablemos como personas, deja en paz ese tono de sabelotodo, que ahora estamos solos y no tienes que hacer teatro!

ALBINO: ¿Pero no dices que te gustan las palabras excelsas de la poesía?

RECES: No te pases, Albino.

ALBINO: ¡Oh, Reces! ¡Oh, Recesvinda!

RECES: Si total, qué más da, si es que todo es lo mismo y los hombres no deseáis otra cosa, que todos nos conocemos, que todo os vale en cuanto estáis salidos..., que aquí da lo mismo uno que otro, tetas y coño, y todo solucionado.

ALBINO: ¡Oh, Reces! Limpia tu mente ante las estrellas, ante la luna, ante la noche... el amor...

RECES: Esa mano quieta, Albino.

ALBINO: ¡Reces! Yo quisiera trasmitirte el ansia que el amor...

RECES: Pero, bueno, Albino, ¿de qué me estás hablando?

ALBINO: De tus labios, de tus ojos, de tus pechos. ¿De qué si no? Todo me impulsa hacia ti y pienso que todo te impulsa a ti hacia mí. Mis manos no pueden estar quietas porque te desean y quieren transmitirte mis pensamientos, mis ansias, la dulzura de mi amor.

RECES: ¡Albino, por Dios!

ALBINO: ¡Recesvinda!

RECES: ¡Quita, coña! No te digo... ¿Pero no estamos hablando de la Tierra de Jauja?

ALBINO: ¡Claro que estamos hablando de la Tierra de Jauja!

RECES: ¿Y en la Tierra de Jauja...?

ALBINO: Siempre hay luna y estrellas. Y estoy yo aquí, yo estoy contigo, Reces.

RECES: ¡Albino! ¡Qué imposible eres, Albino, no te conocía yo!

ALBINO: ¡Reces! (...) Reces, Dios me está hablando, yo te quiero. Es la Tierra de Jauja, ¿no lo ves? Y estoy yo. En las noches de Jauja las estrellas titilan.

RECES: ¡Abrázame, anda, tengo frío!

ALBINO: ¿Frío? Reces, es el escalofrío del amor que llega. (Pasa al balcón de ella, la abraza por la espalda, ella se recuesta). Aquí en mis brazos, ahora te hablaría de Dios, te hablaría del Papa, su Vicario en la tierra, la Tierra de Jauja que es la promesa... En unos brazos y en un pecho se comprenden y se aman las cosas...

RECES: Y se puede dormir.

ALBINO: Y se puede joder, como tú dices, que es lo sublime.

RECES: Pero no me hables de Dios, Dios no pinta nada en esto.

ALBINO: Dios lo es todo y la Tierra de Jauja es una promesa de Dios, y esa promesa la tocamos ya con las manos.

RECES: Me tocas a mí, ¡carajo! ¡Apriétame, Albino!

ALBINO: Pienso en ti mucho, Reces, es muchas veces y mucho que pienso en ti.

RECES: (...) Vives solo. ¿Echas de menos a una mujer?

ALBINO: No, no, en absoluto.

RECES: Mientes. ¿Por qué si no ahora me estás conquistando?

ALBINO: No. Yo no estoy nunca solo, me acompaña Dios y el Papa y, por lo tanto, lo tengo todo y no echo de menos a una mujer, Reces, compréndelo, te echo de menos a ti. ¡Cuánto he soñado contigo! Y, ya ves, hoy apareciste.

RECES: Salgo muchas veces al balcón.

ALBINO: Lo sé; ya sé que sales muchas veces al balcón y te veo; pero..., ¡ah!, pero..., ¡Dios!, y alguna vez hasta te he estado contemplando y a punto de hablarte, saludarte, decirte lo mucho que me inspiras; pero..., al final, en el momento preciso, me falta arrojo, me faltan palabras, me quedo quieto y mudo..., la luna o las estrellas, no, no lo sé, o no sería el momento que estaba predestinado..., o Dios que no lo permitía.

RECES: Pues hoy...

ALBINO: Pero hoy, ¿no ves refulgir el cielo? Hoy es hoy, hoy es la noche de Jauja, hoy sabemos que es el día predestinado, lo sé, lo sé porque has salido al balcón y te he hablado.

RECES: Y te estás despachando a gusto...

ALBINO: Dios me lo permite.

RECES: Si tú lo dices. Pero aquí la que lo permite, y no sé por qué, soy yo.

ALBINO: Yo lo digo, la naturaleza lo realiza.

RECES: (Dándose la vuelta). ¡Abrázame, Albino, abrázame, ahora tengo frío!

ALBINO: Escalofríos.

RECES: ¡Mierda, lo que sea!

ALBINO: ¡Te abrazo, Recesvinda, te abrazo! El espíritu queda atrapado para siempre entre nosotros.

RECES: ¡Calla, Albino, calla!

ALBINO: ¡Dos mundos estallados! ¡Las galaxias, la explosión original del universo!

RECES: ¡Abrázame! ¡Apriétame!

ALBINO: ¡Esta noche al fin, esta noche al fin!

RECES: ¡Calla, por Dios, calla!

ALBINO:	¡¿Jauja, al fin, Dios mío?!

****

EL CUCHI:	¡Silencio! Unos viejos se divierten.
NIÑATA-1:	Silencio en la noche...
EMILIO:	¿Quién lo diría?
EL CUCHI:	¡¿Tendrán valor?!
NIÑATA-2:	Nunca se acaba la cuerda, ¿eh?
EMILIO:	¡Qué asco!
NIÑATA-2:	No lo podemos consentir.
NIÑATA-1:	¿Los escarmentamos?
NIÑATA-2:	¿Cómo?
NIÑATA-1:	Ya verás, eso está fácil. (Despechugándose).
EL CUCHI:	Joder, pero tú, ¿de dónde vienes?
NIÑATA-2:	De su madre, Cuchi, de su madre, que no te enteras.
EL CUCHI:	¿Tú crees?
EMILIO:	Que no le das suficiente, Cuchi, que quiere guerra y tú le fallas.
NIÑATA-1:	Tengo sed.
EL CUCHI:	Y ahora, a beber, lo tuyo es grave. ¡Eso no!
NIÑATA-1:	¡Joder con el puritano!
EMILIO:	Tranquila, niña.
NIÑATA-1:	(Imitando). ¡Te quiero, amor, mi amor! ¡Besa mis tetas, cómemelas!
NIÑATA-2:	(Lo mismo). ¡Cariño, no con tanta fogosidad, que me haces daño, por favor!
NIÑATA-1:	(Bailan juntas). ¡Amor! ¡Amor!
NIÑATA-2:	¡Oh, tus besos, bésame la garganta, cariño!
EL CUCHI:	¡Basta!

NIÑATA-1:	¡Ya quisiera el gato lamer el plato!
EL CUCHI:	¡Putas de mierda! (Las separa, se tiran en el banco).
NIÑATA-1:	(Entre ellas siguen con los modos chabacanos). ¡Amor! ¡Amor!
NIÑATA-2:	¡Ay, mi vida, qué frenesí!
EL CUCHI:	¡Andad, dejad ya!
NIÑATA-2:	¿Tú también me desprecias?
EMILIO:	Olvídalo.
NIÑATA-1:	No son nada románticos, ¿no ves? Son incapaces de una palabra amable, debían de tomar ejemplo de la alta poesía: "Siento en el viento una alondra cantar, tu acento..."
NIÑATA-2:	"¡Poesía eres tú!"
NIÑATA-1:	¡Qué leída, hermosa!
NIÑATA-2:	¡Pues mira que tú! "¿Quieres que te cuente un cuento?"
EMILIO:	¡¡Callad, carajo!!
EL CUCHI:	¡¡Mierda!!

****

ALBINO:	Te he hecho mía.
RECES:	Me has hecho temblar. Cuando era joven temblaba.
ALBINO:	En la Tierra de Jauja siempre se temblará, pero no se tendrá frío, las estrellas titilan en las noches de Jauja y su titileo es el amor.
RECES:	Ya ves, ahora hasta me parecen bien tantas palabras. Siempre contigo.
ALBINO:	No, Recesvinda amada, nunca más serás mía, no se debe forzar el tiempo de la felicidad, o sea, la eternidad, me has prestado tu alma hoy para que yo muera un día orgulloso de haber vivido y tú en mi pensamiento. Para demostrar a la humanidad que puede existir y existe la Tierra de Jauja, y en la Tierra de Jauja hay noches y las noches son felices, igual que las mañanas y las tardes. ¡Gracias, luna amada, gracias a ti por siempre! En el cielo sólo las estrellas, tú, Silene mía, y yo, y Dios conmigo. Mil dones al cielo, mil alabanzas a la vida, diez mil trompetas ensalcen a los hijos de Dios.

RECES:	Deja en paz a Dios, Albino, Dios no existe.
ALBINO:	Dios es el que nos ha unido hoy.
RECES:	Dios no existe, Albino, y sigue apretándome contra ti.
ALBINO:	La Tierra de Jauja será como un adelanto del paraíso, no sufriremos congojas, todos nos amaremos.
RECES:	Ni Jauja ni Dios, sólo mierda en esta vida, Albino, que te lo digo yo, trabajar y miseria. Y a veces ¿qué, un placer escondido como éste? Pero mañana, ¿qué? ¿Eh, qué? A seguir siendo esclavos, a joderse vivos, a que se rían de nosotros los que tienen y nosotros a envidiarles.

****

NIÑATA-1:	(Igual. Más alto. Se levantan. Gestos directamente obscenos). ¿Mis pezones no te soliviantan, querido?
NIÑATA-2:	¡Ay, qué dulce!
NIÑATA-1:	Más suave, más suave...
NIÑATA-2:	Te falta el platanito...
EMILIO:	¡¡Aquí, de una puñetera vez!!
EL CUCHI:	¡¡Silencio, coño!!

****

RECES:	¿Has oído?
ALBINO:	Es el eco de nuestros corazones.
RECES:	Hay alguien ahí.
ALBINO:	Es el eco de nuestros corazones.
RECES:	No sé. Me pareció...
ALBINO:	No te preocupes, yo te protejo.
RECES:	Estoy nerviosa. ¡Déjame! Hay alguien ahí.
ALBINO:	Mis brazos te tranquilizarán, es el aire que nos tiene envidia.

****

NIÑATA-1:	¡Amado mío! ¡Amado mío!
NIÑATA-2:	¡Más cerca, por favor, más cerca!
NIÑATA-1:	¡No puedo vivir sin tu capullo!
NIÑATA-2:	¡Sin ti la vida carece de orgasmos!

****

RECES:	¡Hay alguien, hay alguien, calla!
ALBINO:	El susurro del aire, te digo...
RECES:	¡Calla!
ALBINO:	...Nos tiene envidia, no lo dudes.
RECES:	¡Marcha, por favor, marcha!
ALBINO:	(Mira). Son jovenzuelos.
RECES:	Estoy muy nerviosa...
ALBINO:	Imberbes que se divierten, jovenzuelos.
RECES:	¿Nos habrán visto? Tengo miedo...
ALBINO:	Tranquilízate, la felicidad no puede depender de que otros seres nos vean o no nos vean.
RECES:	Lo siento.
ALBINO:	No insisto, Reces, no quiero que pierdas la caza alcanzada en las estrellas. Adiós. (Vuelve a su balcón).
RECES:	Adiós, querido, Adiós. (...) ¿Nos veremos otra vez?
ALBINO:	Nunca, nunca. Hasta siempre.

****

EL CUCHI:	¡Vamos! Que algo huele mal en Dinamarca.
NIÑATA-2:	¿Quién te enseñó eso, Cuchi?
EMILIO:	Ni que lo digas.
NIÑATA-1:	A semen podrido y retenido.
EMILIO:	¡Maldito lo que esos han retenido!
EL CUCHI:	¡Calla, que ya está bien!
NIÑATA-1:	Seré yo la culpable, ahora.
EL CUCHI:	Coge la mochila.
EMILIO:	¿A Casa Luis?
EL CUCHI:	Vale.
EMILIO:	Venga, niña, apremia.
NIÑATA-2:	Quiero hacer mis necesidades. ¿No puedo?
EMILIO:	Ahí mismo, que nadie te ve.
NIÑATA-1:	Pues yo me voy al tocador de señoras como las señoras. Después de tanto gozo, ¿acaso no tengo derecho a la higiene? (Entran las dos al bar).
EL CUCHI:	No podrá uno nunca estar solo...
EMILIO:	Si no se habla, se está bien; pero éstas no son capaces de estar dos minutos en silencio, carajo.
EL CUCHI:	No se ve a nadie ahora, cada mochuelo a su nido... ¿Quiénes serían? Tú los tienes que conocer, que eres de aquí. ¡También hay que tener cara para andar por los balcones de esa manera...!
EMILIO:	Al fin y al cabo, ¿qué hacían de malo? Tal parece que les tengamos envidia.
EL CUCHI:	No me gusta, ¿qué quieres que te diga? Y me gustaría saber quiénes eran.
EMILIO:	Yo los conozco... Menuda se puede armar si esto se llega a saber. ¡Hay cada lengua por aquí...!
EL CUCHI:	¡Y encima viejos!
EMILIO:	¿Qué carajo estarían hablando?

EL CUCHI: ¿Es que no los oíste?

EMILIO: A medias, me daba coraje.

EL CUCHI: Con lo fácil que es echarlo fuera cuando molesta...

EMILIO: Ni que lo digas...

ALBINO: (Saliendo a su balcón). Aviso número uno, agua va. Aviso número dos, agua va. Aviso número tres, agua va.

EMILIO: ¡Mierda, don Albino, que estamos aquí!

EL CUCHI: Espere que nos separemos, viejo chocho, y no sea guarro.

NIÑATA-1: (Entrando). Qué, ¿es que nos va a regar con semen divino para convertirnos en diosas? ¡Nosotras ya somos diosas!

NIÑATA-2: (Obscenamente). Mire, mire qué tetas. ¿Servirán para Jauja? ¿O es que las van a criar allí mejores aún?

NIÑATA-1: (Lo mismo). Dudo que se invente otra carne tan fresca como ésta. ¿No le apetece, viejo? ¿No son mejores éstas que las de antes, eh?

ALBINO: ¡Hijos perdidos, extraviados, errantes pródigos! ¡Cuánto dolor en el universo porque habéis perdido la esperanza! La esperanza nos empuja a los mortales a avanzar, a avanzar trabajosamente, también a disfrutar, pero sobre todo a fundirse en la felicidad de lo eterno...

NIÑATA-1: Jo, si es que habla bien el tío.

EL CUCHI: Y nosotros, como pasmarotes, escuchándole. ¡Venga, aviando! Y tú guarda esa teta. ¿No ves que no te la mira?

ALBINO: ¡Hijos de la vida, volved a la esperanza! No os sintáis confusos, queridos, la humanidad os espera con los brazos abiertos, los sueños que soñáis despiertos, esos sueños que os hacen sufrir, esos sueños son el día siguiente de la esperanza cumplida. Lo ha dicho el filósofo, queridos, el filósofo, hacedme caso, no son palabras mías, os estoy citando al proclamador de la esperanza que dijo: ¡Al principio y el principio es la esperanza!

EMILIO: Debe de querer hablar de Jauja, es su tema predilecto.

EL CUCHI: ¡¿Jauja?!

NIÑATA-2: Jo, tú eres el único aquí que no sabe lo de Jauja.

EMILIO: Sí, hombre, la tierra de la leche y la miel.

NIÑATA-1:	Y la longaniza...
NIÑATA-2:	¿Y las cogorzas?
EMILIO:	Va en serio.
EL CUCHI:	¿Qué marramachada es ésa?
EMILIO:	Él lo explica todo con la Jauja. Está loco pero no es tonto.
NIÑATA-1:	Y se trajina a la vecinita. De tonto ni un pelo, digo yo.
EMILIO:	Hablo en serio.
NIÑATA-1:	¿Acaso yo no?
EL CUCHI:	¿De veras que era ese loco el que estaba magreando a la vecina?
ALBINO:	(Apareciendo de nuevo). ¡¡Generación corrupta, ¿qué esperáis que no se os haya dado ya?!! ¡¡¿Qué anhelos esconde vuestro corazón que vuestra razón no alcanza?!! ¡¡¿Qué misteriosa fuerza os hace pareceros a las pobres bestias del campo?!! ¡¡A vuestros pies está la riqueza, en el horizonte se vislumbran los frutos ansiados de la contemplación y de la paz. ¿Qué, pues, deseáis que sea la vida?!!
EUFRASIO:	¡¡¿Quién carajo no me deja dormir?!! ¿Es que no se puede respetar el descanso de la ancianidad?
NIÑATA-1:	¡¡Hurra!! ¡Al fin alguien que discurre! ¡Alguien que quiere dormir!
UN VECINO:	¡¡Silencio, coño, silencio!!
OTRO:	¡No me da la gana, quiero saber qué pasa aquí!
NIÑATA-2:	¿Pero quién, coño, les ha dado vela en este entierro?
UN VECINO:	¡¡Quiero dormir!!
OTRO:	¡Y yo quiero joder, qué coño!
OTRO:	¡Habla bien, deslenguado!
OTRO:	¡Yo todavía no he dicho nada y hablaré como me de la real gana, ¿entendido?!
OTRO:	¡¡¡En este barrio no se puede dormir!!!
OTRO:	¡¡Pues a dormir al parque o a la playa, ¡coño!, de una puñetera vez!! ¿Quién lo impide?
OTRO:	¡Señores, que mañana hay que trabajar! Lo juro que yo me largo de

	este barrio en cuanto amanezca, es claro que yo me largo de este barrio.
OTRO:	¡¡Pero múdate la camisa antes, imbécil!!
EUFRASIO:	¡Pongamos orden, señores! Aquí lo que hay que saber es qué es lo que está pasando. ¡¿Qué está pasando?! ¡¿Por qué se nos ha despertado?!
EMILIO:	¡No pasa nada, don Eufrasio!
EUFRASIO:	¿Quién eres tú que me conoces?
EMILIO:	Soy Emilio, Don Eufrasio.
OTRO:	¿Y qué nos importa a nosotros que seas Emilio? ¡¡Silencio de una vez, cojones!!
EUFRASIO:	Dime, Emilio, tú que eres inteligente, ¿qué es lo que está pasando?
EMILIO:	Nada que vaya con usted, don Eufrasio. Usted a dormir.
NIÑATA-1:	Lo que pasaba es que nos hemos topado aquí con una pareja poniendo los cuernos a un pobre infeliz. ¡Y eso está mal y lo denunciamos!
EUFRASIO:	Sí, señor, eso está muy mal, muy mal. Habéis hecho muy bien en llamarles la atención, sí señor, ante todo hay que lograr que unos nos respetemos a los otros, la democracia tiene que empezar por el respeto. ¿Dónde están esos criminales? Porque no está bien que el delito quede sin castigo.
UNO:	¡Sí, señor, que se diga, que se manifiesten!
OTRO:	Es lo que yo digo, que vayan a su barrio a corromper a esta juventud que nos da ejemplo de seriedad.
OTRO:	Así, pues, escandalizando, ¿no?
OTRO:	Lo que yo digo: sólo nos falta que se nos llene el barrio de maricones.
OTRO:	¡Nada! No pasa nada, una pelea de maricones.
NIÑATA-1:	Sí, señor, tiene razón, que en este barrio no la dejan a una tranquila.
UNO:	¡¿Es que han intentado violarte?!
OTRO:	¡Usted cállese, cojones!
OTRO:	¡¿Que un maricón ha querido violar a esta joven?! ¡¡¿Y qué es que aquí nadie hace nada por nadie?!!

OTRO:	¡Oiga, que yo no he hecho nada, ¿eh?, un respeto! ¡¡Yo me estaba interesando...!!
OTRO:	¡¡¡Usted está chillando!!! ¿Le parece poco?
EUFRASIO:	¡Esto con Franco no pasaba!
NIÑATA-1:	¡Porque no pudieron los muy cabrones!
OTRO:	¿Ves? Eran cabrones, no eran maricones.
OTRO:	Ya me parecía a mí.
EMILIO:	Se han ido, don Eufrasio, olvídelo, con su pan se lo coman.
OTRO:	¿Quién coño se ha ido?
NIÑATA-2:	¡Los prevaricadores que nos escandalizaban, señor!
EUFRASIO:	Dios es grande y los castigará. Si se han ido, se han ido, y nosotros a dormir, que mañana es otro día y tenemos que reparar nuestras fuerzas para el trabajo. ¿Quién permitirá a estas horas andar por las calles? ¡Esto con Franco no pasaba!
UN VECINO:	Y mañana a predicar la Tierra de Jauja, ¿no, don Eufrasio?
EUFRASIO:	¡¡Incrédulo, así nunca llegarás a nada!! ¡Ah, la Tierra de Jauja! (Se van cerrando balcones, se apagan luces, vuelve el silencio).
UNO:	¡Adiós!
OTRO:	¡A palos habría que actuar!
OTRO:	¡¡Mierda para todos!!
OTRO:	La puta madre que os parió, si trabajaseis... (...)
EUFRASIO:	Ya me han quitado el sueño para el resto de la noche... Esto no se puede tolerar... Reces, ¿qué, duermes?
RECES:	(Desde dentro). Con tus gritos cómo voy a dormir.
EUFRASIO:	Tienes razón, si es que le sacan a uno de sus casillas y todos nos ponemos a dar gritos. Y los gritos no son civilizados.
ALBINO:	(De pronto en el balcón). No son civilizados, don Eufrasio, la paz vendrá cuando todos nos sepamos comportar.
EUFRASIO:	¿Usted también sin poder dormir?

ALBINO:	¿Qué quiere, don Eufrasio?
EUFRASIO:	¡Somos tercermundistas! ¡España, nuestra querida España, vuelve a caminar hacia el tercermundismo! ¡Con Franco nos habíamos colocado a la cabeza de las naciones cultas, y se dormía por las noches como está mandado! Ahora volvemos otra vez a nuestras costumbres ancestrales, a las peleas, a los gritos, ¡volvemos a lo salvaje!
ALBINO:	Ni que lo diga. Franco fue un profeta que hasta luchó contra los comunistas.
EUFRASIO:	¡Y pensar que algunos luchamos contra él! Dios nos lo perdone...
ALBINO:	Dios es inmenso y todo lo perdona... Si todos creyésemos en Dios y en Él pusiésemos la esperanza...
EUFRASIO:	Nunca he visto claro lo de Dios, unas veces sí y otras no. Usted, don Albino, que es creyente, ¿nunca duda?
ALBINO:	Apostólico y romano, don Eufrasio. Jesucristo ha sido el gran profeta de la Tierra de Jauja. (...) Mira, Eufrasio, se dice, cuando algo es necesario, que si no existiese habría que inventarlo, ¿no? Así pues, te digo, ¿qué más da que Dios no exista si, entonces, habría que inventarlo? Y si, pues, ya está al menos inventado, es claro que existe, ¿no te parece?
EUFRASIO:	¿Dicen eso los curas?
ALBINO:	¡Deja en paz a los curas, Eufrasio! ¿Qué te da a ti de los curas, dime? Lo que yo te digo lo dice la razón y la razón, como sabes, es causa suficiente de las cosas.
EUFRASIO:	Me dejas pensativo.
ALBINO:	Además sólo hay un cura, un verdadero cura, el Papa, el Vicario de Jesucristo, que como sabes significa y es el que hace las veces de Dios. Aquí entre nosotros, te digo que es él el que habla por mí y conmigo.
EUFRASIO:	Me dejas pensativo.
ALBINO:	La vida siempre nos deja pensativos, Eufrasio. Has de comprender que yo soy filósofo y místico, pero de los de verdad. Y te insisto: los que proclaman que Dios no existe porque dicen que lo han inventado los clérigos, sólo proclaman su estulticia supina y oronda, porque si está inventado ya existe, y si existe, ¿por qué lo niegan? ¡Oh, la esperanza, la esperanza, esta generación que ha perdido la esperanza!
EUFRASIO:	No insistas, Albino, estoy desconcertado, me he hecho un lío, me doy cuenta de que yo hablo bien, pero tú me ganas con tu experiencia y tu discurso, es mucha tu sabiduría.

ALBINO:	Y así te digo, Eufrasio, amigo, que debes creer y practicar el culto a Dios. Y todavía más te digo y te aconsejo, si quieres encontrar tu Tierra de Jauja, mientras ella es proclamada en el Universo Mundo, que debes hacer que tu esposa, Recesvinda, que sé que está un tanto trastornada y agotada, aunque muy cerca de la Tierra de Jauja, que también crea en Dios, y que ambos seáis practicantes religiosos, que como sabes significa que estaréis atados a la vida.

EUFRASIO:	¿Y cómo sabes tú que Recesvinda...?

ALBINO:	A la vida hay que atarse, Eufrasio amigo, para que tus pies la pisen, hay que atarse como los marineros en las tormentas para que el furor del viento y de las olas no te arrastren; atarse, digo, como Prometeo se ató a la roca del suplicio, para que no le fuese arrebatada la sabiduría que entregaba a los hombres, él que era dios; porque a la tierra siempre hay que estar amarrado para contemplarla, para conocerla, para vivirla, para saciarse de ella y en ella.

EUFRASIO:	¿Y por qué sabes tú que Recesvinda...?

ALBINO:	¡¡Dios me lo comunica, Dios me lo comunica!! (Sale).
(...)

RECES:	(Que sale al balcón. Apoyada en la barandilla codo con codo con su marido). ¡¿Qué burradas te cuenta Albino?!

EUFRASIO:	¡Habla bien, mujer!... Me hablaba de Dios, pero yo no sé, no sé, lo dice de una manera... Porque además a mí me da que está loco... Tú, ¿qué opinas?

RECES:	Que siempre te ha convencido de todo, porque cosa que diga el Albino, cosa que aceptas como un dogma. Pero, ¿no te hablaba de la Tierra de Jauja? Él dice que está al llegar de un momento a otro ¿No te habrá estado convenciendo de que esta noche es ya noche de Jauja?

EUFRASIO:	¡Jauja...! ¿Esta noche? ¡Menuda noche! Ni un momento de tranquilidad, todo follones, líos, gritos... La Tierra de Jauja, si algo tiene, ha de ser paz, tranquilidad, gozo, digo yo.

RECES:	Con estas estrellas habrá quien haya tenido paz, ¿no crees? Yo me siento muy a gusto.

EUFRASIO:	Hace media hora estabas refunfuñando, coño.

RECES:	Se cambia.

EUFRASIO:	En media hora se cambia.

RECES:	O porque ya sea, a lo mejor, la noche de la Tierra de Jauja.

EUFRASIO: Sí, o porque exista Dios, no te digo.

RECES: ¿Tú también a vueltas con Dios?

EUFRASIO: Mira, me ha dicho que Dios existe porque se lo han inventado. ¿Qué te parece? Y me ha hecho pensar. Pero, coño, la verdad es que como si uno no fuese lo suficiente macho como para no tener que agachar la cabeza ante lo que diga otro.

RECES: ¡Joder con el Albino! Entonces, ¿es él el que ha inventado a Dios? No creí que estuviese tan loco.

EUFRASIO: ¡Él no, coño, otros!

RECES: ¡Qué más da! Menudo invento, eso no lo ve claro nadie.

EUFRASIO: Pues a mí me gustaría verlo claro, ya ves.

RECES: ¡Joder con el Albino! ¡O sea, que te ha convencido!

EUFRASIO: ¡No me saques de mis casillas, te digo que no!

RECES: Algo parecido.

EUFRASIO: Algo parecido no es lo mismo. Lo que pasa es que lo decía con tal vehemencia y ante estas estrellas que se te encoge el corazón.

RECES: ¡Olvídalo! Mira, al fin hay silencio y tranquilidad en la calle, que es lo que cuenta, y debemos encontrarnos bien. La verdad es que si saliésemos más al balcón seríamos más pacíficos.

EUFRASIO: Estás desconocida.

RECES: ¡La vida!

EUFRASIO: O el dios, no se sabe.

RECES: O Jauja, no se sabe. Yo cada vez estoy más convencida de lo de la Tierra de Jauja. ¡Esta noche es Jauja! (...) ¿Por qué se armó el jaleo esta vez, si se puede saber?

EUFRASIO: Pues que han pillado a una pareja adúltera, ¿te das cuenta? Y encima escandalizando a unos jóvenes. ¡¿A dónde vamos a llegar?!

RECES: Ya. (...) Y a propósito, que me preocupa a mí últimamente, en la Tierra de Jauja: ¿Qué, cómo va a funcionar ese tinglado de la jodienda? ¿Se joderá o no se joderá? A ver, ¿qué dicen los libros, o vosotros los grandes intelectuales, eh?

EUFRASIO: ¡Reces! Nunca habías usado esas palabras en nuestra intimidad... Un

	taco es un taco, pero entre tú y yo...
RECES:	Esto no es intimidad, querido, estás aprendiéndome sobre la Tierra de Jauja. Y yo te pregunto que qué de qué en vuestra Tierra de Jauja. Las mujeres tendremos derecho a elegir cuando nos apetezca. ¿Sí o no? Venga a ver, decide. O pretenderéis seguir siendo los machos que poseen a sus esclavas, ¿eh? Porque yo me apunto o no me apunto, según lo que sea.
EUFRASIO:	En la Tierra de Jauja no va a haber esos problemas. Y en primer lugar, se dice enseñar: "yo te enseño" no "yo te aprendo", ¿entiendes? Y en segundo lugar, cuando el gobierno lo decrete, aquí todo el mundo será Tierra de Jauja, y nada de querer o no querer, ¿entiendes? Pues lo que te digo, en tercer lugar y contestando a tu pregunta: es obvio que los instintos estarán apaciguados y todos nos querremos bien.
RECES:	¿Todos contra todos?
EUFRASIO:	A veces, querida, me soliviantas. ¿Es que yo no te amo como quisieras? ¿Acaso es que te sientes frustrada de haber vivido y cohabitado conmigo? ¿Es que tu ilusión frustrada sería cambiarme por otro?
RECES:	¿Pero tú me quieres a mí?
EUFRASIO:	No lo dudes, Reces, te quiero absolutamente.
RECES:	Y las otras, ¿qué? ¿Crees que soy tonta? Mucho que me quieres, pero andas y anduviste con otras, que yo lo sé, y tú, como todos, un hijo de puta.
EUFRASIO:	¡Reces, amor, por amor de Dios, qué dices, ni se te ocurra pensarlo!
RECES:	Corta el rollo y no me cabrees, ¿eh? Faltaba que ahora me recuerdes que soy tonta; porque soy tonta, pero hasta cierto punto y sin pasarse.
EUFRASIO:	El hombre hasta ahora ha sido el hombre, querida... Pero en la Tierra de Jauja todo será distinto, te lo juro. Te lo juro, que lo sé. Nadie deseará nada que no sea perfecto, bello, hermoso.
RECES:	O sea, que a las feas que les den por el culo, ¿no?
EUFRASIO:	¡Entiéndeme, cariño, quiero decir...!
RECES:	¡¡Pues a tomar por el culo vais a ir vosotros!!
EUFRASIO:	¡Entiéndeme, cariño! ¡Y habla más bajo, por Dios! Digo que...
RECES:	¡Déjalo! (...) Y me da que no me has contestado a la pregunta que te hice, que en la Jauja vamos a elegir también nosotras, ¿no es así?

EUFRASIO: Pero, querida...

RECES: Te he dicho que lo dejes. ¡Déjame, que tengo que pensar ahora en la Tierra de Jauja! Me parece que voy a apuntarme yo a la Tierra de Jauja...

EUFRASIO: Pero, querida, dice el Albino que tienes antes que creer en Dios...

****

EPÍLOGO: LA LUCHA POR LA TIERRA DE JAUJA.

Por la mañana. EUFRASIO y ALBINO.

****

EUFRASIO: Es importante que encontremos un medio para convencer a la gente de que la Tierra de Jauja es algo posible y real. Pues sólo si la gente lo pide como un clamor moveremos a los políticos a hacernos caso.

ALBINO: No veo otro camino que el ya emprendido: cantar y cantar. Si con el canto la gente no se convence de la alegría que les espera, si entregándoles la sonoridad del mar no se admiran, ¿qué esperas tú lograr de otra manera?

EUFRASIO: No sé. Pero pensemos.

ALBINO: Más te digo, los hombres quedan extasiados ante las sirenas que cantan. ¿No los ves todos los días pasear a orillas del mar, perder el ansia rezando al horizonte?

EUFRASIO: Nuestro canto no puede compararse al de las sirenas. Ni nuestra palabra a la del horizonte. No quisiera ofenderte. Pero tú las remedas mal, a pesar de lo bien que tocas los instrumentos y que cantas. Pero las sirenas...

ALBINO: ¡¿Quién pudiera compararse?!

EUFRASIO: Te digo: ¿y si probásemos a inculcar la buena nueva repartiendo caramelos?

ALBINO: ¿Tienes tú acaso dinero para comprar caramelos?

EUFRASIO: No, en absoluto. (...) ¿Y si repartiésemos fruslerías? Las fruslerías cuestan menos que los caramelos.

ALBINO: Dinero, siempre dinero, el becerro de oro, la humanidad adorando al ídolo.

EUFRASIO: Por lo que te cuesta un caramelo compras diez o doce fruslerías.

ALBINO: Aun así me parece que no tendríamos bastante, se necesitarían millones y millones de fruslerías y, por lo tanto, millones y millones de pesetas. ¡Somos tantos los humanos!

EUFRASIO: Todos, somos todos y mi Recesvinda, que es aparte.

ALBINO: ¡Recesvinda!

EUFRASIO: ¿Decías?

ALBINO: Suspiraba.

EUFRASIO: ¡Qué gran mujer tengo! Si supieses lo grande que es mi Recesvinda...

ALBINO: ¡Recesvinda!

EUFRASIO: ¿Decías?

ALBINO: Suspiraba.

EUFRASIO: Con lágrimas no solucionamos nuestro problema, que al fin y al cabo es un problema de la humanidad. Pensemos. (...)

ALBINO: A mí no me vienen ideas.

EUFRASIO: A mí no me vienen ideas.

ALBINO: ¡Hagamos una prueba!

EUFRASIO: ¡¿Una prueba?!

ALBINO: Sí, probaremos con el primero que pase.

EUFRASIO: ¡Una gran idea, sí señor, hagamos una prueba con el primero que pase! (...) ¿Pero cómo ha de ser la prueba si no sabemos qué es lo que vamos a probar?

ALBINO: Darles esperanza.

EUFRASIO: ¿Y probaremos la esperanza?

ALBINO: La esperanza se puede probar. Dios probó la esperanza de Job.

EUFRASIO: Es cierto.

ALBINO: Solamente nos queda pensar, pues, qué debemos decirles para probar la esperanza. Ha de ser un discurso, si no ya hermoso, que nuestro numen sabemos es incapaz de inspirarnos, al menos riguroso y convincente para que, haciéndonos caso, se sometan a la prueba.

EUFRASIO: ¡Tengo una idea! ¡Tengo una idea que he leído!

ALBINO: Dime.

EUFRASIO: ¡¡Una idea!!

ALBINO: Dime, dime.

EUFRASIO:	No hay tiempo, no hay tiempo. Por allí viene Eutimio y debemos probar con Eutimio. Tú sígueme y verás. Tú repite lo que yo diga, y no te extrañes ni te escandalices, tú haz lo que me veas hacer. ¡Esto será una actuación genial! ¡Por ella verás cómo la gente es capaz de creer en la Tierra de Jauja y de propagarla por los confines de la Tierra! ¡Y no necesitaremos para convencerles ni caramelos ni fruslerías! (Empieza el juego de la Tierra de Jauja, en el cual, como se sabe, entre idas y venidas, los timadores van despojando de sus pertenencias al pobre infeliz que cae en sus manos).
EUTIMIO:	¡Buenos días!
ALBINO:	Buenos días, Eutimio. ¿Se descansó?
EUTIMIO:	¿Descansar? Hace tiempo que en este barrio no se puede descansar. Todo voces, jaleos, follones. Ganas me dieron de salir al balcón a mandar callar a los alborotadores.
EUFRASIO:	Seguro que a ti te hubiesen hecho caso, porque yo lo intenté y sólo hicieron que reírse de mí. Pero, digo, no hay mal que por bien no venga, ni mal que cien años dure, y la noche es larga. Por lo tanto, habrás tenido tiempo sobrado para pensar.
EUTIMIO:	Eso sí, ya ves, es cierto.
EUFRASIO:	Luego habrás pensado en la Tierra de Jauja.
ALBINO:	Eso digo. ¿Has pensado en la Tierra de Jauja?
EUTIMIO:	¿La Tierra de Jauja?
ALBINO:	Los ríos manan leche y miel.
EUTIMIO:	¿Tú crees?
EUFRASIO:	No seas bobo, la leche y la miel es para los que les gustan, pero también hay televisores y coches sin impuestos.
EUTIMIO:	¿Sin impuestos?
EUFRASIO:	Sin impuestos y sin pagar el seguro, ¡figúrate!
EUTIMIO:	Y los políticos de qué vivirán.
EUFRASIO:	La gasolina gratis. Todo será de todos.
EUTIMIO:	Entonces todo de ellos, como siempre; pero ellos son los que viven bien.
ALBINO:	No habrá Estado ni burócratas, tonto, será como una noche estrellada

	a la orilla del mar.
EUTIMIO:	Eso sí me lo creo, que noches hay y mar también. Allí me iré a dormir cuando cambie de barrio. Gracias por la idea.
EUFRASIO:	Espera, alma de cántaro, que no es todo, aún hay más.
EUTIMIO:	¿De veras?
ALBINO:	Como lo oyes.
EUFRASIO:	Sólo tendrás que extender la mano para coger lo que te apetezca, no tendrás que trabajar.
EUTIMIO:	Eso me gusta.
ALBINO:	Ven acá. Pasarás el día contemplando los montes, los ríos, las nubes, y el horizonte del mar, siempre en un éxtasis de placer.
EUTIMIO:	¿Y mujeres?
ALBINO:	Y mujeres.
EUTIMIO:	Eso me gusta.
EUFRASIO:	¡Bueno, no todas las mujeres, si no que cada uno será feliz con la que elija!
EUTIMIO:	¡Bah, como siempre, eso no me gusta, me voy!
ALBINO:	No, no, ven acá, te digo, todas la mujeres.
EUTIMIO:	Eso me gusta. Y así, iré por la calle pavoneándome y diciendo: ¡Me gusta! ¡Me gusta! Y al decir me gusta se colgarán de mi brazo.
EUFRASIO:	¡Eutimio, por favor! Habrá que respetar lo que hay que respetar, a mi Recesvinda tendrás que respetarla, digo yo.
ALBINO:	Desde luego, Eufrasio, no te preocupes, Recesvinda será intocable.
EUTIMIO:	No parece que os agraden mis intenciones, pues a mí tampoco las vuestras. Me marcho.
EUFRASIO:	Espera, aún hay más.
ALBINO:	¡Mucho más! La Tierra de Jauja es la felicidad.
EUTIMIO:	¿La felicidad? No creo en la felicidad. Adiós, creo en la paz con uno mismo, en la honradez. (Se marcha).
EUFRASIO:	(Enseñando el producto del despojo). Hemos sacado un buen botín.

	¿Ves? La contribución de este ciudadano a la consecución de la Tierra de Jauja ha sido muy importante.
ALBINO:	No deberías haber hecho eso. Era mejor habérselo pedido y que fuese un donativo voluntario. Lo voluntario es lo que tiene valor. Hay que comprender y aceptar la fe; en lo que cabe, porque es un misterio, un arcano, y es entonces cuando se convierte en esperanza.
EUFRASIO:	No, no creas. Ya verás cómo la esperanza de Eutimio es real a partir de ahora y se hace un propagador entusiasta de la Tierra de Jauja.
ALBINO:	Pero la Tierra de Jauja, pero la fe, pero Dios...
EUFRASIO:	¡Calla, mira que vuelve! (Esconde lo robado).
EUTIMIO:	O he perdido mi cartera y mi chaqueta y mi reloj o me las habéis robado vosotros.
EUFRASIO:	¿Robado nosotros? Comprueba, ¿acaso somos ladrones? ¿Alguna vez has oído de nosotros que nos dedicásemos al robo?
EUTIMIO:	Dime, Eufrasio, ¿yo venía sin chaqueta?
EUFRASIO:	La verdad es que no me acuerdo, pero si estás sin chaqueta ahora, es que venías sin chaqueta, digo yo. Díselo tú, Albino. ¿Te acuerdas de que viniese con chaqueta?
ALBINO:	La verdad es que no me di cuenta de que vinieses con chaqueta.
EUTIMIO:	Entonces será verdad; pero no lo entiendo, yo juraría que salí de casa con chaqueta.
EUFRASIO:	Será la Tierra de Jauja, como te decíamos. En la Tierra de Jauja todo es de todos y todos tan felices que no se enteran ni de lo que hacen. Tú, como eres feliz y honrado, pues no te acuerdas de lo que haces.
EUTIMIO:	Será como dices, pero no lo entiendo. Yo creo que alguien me robó.
EUFRASIO:	Entonces, si dices que alguien te robó es que alguien te cogió la chaqueta, ¿comprendes? Pero que te lo hayan cogido no significa que te lo hayan robado, ¿entiendes? En la Tierra de Jauja, entiéndelo bien, no hay robos ni cosa que se parezca, sino que cada uno coge lo que desea.
EUTIMIO:	¿Quieres decir, Eufrasio, que yo puedo ir robando por ahí lo que me apetezca? (Empieza de nuevo el juego, pero esta vez a la inversa: Eutimio les quita a ellos algunas de sus propiedades).
EUFRASIO:	No, mastuerzo, que en la Tierra de Jauja no se roba.

ALBINO:	Ven acá, en la Tierra de Jauja todo está permitido. Todo estará al alcance de la mano y se tomará lo que apetezca, no hay que robar porque lo coges o te lo dan.
EUTIMIO:	¿Y no me meterán en la cárcel?
EUFRASIO:	Qué ideas tan peregrinas, Eutimio: en la Tierra de Jauja no hay cárceles.
ALBINO:	Ven acá; no hay cárceles, no hay policía, no hay esclavitud.
EUTIMIO:	¿Y decís que puedo ir por ahí cogiendo lo que quiera? ¿Y que me lo darán si lo pido?

EUFRASIO y ALBINO:(Alborozados). ¡Te lo darán o lo cogerás, que así es la Tierra de Jauja!

EUTIMIO:	Entonces, adiós. Iré por ahí para elegir y elegiré, escogeré y cogeré todo lo que quiera, todo lo que me apetezca. (Volviéndose atrás). De hecho, lo que más me fastidia es que me quitaseis el reloj; no teníais que llegar a eso para enseñarme lo que es la Tierra de Jauja; pero, bueno, os lo perdono, aunque mi reloj me gustaba mucho, que era muy bueno. Iré a dar una vuelta a ver si apaño otro mejor.
EUFRASIO:	En la Tierra de Jauja siempre se encuentra el reloj que a uno le gusta.
ALBINO:	Todo, todo se encuentra como en un gran bazar, ¿entiendes? Pero sin pagar, sólo extendiendo la mano y echándolo a la cesta.
EUFRASIO:	Tú, Eutimio, has de explicar bien qué es la Tierra de Jauja, no te vayas a meter en jaleos. Porque tu prójimo debe comprender cómo le haces realmente un favor quitándole lo que ya no le gusta y dándole oportunidad de elegir otro mejor.
EUTIMIO:	Desde luego, desde luego, y gracias por vuestros consejos. Lo único que no sé si sabré explicar bien es lo de las mujeres, que todas son de todos; menos Recesvinda que es vuestra.
EUFRASIO:	Ven acá, cipote; mía, Eutimio, mía.
EUTIMIO:	¡Ah!, yo creía que también era de Albino. Perdona, como también la defendía tanto...
EUFRASIO:	Pues no la defendía.
ALBINO:	¡Recesvinda!
EUTIMIO:	¿Decías, Albino?
ALBINO:	Suspiraba recordando las noches de Jauja.
EUFRASIO:	Es que las noches, Eutimio, son mejores aún que los días. Las noches

es el no va más en Jauja.

EUTIMIO: Bueno, adiós el día y la noche. Y que os aproveche mi chaqueta, que está rota y mi reloj que no funciona. El dinero, como estamos en Jauja, y ya no os podrá servir para nada, no me preocupa y os lo podéis quedar, ¡para lo que os va a servir! ¡Listos, que sois unos listos!... (Enseñándoles lo que les acaba de quitar, al menos un reloj). ¡Ya veréis con qué reloj tan bonito me vais a ver dentro de poco, envidia que os va a dar!

ALBINO: Ven acá, loco. ¿Qué dices...?

EUTIMIO: Que en la Tierra de Jauja no todos viviremos igual y que los que sabemos vivir, sabemos vivir. (Sale).

ALBINO: No lo he entendido bien. Dímelo tú, Eufrasio: ¿Eutimio marchó o no marchó convencido?

EUFRASIO: ¿Y a mí me lo preguntas? ¡¡Marchó con mi reloj, que es de oro y me lo había regalado Recesvinda!!

ALBINO: El caso es saber si marchó convencido, si será un buen propagandista de la Tierra de Jauja.

EUFRASIO: ¡¡No sé!!

ALBINO: Como fue idea tuya...

EUFRASIO: ¡¡Mi reloj!!

ALBINO: Pues a mí me da que no debemos haber acertado. (...) ¿Cómo podremos, ¡oh, Dios mío!, predicar la Tierra de Jauja de manera que la gente, toda la gente, se convenza de que la tierra es tierra de pan y longaniza y los ríos de leche y miel?

(Al público).

La Tierra de Jauja parece imposible. Dios parece imposible. Los hombres somos muy nuestros, con nuestro pan nos lo comemos. Prediquemos lo que prediquemos, hasta que nos lo predican a nosotros. Gracias por su atención. La comedia ha terminado.

****

Gonzalo Martínez Junquera
Avilés

ELVIRITA

ELVIRITA

Comedia dividida en dos jornadas, prólogo y epílogo

PERSONAJES

El Autor
Elvirita
Doña Elvira (la madre de Elvirita)
Don Álvaro (el padre de Elvirita)
Amanda (la criada)
Braulio (el marido de Amanda)
El doctor
Rafael (el novio de Elvirita)

La acción transcurre en un chalet de Pozuelo, Madrid, durante la primavera de 1985.

Avilés, junio de 1993

PRÓLOGO

(El autor presentará la casa y los personajes. Los personajes en sus intervenciones compondrán exactamente la escena tal cual será, real en su momento. Todo imitará, pues, una entrada televisiva).

Queridos todos, entre mis recuerdos, o mejor, entre los recuerdos que me permanecen, entre los recuerdos que me permanecen de manera desagradable, diría, hiriéndome, encuéntrase el haber sido últimamente confidente de una mujer. Aunque no es la primera vez que esto me ocurre que, por lo que sea, que no lo sé, diversas personas, hombres y mujeres, me han contado sus cuitas, sin embargo esta vez esas confidencias, como les digo, me han desazonado.

La obrilla que les presento intenta ser la trascripción de dichas confidencias. Pero ruego que no se piense que desvelo morbo por dinero o que pretendo la extorsión. Elvirita no es una mujer pública. Ni en el sentido de que venda su cuerpo por dinero ni en el sentido de que venda su alma por dinero. Y creo firmemente que no ha de ser reconocida, a pesar de los hechos, que son como tales hechos ciertamente conocidos de muchos, y a pesar de no haber cambiado el nombre de Elvirita. Si hubiese cambiado el nombre a Elvirita, me parecería que estaba creando otra persona o un personaje y no recreándola a ella, y posiblemente no hubiese ya sido fiel ni a ella ni a lo que ella me contó.

Sin embargo, insisto en que creo que no han de ser reconocidos los personajes porque los hechos son realmente triviales, que ocurren y han ocurrido siempre y en todas las familias, y en las mejores familias, como se acostumbra a decir. Hechos en sí mismos anodinos, frecuentes e, incluso, como les digo, triviales. Enamorarse, el nacimiento o engendramiento de un hijo, un matrimonio, una riña, unos celos, ¿qué más normal y cotidiano, verdad? Sin embargo, me causaron al conocerlos desazón y aún hoy me la causan y por eso he intentado darles vida, por ver de encontrar por qué ocurrieron, o mejor, por qué, habiendo ocurrido unos hechos comunes y triviales, unas personas toman a partir de ellos unas decisiones y otras, otras decisiones, decisiones drásticas siempre y, sobre todo, decisiones irreversibles.

Los hechos acaecieron hace unos siete años, aquí en Madrid, en el seno de una familia pudiente que vive en Pozuelo, en un chalecito. Gente bien situada pero tampoco demasiado. Casa heredada y un buen sueldo. Esta es la sala o salón, que como ven, tiene salida a la terraza y la terraza da a este pequeño jardín. Por aquella puerta se va al hall que distribuye a una pequeña biblioteca o despacho y a un gabinete íntimo que con este salón comedor, son las dependencias nobles de esta primera planta. Por esta puerta se tiene acceso a la cocina que, como veis (cambia el decorado), tiene puerta al exterior para los recaderos, y tiene también aseo y habitación para la criada. Son los dominios de Amanda. (Aparecen Amanda y Braulio). Amanda es la criada y se observará, pues, que la criada tiene una vida aparte totalmente de la vida de los señores de la casa, a pesar de la inmediatez de unos y otros.

****

AMANDA: Es que quiero contarte cosas.

BRAULIO: Yo quiero hacerlas.

AMANDA:	No me mariconees. ¿No ves que no me apetece?

****

EL AUTOR:	Los dormitorios están en la segunda planta, tres dormitorios y dos baños. No se los enseño, pues no ocurrirá nada en ellos. Elvirita. Elvirita es una joven enclenque de unos veinte años, tímida y con un aire bobo, (aparece en escena Elvirita), no diría yo bella ni hermosa, pero sí atractiva e incluso un tanto sensual.

****

ELVIRITA:	¡¡Hermoso, madre!! Como cuando se sueña. Fuerte y delicado, poderoso y dulce.
ELVIRITA:	¡Verdes, madre, del color del mar cuando me besaba!
ELVIRITA:	¡Qué ilusión, Amanda, estar casada! ¿Has jurado en público a los cuatro vientos amor eterno a un hombre? ¡Quien pudiese estar casada!

****

EL AUTOR:	Su madre, doña Elvira, sí es mujer hecha y derecha, bella y hermosa, dominante. (Aparece doña Elvira).

****

DOÑA ELVIRA:	Acabáramos. Pues podías haberlo dicho antes. Porque habéis estado dando ejemplo de malas costumbres, encerrados horas y horas en vuestro cuarto. Eso en mi casa no me gusta.

****

EL AUTOR:	Y muy elegante. Y apasionada.

****

DOÑA ELVIRA:	A las mujeres nos besan en todo el cuerpo.

****

EL AUTOR:	El tercer miembro de esta familia es don Álvaro, (aparece), marido y padre, engolado, pagado de sí mismo y aparentando más edad de la que tiene.

****

DON ÁLVARO:	Concluyo, pues, por lo que me acabas de explicar, que tenemos una hija tonta, ¿no es así? Corrígeme si me equivoco.

DON ÁLVARO: No corras, que ya está todo resuelto, puedes seguir en tu puesto, Amanda. Me interesaba saber por qué esas voces. Se oían en la calle.

DOÑA ELVIRA: Una madre y una hija pueden gritarse cuanto quieran, porque se quieren, ¿entiendes? Tienen todo el derecho. Así que tú no tienes que meterte en esto.

****

EL AUTOR: Ha sido en esta casa donde ocurrieron prácticamente los hechos que van a presenciar y cuyos cuatro habitantes acabo de presentaros.
Sin embargo, intervinieron otras personas que deben conocer aunque no vivan en la casa: Braulio, (aparece de nuevo), que ya se le ha visto con Amanda, aunque no les dije que se llama Braulio, que es el esposo de Amanda. Rafael, el novio de Elvirita, (aparece), y el doctor, (aparece). El doctor, evidentemente, tiene nombre propio, pero como nadie le interpela en esta casa sino como el doctor, nosotros lo dejamos así. Es bajo, feo, esmirriado, pero con fuerte personalidad. Es ginecólogo y ayudó a nacer a Elvirita.

Señoras y señores, la comedia va a empezar.

JORNADA PRIMERA

ESCENA 1

CUADRO 1

****

Elvirita y doña Elvira. En el salón. Tal que al mediodía antes de comer.

****

ELVIRITA:	¡Ay, madre, qué susto me llevé ayer en la calle!
DOÑA ELVIRA:	¡Hija, que me desmayo!
ELVIRITA:	¡Ay, madre, qué susto me llevé ayer en la calle!
DOÑA ELVIRA:	¡Hija, que me desmayo!
ELVIRITA:	¡¡En la calle, madre!!
DOÑA ELVIRA:	¡¡En la calle, hija!!
ELVIRITA:	¡En la calle, madre, me asustaron!
DOÑA ELVIRA:	¡Siempre en la calle! ¡Hija, que hay sátiros en la calle!
ELVIRITA:	¡No, madre, que fue un hombre el que me asustó en la calle!
DOÑA ELVIRA:	¡¿Un hombre?!
ELVIRITA:	¡Un hombre!
DOÑA ELVIRA:	¡Ay, Dios, hija mía! ¡¿Qué te hicieron en la calle?!
ELVIRITA:	¿Quién quieres que fuese, madre? Los sátiros son fantasmas, no existen. Con los sátiros era con los que os asustaban a vosotras cuando erais niñas...
DOÑA ELVIRA:	Sí, hija, de pequeñas nos asustaban con sátiros. ¡Ay, Dios, que me desmayo!
DOÑA ELVIRA:	No desmayes, madre, que era un galán.
ELVIRITA:	¡Ay, hija, no seas inocente, que en la calle los hombres no son galanes, que son feos y malos! Los hombres son galanes en los bailes y en los saraos.
ELVIRITA:	¡¡Era un galán, madre!!

DOÑA ELVIRA:	¿Lo conocías, acaso?
ELVIRITA:	No lo conocía, madre, que te estoy diciendo que era en la calle...
DOÑA ELVIRA:	¿Por qué te paraste en la calle? En la calle no se mira, no se escucha, no se habla. ¡Y no era un galán si te molestó en la calle!
ELVIRITA:	¡No me asustes tú ahora más, madre, que yo ya me asusté bastante! El después me dijo que era mi amante y que sería siempre mío.
DOÑA ELVIRA:	¡Ay, Dios!
ELVIRITA:	Me besó en la calle, madre, me besó en la calle.
DOÑA ELVIRA:	Qué más hizo, di.
ELVIRITA:	Me haces daño, madre.
DOÑA ELVIRA:	Contesta, hija.
ELVIRITA:	No se si me atreveré a contarte estas cosas, madre. Yo creo que estas cosas no se cuentan.
DOÑA ELVIRA:	¡Por lo que más quieras hija, contesta!
ELVIRITA:	Me haces daño, madre.
DOÑA ELVIRA:	¡¡Por Dios, hija!!
ELVIRITA:	Me besó en la calle, me llevó a un portal oscuro, madre, y me besó.
DOÑA ELVIRA:	¿En la calle o en el portal?
ELVIRITA:	No lo sé, madre, cerré los ojos. ¡Me haces daño!
DOÑA ELVIRA:	¡Tú eres tonta, niña! ¡Ay, Dios, que tengo una niña tonta!
ELVIRITA:	¡¡Ay, madre!! ¡Si tú supieras cómo besan los hombres cuando besan en la boca!
DOÑA ELVIRA:	¡En un portal...!
ELVIRITA:	Que no lo sé, madre, que era de noche y cerré los ojos.
DOÑA ELVIRA:	¡Ay, hija, que me naciste tonta!
ELVIRITA:	En la oscuridad, madre.
DOÑA ELVIRA:	¡Te parí de día!

ELVIRITA: ¿Tonta, dices, madre? ¡Si me besó en la boca!

DOÑA ELVIRA: Yo sé de qué hablo. ¿Acaso crees que nunca me han besado a mí en la boca y no en la boca? A las mujeres nos besan en todo el cuerpo.

ELVIRITA: ¿En todo el cuerpo?

DOÑA ELVIRA: Con toda la pasión.

ELVIRITA: Entonces, ¿por qué reñimos? ¿Por qué nos asustamos si ambas somos felices con nuestros recuerdos?

DOÑA ELVIRA: No lo sé, hija, no lo sé.

ELVIRITA: ¡Y yo que quería explicarte cómo es un beso...! Las hijas somos ingenuas a veces ¿no, madre? (...) Dime, madre ¿¿cuándo te besaron a ti en la calle...?! Serías joven, ¿no? ¿Como yo ahora, verdad?

DOÑA ELVIRA: ¡Hija, por Dios!

ELVIRITA: ¡Madre! ¿De qué te asustas? ¿Por qué no me contestas?

DOÑA ELVIRA: ¡Tanto tiempo...! De la calle y del portal y de ti... (...) ¿Y tú le besaste?

ELVIRITA: Ya te lo he dicho que me besó en la boca, ¿qué quieres que hiciese, madre, sino devolverle tan dulce placer? Cuando a ti te besaron, madre, ¿acaso no lo celebraste? ¿No bebisteis y brindasteis?

DOÑA ELVIRA: Dime, ¿cómo era? ¿Era joven? ¿Rubio, moreno? ¿Lo conocemos tu padre y yo? Debes contestar a tu madre. ¿Era alto?

ELVIRITA: ¡¡Hermoso, madre!! Como cuando se sueña. Fuerte y delicado, poderoso y dulce. Me haces daño otra vez, madre, me haces daño otra vez, yo no sé contestar a eso que me preguntas.

DOÑA ELVIRA: ¿Dónde trabaja? ¿Por qué fuiste con él? ¡¡Contesta!! ¡Quién es, por Dios, dime quién es!

ELVIRITA: Me desnudó en el portal oscuro, madre.

DOÑA ELVIRA: ¡Hija, hija, que no lo resisto! Contesta, contesta, ¿quién es? ¿Qué te hizo? Cuéntamelo todo, por Dios.

ELVIRITA: Me queda una duda, por eso no sé cómo contártelo todo. ¿Cómo deben besar los hombres, madre? Nunca me lo has dicho y yo no lo sé.

DOÑA ELVIRA: Me desmayo. (...)

ELVIRITA: ¿Tú también te desmayaste cuando te besaron, madre?

DOÑA ELVIRA:	No, no, me desmayo ahora, hija, al saber que tengo una hija tonta.
ELVIRITA:	Despierta, madre, por favor, que aún no te lo he contado todo y quiero saber, ¿sabes? Las manos fue que me las metió por debajo del jersey y me levantó el sostén y me acarició...
DOÑA ELVIRA:	¡No me cuentes más hija, no lo quiero saber!
ELVIRITA:	No te entiendo. Pero tú me dijiste que habías sido joven y que te habían besado ¡¡¿Es que a ti no te han desnudado cuando te besaron y eras joven?!! (...)
DOÑA ELVIRA:	Hija, ven con tu madre, ven, cuéntamelo todo, tu madre debe saber todo lo que pasó.
ELVIRITA:	Si yo estoy deseando decírtelo, pero tú no me dejas.
DOÑA ELVIRA:	Pero, hija, ¿tú no estabas esa tarde con las hijas de Avelino que llevaban rica merienda?
ELVIRITA:	A la hora de merendar, madre, nos perdimos las más pequeñas.
DOÑA ELVIRA:	¡¿Te han perdido, hija?!
ELVIRITA:	No, madre, que me deslumbró, que yo quería ir, que me llevaba él como sé que los caballeros llevan a sus damas, que yo iba orgullosa, que nunca nadie me ha llevado de esa manera, yo como mujer, él como hombre. Porque él me dijo que me llevaría siempre como su amada, su mano en mi codo y sus ojos en mi cabello, un paso atrás, y yo delante adelante orgullosa, desafiante y orgullosa, toda yo altanera.
DOÑA ELVIRA:	¡Si al menos tuviese los ojos azules!
ELVIRITA:	¡Verdes, madre, del color del mar cuando me besaba!
DOÑA ELVIRA:	¿Cómo sabes que sus ojos cambiaban de color como el mar cuando te besaba? ¿No dices que tenías los ojos cerrados?
ELVIRITA:	Yo lo sentía, madre, sus manos acariciaban mis pechos y me desnudaba poco a poco... Y yo sentía en mí sus ojos y el color de sus ojos.
DOÑA ELVIRA:	¿En un portal? ¿Os atrevisteis a hacer todo eso en un portal?
ELVIRITA:	No, por Dios, madre, que ya no estábamos en un portal... No me confundas. ¿No te he dicho que él me llevaba como un caballero a su dama, un paso atrás, empujando delicadamente mi codo, que yo reposaba en su mano abierta?
DOÑA ELVIRA:	Hija, que me desmayo.

ELVIRITA: No, madre, no te desmayes cuando más te necesito. (Doña Elvira se desmaya).

****

CUADRO 2

                    Don Álvaro y doña Elvira. Después de comer. El mismo lugar. Don Álvaro descabeza su siesta en un butacón propio y exclusivo.

                    ****

DON ÁLVARO: No sigas contando, acaba por favor. Suficiente, esposa mía, suficiente. Que tú empiezas y no acabas, y hay que saber poner punto final a lo que se cuenta, las narraciones cortas y enjundiosas. Y para desgracia todo parece que ya está claro, meridianamente claro. Concluyo, pues, por lo que me acabas de explicar, que debemos decir que tenemos una hija tonta, ¿no es así? Corrígeme si me equivoco.

DOÑA ELVIRA: Yo no sé. Te lo acabo de contar todo, tú sabrás, yo expongo hechos.

DON ÁLVARO: Lo sé.

DOÑA ELVIRA: Pues es así.

DON ÁLVARO: Y te desmayaste...

DOÑA ELVIRA: Me desmayé. ¿Qué quieres que hiciese? ¿No harías tú lo mismo?

DON ÁLVARO: No lo sé. Desmayarse es una manera de huir de la realidad. Te desmayas y hasta otra, ¿verdad? Y ahora me lo cuentas y te sales definitivamente del problema, que cargue con el problema el otro tonto de la casa que soy yo.

DOÑA ELVIRA: Hazte el fuerte, tú que te asustas hasta de un pinchazo de una alfiler, que te apoyas siempre en mí hasta para reñir en una tienda o a un camarero que te haya estafado. ¡Quién pudiera decir que una madre se sale del problema de una hija! Pero no caen esas brevas. Las madres nunca salimos de los problemas de nuestras hijas, ¿no lo sabes?

DON ÁLVARO: Indudablemente, tenemos una hija tonta.

DOÑA ELVIRA: Yo ya me lo suponía, una madre es una madre y se da cuenta de cómo son los hijos desde el principio, pero, la verdad, no creía que llegara a este extremo.

DON ÁLVARO: ¿Y qué dijo el médico?

DOÑA ELVIRA: ¿Qué médico?

DON ÁLVARO: No sé, al que hayáis ido. Siempre se va a un médico, ¿no?

DOÑA ELVIRA: O a un cura.

DON ÁLVARO: Eso era antes.

DOÑA ELVIRA: Tienes razón, siempre tienes razón, claro. Sentado en un sillón, despatarrado, es fácil tener razón. Pues bien, la llevé al médico. Corroboró que era tonta, ¡qué iba a decir si la pobrecilla lo es!

DON ÁLVARO: Eso ya lo hemos concluido y lo sé, y no hace falta que lo repitas ni que te refociles en ello, ni hace falta que lo diga el médico, me basto yo solo para concluirlo y saberlo. No me refería a eso.

DOÑA ELVIRA: O sea, que te referías a lo otro.

DON ÁLVARO: Pues claro. ¿A qué si no? A lo otro.

DOÑA ELVIRA: Pero te advierto que fue hablando de lo otro cuando el médico dijo que era tonta. Hasta entonces le parecía normal, ¿entiendes? Y es que, no lo niegues, da el pego, como está mandado. Ella será tonta, que lo es, pero hasta cierto punto, que así como una madre sabe siempre esas cosas, también sabe los límites y hasta ahí podíamos llegar. Ella es tonta, pero no tan tonta.

DON ÁLVARO: Pero como hay Dios que es tonta.

DOÑA ELVIRA: No te lo niego.

DON ÁLVARO: Y al médico, ¿quién carajo le dio vela en este entierro, eh? Qué le importa a él si nuestra hija es tonta o no. Ese médico, que se meta en sus asuntos. A saber cómo tiene su casa. Si es lo que digo yo, por qué siempre unos han de querer mangonear a los demás. Y ahora son los médicos los que se creen los dueños del mundo. Porque seguro que no fuisteis a un siquiatra, que es quien, a lo más, podrá decir si nuestra hija es tonta o no.

DOÑA ELVIRA: Desde luego que no, ¿por quién me tomas? Como ir, fuimos a un ginecólogo, a mi mismo ginecólogo, pero ya sabes que hoy día los médicos se las dan de saberlo todo y, ¡hala!, dijo que era tonta. Como podía haber dicho que era rubia, ¿entiendes? En plan despectivo.

DON ÁLVARO: También vosotras, vaya ocurrencia. Para saber si uno es tonto o no, se va a un siquiatra. Lo que hicisteis es como si para comprar una zanahoria te vas a una zapatería.

DOÑA ELVIRA: Pero yo, que soy madre, sabía que el problema era el otro, ¿comprendes? Hay más problemas que el uno, hay el otro. ¿Qué es lo que se le escapa a una madre, eh? Ella se quejaba de otra cosa, ¿comprendes? Al fin y al cabo, que era algo tonta yo ya lo sabía y de eso no suele nadie quejarse, así que ¿qué quieres que te diga? Fuimos al médico que según mi perspicacia convenía al caso, un ginecólogo. Al fin y al cabo fue hablando de lo uno cuando el médico dijo lo otro.

DON ÁLVARO: Pues lo que dijo el médico... digo, porque, ¿qué más dijo ese

	ginecólogo tan sabio? Pero, bueno, caeré yo en las redes de la estultez humana, a mí qué me importa lo que dijo, si no le voy a hacer caso, que esos curanderos nunca dicen nada.
DOÑA ELVIRA:	Tienes razón, porque como decir no dijo nada, pero dijo que sí.
DON ÁLVARO:	Que sí ¿qué? Porque a ti hay que sacarte también las palabras con ganchos. ¿De quién iba yo a tener una hija tonta? Si es que lo heredó de ti, todo el día hablando y hablando, parloteando, digo, y no dices nunca nada.
DOÑA ELVIRA:	Lo otro, ¿qué si no?, que había habido violación, claro.
DON ÁLVARO:	¿Violación?
DOÑA ELVIRA:	Sí, claro, violación. ¿Qué querías?
DON ÁLVARO:	Yo como querer no quiero nada..., pero violación, violación, tú dirás, yo ni quito ni pongo rey, como es dicho por la historia y bien dicho, pero si ella, por lo que acabo de escuchar, lo pasó bien, ¿dónde está la violación? ¿No me estás diciendo que ella te lo contó feliz y enamorada, como si tal cosa?
DOÑA ELVIRA:	Ya me hubiese a mí gustado que fuese como si tal cosa. Cierto, pura poesía, todo lirismo, sólo esplendor. Pues por eso, porque es tonta, ya te lo he dicho.
DON ÁLVARO:	No, puñetas, eso no es así. Por lo que yo sé y creo que tú deberías ya saber, que eres mayor, esposa mía, y tienes ya cierta experiencia en cuestiones de sexo, que yo he procurado enriquecer, por cierto, y con eficacia, tanto teórica como práctica, ella lo pasó bien porque jodiendo se pasa bien. Y en eso sí que no es ser tonta.
DOÑA ELVIRA:	En esas circunstancias, querido, no se puede pasar bien. ¿No ves que la violó? Ella que diga lo que quiera, al fin y al cabo es tonta y no se le puede hacer caso.
DON ÁLVARO:	No me vuelvas loco, querida. O se pasa bien o no se pasa bien y te violan o no te violan, ¿de acuerdo? Pues eso. Y yo te digo que si se es violado no se pasa bien.
DOÑA ELVIRA:	Pero bueno, qué sabréis los hombres de ciertas interioridades, hasta de lo más íntimo de las mujeres pretendéis pontificar. Yo no estoy de acuerdo, qué quieres que te diga. Lo que pasa es que eres un machista. ¿Tú crees que yo no lo pasé bien cuando tú me violaste?
DON ÁLVARO:	¿Que yo te violé?
DOÑA ELVIRA:	Tú me violaste y yo en aquel entonces, por lo que ahora sé, era tonta también. Además de inocente. Y me engañaste y me violaste. Lo que pasa es que después despabilé.

DON ÁLVARO: Cuando yo digo que por qué nos salió tonta la niña...

DOÑA ELVIRA: O sea que, según tú, que yo no estaba en estado. O sea, que yo me casé contigo por tu cara bonita. O sea, que yo llevo aguantándote veinte años y no sabes por qué. Dime, ¿cómo y cuándo nació ese monstruito que tienes por hija, eh? ¿Nació antes o después de su debido tiempo, si por tiempo cuentas desde que nos casamos, eh? ¿O a lo mejor es que como no has tenido más hijos no te has enterado del tiempo que lleva engendrarlos, que son nueve meses enteros y verdaderos y ni más ni menos?

DON ÁLVARO: Agua pasada no mueve molino, querida. Reconozco que Elvirita nació a los cinco meses, un poco prematura ella. Y que conste que no hubo que meterla en la incubadora, que ella ya estaba toda entera. De acuerdo, esta verdad hay que establecerla en primer lugar.

DOÑA ELVIRA: Pues ahora concluye.

DON ÁLVARO: No sé qué hay que concluir, según tú.

DOÑA ELVIRA: Que llevo lo que llevo aguantándote.

DON ÁLVARO: Aguantar, no sé quién aguanta más, yo tampoco lo diría así. Digamos que nos soportamos. Pero olvídalo de todas las maneras, no sé a qué viene eso ahora. Estábamos discutiendo de nuestra hija, que es tanto tuya como mía.

DOÑA ELVIRA: No quieras cambiar el tema y deja nuestra hija en paz, que ella no tiene la culpa de lo que pasó entre tú y yo. Ahora lo que estamos discutiendo es entre tú y yo, y de ti y de mí. Y yo te aguanto por lo que te aguanto. Y yo me casé contigo por lo que me casé contigo. Y yo no me hubiese casado contigo si no hubiese sido porque me violaste de mala manera. (...) Déjame hablar: de mala manera. Yo, hombres, los que me apetecían, los tenía así. Tú lo sabes. Y para que lo sepas, si no lo sabías, porque un poco creído siempre fuiste, lo pasaba mejor con alguno de ellos que contigo. Pero pasó lo que pasó, que me violaste.

DON ÁLVARO: Pero, ¿otra vez con que te violé?

DOÑA ELVIRA: Sí, otra vez. Te repito que yo tenía a mi alrededor hombres que me suspiraban, que me querían, que me correspondían, pero que no me violaban. Y que podía casarme con quien quisiese.

DON ÁLVARO: ¿Y tú?

DOÑA ELVIRA: ¿Qué es eso de que y tú? ¿Que significa que yo? ¿Que yo qué, vamos a ver?

DON ÁLVARO: Ya sabes qué yo qué.

DOÑA ELVIRA: Era mutuo, querido, cómo si no. Yo les quería y me entregaba a ellos.

DON ÁLVARO: ¿Se puede saber, querida esposa, qué quieres decir cuando dices que te entregabas a ellos? O, simplemente, ¿adónde quieres llegar con esta conversación desagradable?

DOÑA ELVIRA: Si a eso te refieres, te diré que mis favores son mis favores y son para los que bien me quieren, me enamoran y que no me violan, y que yo he concedido siempre mis favores a personas decentes. A eso quiero llegar, a que tú me violaste y que no hacía falta que me hubieses violado.

DON ÁLVARO: ¿Qué oigo?

DOÑA ELVIRA: Lo que he dicho y no lo voy a repetir.

DON ÁLVARO: ¿Insinúas acaso...?

DOÑA ELVIRA: Yo no insinúo. Yo las cosas claras, al pan pan y al vino vino. Yo siempre con la verdad por delante.

DON ÁLVARO: ¿Quieres decir que yo ya fui cornudo antes de casarnos?

DOÑA ELVIRA: Yo no he dicho eso. Y no tergiverses mis alocuciones sinceras y verdaderas. Que yo siempre la verdad por delante. Pero no preguntes si no quieres saber. He dicho.

DON ÁLVARO: Ahora sí que me desmayo yo.

DOÑA ELVIRA: Una manera como otra cualquiera de huir de la realidad.

DON ÁLVARO: ¡Veinte años, Dios, veinte años! ¿Y soy yo el padre de la criatura?

DOÑA ELVIRA: ¡Vaya pregunta! ¡Me viola y me pregunta quién es el padre de la niña! Si no lo sabes tú, ¿cómo voy a saberlo yo? ¿O es que yo voy a llevar cuenta de aquellos que gentilmente me hacían la corte y a quienes correspondí? Quien me violó es el padre de mi hija, eso sí que es cierto, porque siempre es y fue así. Que ya me lo había dicho mi madre: "Hija, que no te violen, que después el padre de tus hijos será un violador". Y yo que fui muy rebelde, no le hice caso, y me dejé violar por ti. Y más te digo, que a pesar del asco que me diste y del horror que me conferiste, degusté el placer propio del caso. Y esto es lo que ha provocado este cambio de pareceres entre tú y yo. Y no me salgas por peteneras, que a pesar de ser violada se puede disfrutar del evento.

DON ÁLVARO: ¡Ay, Dios, que me desmayo!

DOÑA ELVIRA: Y el puñetero que huye de la realidad. (Don Álvaro se desmaya).

CUADRO 3

El doctor y doña Elvira. En la consulta del doctor ginecólogo. Hay sofá cama o cama si el despacho es al modo de una habitación italiana.

****

EL DOCTOR: Ja, ja, ja. ¡No me digas! ¿En serio? ¿En serio todo lo que me acabas de contar? ¡Es increíble!

DOÑA ELVIRA: Como te lo cuento. Va el muy cretino y se me desmaya.

EL DOCTOR: Impresionante, oye, para una novela. Increíble. Esto, lo digo yo, merece los honores de una novela. Es fantástico. Como hay Dios, porque tú me lo dices, si no, no me lo creo.

DOÑA ELVIRA: Pues no me interrumpas, que falta lo mejor. Si lo quieres saber todo, hay más, como de aquí a Lima. Pero no sé si me acordaré, es tanto que no sé ya ni dónde estoy.

EL DOCTOR: Recapitulemos. Antes recapitulemos. Que la novela hay que escribirla con lógica. Y como hay Dios que tengo que escribirla. Que escribo una novela es un hecho. Vamos a ver, primero ella, la niña, Elvirita que llega a casa, ¿no es así? Después él, don Álvaro, que se desayuna después de comer, sentado en su butaca...

DOÑA ELVIRA: No repito y no tengo nada más que decir. Ocurrió tal cual y basta. No hay nada, pues, que añadir ni que resumir ni que nada de nada. Lo que pasa es que todavía no te he contado ni la mitad de lo que ha ocurrido hoy en mi casa. Si yo te contara... Pero si escribes una novela, oye, tal cual ¿eh? Ni la verdad ni la mentira, la realidad, ¿eh?, sólo la realidad, como yo te la cuento. Y mira que lo revisaré todo. Y yo iré como coautora con todos mis derechos.

EL DOCTOR: Colaboradora.

DOÑA ELVIRA: Autora.

EL DOCTOR: Paciencia, querida, todo a su tiempo, sigamos. Una nota en el prólogo para decir que todo te lo debo a ti, ¿eh? O sea, que le dijiste que te acostabas con otros y él tragó, y, ¡hala!, a desmayarse tocan. ¡Cómo me hubiese gustado veros! Porque yo escribo una novela, en serio que escribo una novela. Lo que me ocurre a mí no ocurre a nadie.

DOÑA ELVIRA: Oye, que a quien le ocurrió todo esto fue a mí. Así que dejémoslo como está, ¿eh? Yo te lo cuento porque tu hombro es mi paño de lágrimas, eres médico y yo te quiero mucho. Si no fuese en tu hombro, ¿en quién desahogaría yo? ¿Lo sabes tú? En nadie. No tengo a nadie, a nadie. Al revés, todo el mundo a traerme problemas: mi hija, mi marido, todos a descargar en mí. ¡Te quiero tanto, te necesito tanto!

EL DOCTOR:	Y lo de tu hija metiéndole mano el mozaco por debajo de la camisa, ¿también fue así como me lo contaste? ¿Así como te lo estoy haciendo yo ahora? Porque eso tiene poesía, ya ves, habrá que dedicar un capítulo a la poesía.
DOÑA ELVIRA:	Un poco morboso.
EL DOCTOR:	Qué va, por Dios, eso es genial. No creas tú que todas las mujeres lleváis camisa.
DOÑA ELVIRA:	Sostén.
EL DOCTOR:	Sostén.
DOÑA ELVIRA:	¿Cómo sabes tú eso?
EL DOCTOR:	Por Dios, Elvira, que soy médico.
DOÑA ELVIRA:	Pues no tiene gracia. Ahora en invierno todas llevamos camisa. Y camisa climatizada.
EL DOCTOR:	Refajo.
DOÑA ELVIRA:	Camisa.
EL DOCTOR:	Sostén. Déjame ver.
DOÑA ELVIRA:	Vete a la mierda.
EL DOCTOR:	Perdona, querida, es que es de carcajada. Tú represéntate la escena. ¿Fue así? Un portal. Oscuridad. Palabras al oído. Una mano delicada, tiene que ser delicada, fijo que es delicada, muy delicada, que levanta la falda, que un poco más, que un poco más, que...
DOÑA ELVIRA:	¡Quita esa mano!
EL DOCTOR:	Tengo que reconstruirlo, tengo que reconstruirlo, para poder describirlo bien tengo que reconstruirlo.
DOÑA ELVIRA:	¡En otro momento, si no te da más!
EL DOCTOR:	Claro que lo de tu marido es aún mejor... Desmayarse cuando le dicen que es cornudo es demasiado. Que no puedo, no sigo... La niña tonta y el padre cornudo, ¡vaya lote que te ha tocado en la vida, querida! (...) Pobrecita, ven, no llores, perdona, lo hago sin malicia, yo estoy contigo. Sabes que puedes confiar en mí.
DOÑA ELVIRA:	No me hagas cosquillas. No, si yo también me río, claro, pero no es justo que nos riamos, no tiene gracia que el pobre, después de veinte años de casados y que se entera que tiene cuernos y no lo resiste.

	Estarás conmigo en que no es justo, no es justo que te rías y es un poco triste.
EL DOCTOR:	¿Pero no fue por la tarde? Por la tarde, a las cinco, es la hora de la gloria.
DOÑA ELVIRA:	No me gustan esas bromas.
EL DOCTOR:	Pero si tú también te estás riendo.
DOÑA ELVIRA:	Pero yo soy su esposa. Y tengo derecho. Y sigue sin ser justo.
EL DOCTOR:	¿Y cómo fue el desmayo? ¿Así? ¿O fue así? Porque es distinto que se caiga uno para la derecha que para la izquierda. Es distinto. Los problemas literarios son distintos. Pero también podría haber problemas médicos. Esto es muy serio, es necesario saber cómo fue el desplome.
DOÑA ELVIRA:	No me digas. En el sofá, tonto, así, ¡ploff!
EL DOCTOR:	¡¡¡Contoplooooffff!!! ¿Y no le amparaste con tus delicadas y amorosas manos? ¡Un desmayo en el sofá puede ser de muerte!
DOÑA ELVIRA:	¿De muerte? No me asustes. Pues mira que si con lo sincera que yo soy, que voy siempre con la verdad por delante, y le digo que la hijita de mis pecados no es de él, ¿qué hace? Dime: ¿Qué hace? Oye, que ya me tienes medio desnuda. ¿Pero es que en la escuela no os preparan para estas cosas? Y en vuestras casas, ¿qué? ¿Tampoco os hablan de estas cosas?
EL DOCTOR:	Nos enseñan a quereros, a adoraros. Claro que hay quien pasa por la vida sin enterarse. Al fin y al cabo para eso te casaste con él, ¿no?, para que no se enterara.
DOÑA ELVIRA:	Eres desagradable.
EL DOCTOR:	Si es que estoy tomando nota de todos los detalles. Todo lo que me dices, anotado queda en la cabeza. La novela tiene que salirme perfecta.
DOÑA ELVIRA:	Si alguien te oyese, ¿qué pensaría? Seguro que piensa en una marranada. Tienes razón, es que a veces somos muy egoístas, lo queremos todo. Pero tú figúrate que no hubiese sido un simple desmayo, ¿eh? ¿Qué hago entonces, eh? ¿Llamo a un médico y le digo que le dio un patatús porque le dije la verdad? ¿Te llamo a ti que eres médico para que le cures a él que es cornudo? ¿Sabes tú curar cornudos?
EL DOCTOR:	Yo soy ginecólogo.
DOÑA ELVIRA:	Pues bien que sabes curarme a mí de otras cosas.

EL DOCTOR:	Eso es por inclinación natural, mujer, yo en cuanto reconozco a mis pacientes ya sé de qué pie cojean.
DOÑA ELVIRA:	¿Y si no es del pie?
EL DOCTOR:	Pues que te pica un pez.
DOÑA ELVIRA:	¡Grosero! ¡Te quiero tanto! ¡Qué bueno eres conmigo!
EL DOCTOR:	¿Es verdad que soy bueno contigo? Qué pocas veces me dices palabras cariñosas. Te quiero. (...) ¡La novela! Figúrate qué escena. Llega el médico corriendo, que se le llamó de urgencia y de muerte, y el médico oye que se le habla de decir la verdad, y el médico entonces pregunta: "Y qué verdad, señora, y qué verdad", y tú: "Pues, mire, nada señor, que hablando, ya sabe, una que es mucha mujer, ¿entiende?". "No, no entiendo". "Pues no es usted de buenas entendederas, porque mi verdad la llevo muy clara". "Yo tengo que denunciar esto, señora, si usted se empeña en no decir lo ocurrido". "¿Denunciarme a mí por enseñarle a mi marido la verdad? Pero, ¿en qué país vivimos? ¿A quién hay que decir y mostrar entonces las verdades si no es a los maridos?". Y el médico con cara de mala uva: "Pero lo ha matado, señora, las vergüenzas se llevan ocultas, y si es necesario se apaga la luz para que ni la partida de nacimiento provoque lo que no tiene que provocar, porque los hombres no somos arañas para morir en el intento". "Después del intento, doctor, fue después del intento". Y de nuevo: "Pues vaya teorías y si apago la luz y después de todo resulta que mi marido no es mi marido". "Pues que no lo sea, eso es otro problema que se resuelve con el carnet de identidad y no enseñando la partida de nacimiento, que para eso está el documento, o sea, que yo la acusaré por lesiones al corazón, y no quiero saber más, la policía intervendrá y ella sí querrá saber y el juez y el fiscal, señora, todo el mundo tiene que intervenir y tiene que saber, y como usted no tenga razones más convincentes u otros atenuantes, le aseguro que lo va a pasar muy mal".
DOÑA ELVIRA:	¿En serio? No me asustes ¿Me dices en serio que lo puedo pasar mal? ¡Quién me mandaría a mí decir nada! Como hay Dios que no le digo nada más. Mira que si por ser honesta le da un patatús al pobre y me lo mato... Oye, porque el desmayo fue de los de verdad, ¿entiendes? Ya sabes, no como los que yo sufro que, bueno, son más suaves, como estoy acostumbrada... ¿Por qué seré yo así, que me gusta ir siempre con mis principios y la verdad por delante?
EL DOCTOR:	Dos buenos principios por delante, sí señora, y el culito por detrás. Y con refajo climatizado y no me lo decías. Eso no lo sabía yo. Genial. Todo genial. Inmenso. Una novela o un cuadro. Como hay Dios que pinto un cuadro o escribo una novela. Pongo a Dios como testigo que un cuadro o una novela.
DOÑA ELVIRA:	¿Qué pinta un cuadro en una novela?

EL DOCTOR:	No, nada; pero queda bien...
DOÑA ELVIRA:	¿Me dejas que te cuente el resto? Porque hace media hora que me tienes medio desnuda y no paras de achucharme. Decide lo que quieras: o me dejas hablar o nos acostamos.
EL DOCTOR:	La verdad. La novela es la novela; pero ahora... si tú lo dices...
DOÑA ELVIRA:	No trato ahora de la novela, si no de mí. ¿No ves lo angustiada que estoy, que no puedo con esta carga que me ha caído encima?
EL DOCTOR:	(Acomodándose en la cama). Ven.

****

ESCENA 2

CUADRO 1

          Amanda y Braulio. En la cocina de la casa.

          ****

AMANDA:	Si yo te contara...
BRAULIO:	No me cuentes.
AMANDA:	Es que quiero contarte cosas.
BRAULIO:	Yo quiero hacerlas.
AMANDA:	No me mariconees. ¿No ves que no me apetece?
BRAULIO:	No te entiendo.
AMANDA:	Me entiendes muy bien. Y eres un obseso sexual.
BRAULIO:	Toma ya castaña. Olé con la niña.
AMANDA:	Estoy triste.
BRAULIO:	¿Conmigo, conmigo? ¿Conmigo que soy tu fiel esclavo? ¿Conmigo, triste, que no puedo verte nada más que una vez a la semana, la semana que nos vemos? ¿Triste conmigo, yo que te traigo la alegría? ¡Venga, levanta esa falda!
AMANDA:	No puedo, lo siento, hoy no puedo, voy de pantalones.
BRAULIO:	¡Cinturón al ataque!
AMANDA:	¡¡Que no!!
BRAULIO:	¡Que sí, que no, que se baja un pantalón!
AMANDA:	Estoy triste, por Dios, Braulio. No quiero.
BRAULIO:	¿O sea, que tengo que convertirme en un triste? ¡¡Venga ya!!
AMANDA:	Así es la vida. Si lo compartimos todo también tendremos que compartir tristezas. Lo juraste, ¿no?
BRAULIO:	Yo juré por ti y ante ti.
AMANDA:	¡Bobo!

BRAULIO: ¡Venga ya!

AMANDA: Lo dice el evangelio, triste con el triste y alegre con el alegre.

BRAULIO: Si tú lo dices. Yo legal.

AMANDA: Lo dice el evangelio.

BRAULIO: Si tú lo dices que lo dice el evangelio, pues lo dirá el evangelio o la Biblia en verso, pero a mí no me mola mucho esto de ponerme triste estando a tu lado, que eres mi felicidad. Me es imposible; con falda o con pantalones, estás apetecible total. ¡Señores, la mujer total, hela aquí, ante la que me postro! (...) ¿Te das cuenta de que si eres mi felicidad y estás triste dejas de ser mi felicidad y eso es imposible?

AMANDA: Estar triste o estar alegre no es dejar de querernos.

BRAULIO: Estamos de acuerdo, oye. ¿No dices que somos una sola carne? Nos queremos mucho y yo tengo que estar hecho una mierda porque a ti te ha entrado la depre. De acuerdo, pero, ¿no podía ser al revés, digo, que a ti te entrase la juerguecita cimbreante en ese cuerpo retrechero, que dicen aquí en Madrid, porque yo estoy alegre y cachondito? No. De acuerdo, de acuerdo. No. Me equivoqué otra vez. Pero no me asustes, ¿eh? No creerás que lo nuestro va en serio, ¿no? Porque te veo venir, me estás exigiendo muchas cosas. Y cuidado que uno tiene un límite de resistencia. Y de contradicción.

AMANDA: No sé si en serio, no me preocupa, niño, pero mientras vaya, va. Y mientras vaya y va, tú me aguantas a mí igual que yo te aguanto a ti, ¿no? Y hoy te aguantas porque estoy triste, ya te lo he dicho.

BRAULIO: Que a ti no se te pega nada el salero de las madrileñas, ¿eh?

AMANDA: Vale.

BRAULIO: De acuerdo, de acuerdo, hoy nos aguantamos, sí señora, hoy nos aguantamos; pero de aguantarnos el uno al otro, ¿por qué no nos aguantamos echados en la cama y uno encima del otro, que es más cómodo? Y sin tanta ropa, que hace calor.

AMANDA: Que te he dicho que no. Estoy hablando en serio.

BRAULIO: ¡Y qué entenderá esta por broma! Pero, ¿estás mala?

AMANDA: ¡¡No!! Estoy triste simplemente, deprimida. ¿Es que no se puede estar una con el ánimo caído? Pues hoy me ha tocado a mí estar deprimida. Que hoy me enteré de muchas cosas. En esta casa ocurren cosas.

BRAULIO: Y en otras casas otras cosas, oye. Si no ocurriesen cosas, muertos, todos muertos. La vida siempre son cosas para todos, aquí no se libra nadie de nada.

AMANDA: Yo me entiendo.

BRAULIO: Que cada palo aguante su vela, eso es lo que has de entender. ¿Es que esta gente se preocupa por ti o por mí? ¿Eh? Olvídalos.

AMANDA: Pero si no saben que tú existes.

BRAULIO: ¿Te lo han preguntado alguna vez?

AMANDA: Oí conversaciones entre la madre y la hija. Un lío, ¿sabes? La hija anda liada con uno. La madre con otro. El padre es tonto, pero dice que la tonta es la hija... Están metidos en un buen jaleo, te digo.

BRAULIO: ¡Qué ganas tengo de sacarte de aquí, Dios! Esta perra vida, todo el mundo mirándonos por encima del hombro, todo el mundo despreciándonos. Y tú encima te preocupas por ellos. Oye, si tienen problemas, que te pidan consulta y te paguen. ¿No eres sicóloga? Algo más que ellos sabrás, ¿no?

AMANDA: Qué tiene que ver eso ahora. Me pagan. Comemos tú y yo. Oye, yo no voy contando mi vida por ahí, así que ellos no saben ni lo que yo soy ni lo que tú eres. No les interesa, entre otras cosas.

BRAULIO: Esos no saben lo que no quieren. Claro que saben que eres sicóloga.

AMANDA: A mí me pagan por hacerles la comida y la limpieza, pues a callar.

BRAULIO: Pero lo saben.

AMANDA: Sí, lo saben.

BRAULIO: Pues eso.

AMANDA: Y lo otro.

BRAULIO: Mierda.

AMANDA: Mierda para ti.

BRAULIO: Y tú más.

AMANDA: Eres imposible. ¿Quieres entender que yo estoy aquí contratada como criada?

BRAULIO: Entiendo.

AMANDA: Y voy y le digo a la señora: Señora, yo sé mucho de psicología, que su hija tiene un coeficiente mental para echarse a llorar, si quiere le doy clases. Pero no a ella, claro, que no tiene remedio, sino a ustedes. A usted y a su marido, que todavía, a lo mejor, llegan a tiempo a coger

	el tren.
BRAULIO:	Y te echa, no se lo digas.
AMANDA:	Pues eso. Que estoy triste y que hoy no quiero acostarme contigo. Pero no te ofendas, tampoco me acostaría con otro.
BRAULIO:	¡Lo que faltaba!
AMANDA:	No te pongas así, mi niño, que esto es muy complicado. Yo estoy siendo sincera, nada más, agradécemelo. Oye, que podía no querer estar contigo y sí con otro. Que esto funciona así. El cuerpo es un enigma muy complicado.
BRAULIO:	¡No te digo! Y hasta tienes razón. Una teoría para cada cosa. Y yo, ¿qué? ¿Me jodo a mí mismo? ¿No hay una teoría para mi cuerpecito gentil?
AMANDA:	Paciencia.
BRAULIO:	Claro, paciencia.
AMANDA:	Mucha paciencia.
BRAULIO:	Lo que yo decía, mucha paciencia.
AMANDA:	Muchísima paciencia.
BRAULIO:	Si lo digo yo, toda la paciencia. Y después, ¿qué?
AMANDA:	Esperar a que me pase la tristeza.
BRAULIO:	Que les den por el culo, niña. ¿Quién se acuerda de la tristeza? Si no quieres no quieres, todos felices, que yo te quiero como a una diosa, y a una diosa a adorarla. Y otro día será si es. Era todo una broma.
AMANDA:	Estoy jodida.
BRAULIO:	¿Qué dices?
AMANDA:	Jodida.
BRAULIO:	¿Jodida? ¿Quién te está jodiendo a ti?
AMANDA:	Tú.
BRAULIO:	¿Yo? Pero si yo te quiero, tú me quieres y disfrutamos como enanos y somos felices. Y no pasa nada, así de sencillo. Si hoy no quieres, pues no quieres, oye, que no siempre se tiene el cuerpo a punto, oye, que yo ya ni me acordaba. Tú no te obsesiones. Que insistía porque, claro, comprende, hay que insistir, el macho tiene que insistir, ¿comprendes?

	Si no ¿qué sería yo, verdad? Pero aclarado, ya está aclarado y se acabó. No insistas, si ahora soy yo el que no quiero. Mira, aunque te pongas de rodillas ahora, yo no quiero. Se acabó.
AMANDA:	Hasta adentro. Total.
BRAULIO:	No te entiendo. Si ya te he dicho que por mí nada, que todo resuelto.
AMANDA:	No, si no se trata de hoy, que no entiendes, niño, que estoy ya jodida por ti y sin remedio, para siempre.
BRAULIO:	No me lo habías dicho.
AMANDA:	No lo sabía.
BRAULIO:	Pero no me lo habías dicho. Si llego a saber que andas tan despatarrada, ni siquiera hubiese insistido. Oye, que me pasé.
AMANDA:	Que me traspasaste, dirás. Pero sigues sin entender, es que estoy jodida por haber jodido. ¿Entiendes ahora?
BRAULIO:	Despacio. ¿Dices que estás jodida por haber jodido...?
AMANDA:	Imposible de otra manera.
BRAULIO:	Ya caigo, ahora sí. O sea, ¿que quieres decir que estás embarazada?
AMANDA:	Eso.
BRAULIO:	Déjame que lo piense. ¿O sea, que quieres decir que vas a tener un hijo?
AMANDA:	O una hija.
BRAULIO:	Claro, estaba pensando. Déjame pensar. Yo en algunos momentos de mi vida soy un poco lento, ¿sabes? O sea, que vamos a ser padres...
AMANDA:	Dicen.
BRAULIO:	¡Joder!
AMANDA:	Por haber jodido, ya te lo dije. ¿Vas entendiendo?
BRAULIO:	¿Y por eso me dices que hoy no quieres?
AMANDA:	Digo.
BRAULIO:	¡Haber empezado por ahí, Dios!
AMANDA:	Digo.

BRAULIO:	¡Pero esto es extraordinario!
AMANDA:	¿Tú crees?
BRAULIO:	¿Es que tú no lo crees? ¡Viva! ¡Hurra! Tra, tralará, la lá.
AMANDA:	No seas loco.
BRAULIO:	¿Cómo que loco? De loco nada. Esto hay que festejarlo por lo grande. ¿Donde tenéis la bebida?
AMANDA:	No.
BRAULIO:	Sí.
AMANDA:	¿Qué decimos?
BRAULIO:	Pues qué vamos a decir, ¡que vamos a tener un hijo!
AMANDA:	¿Y si es hija después?
BRAULIO:	Pues decimos después que es hija.
AMANDA:	¿Y que nos hemos equivocado?
BRAULIO:	Pues nos hemos equivocado.
AMANDA:	Nos dirán si somos idiotas.
BRAULIO:	Y nosotros, que sí.
AMANDA:	A mí no me hace gracia que me digan que soy idiota.
BRAULIO:	Nos casamos y a vivir.
AMANDA:	Te recuerdo que ya estamos casados.
BRAULIO:	Es verdad. Cómo pasa el tiempo y uno ni se entera.
AMANDA:	¿Ves cómo no es tan fácil?
BRAULIO:	Efectivamente, si no estuviésemos casados todo se arreglaba casándonos.
AMANDA:	¡Claro, mira qué fácil!
BRAULIO:	No, estando casados no es tan fácil. Nosotros nos casamos para divertirnos, porque nos queríamos y queríamos divertirnos juntos. Y ahora te lo echarán en cara por no saber divertirnos... Y ahora resulta que te has jodido...

AMANDA:	Oye, que quien me jodiste fuiste tú.
BRAULIO:	Perfecto. ¿No lo compartimos todo? A brindar. Vamos a tener un hijo, vamos a tener un hijo, vamos a tener un hijo...
AMANDA:	Yo no quiero tener un hijo.
BRAULIO:	Pues no sé qué remedio puede haber, mi niña.
AMANDA:	Yo quiero abortar.
BRAULIO:	¿Qué dices?
AMANDA:	Que quiero abortar.
BRAULIO:	Déjame pensar. ¿Quieres decir que quieres abortar?
AMANDA:	Eso.
BRAULIO:	¿Estás loca?
AMANDA:	Es mi hijo, y quiero abortar. No lo resisto. No estoy preparada para tener un hijo.
BRAULIO:	¡Pero si eres licenciada, ¿qué más quieres?! ¿Con lo que saben los licenciados vas a decirme ahora que no estás preparada para tener un hijo? ¿Y yo no soy ingeniero? Y si sé construir una máquina, ¿se me va a poner delante un hijo? Y si es necesario lees otro libro. Y ya está. Te compraré libros que expliquen la cosa. Si lo tienes todo, todo, hasta un loco de marido. Hasta un marido que salta de alegría y de orgullo. ¡Viva mi niña y su salero y el salero del salero y la salsa del salero!
AMANDA:	Un loco por marido.
BRAULIO:	¡¡A brindar!!

****

CUADRO 2

El doctor y doña Elvira. Se vuelve a la continuación de la escena en casa del doctor. Ella a medio vestir, por no decir desnuda completa, porque como se vio el doctor ya se había encargado de tal menester, de rodillas encima de la cama. Él echado debajo de un edredón, desnudo. Doña Elvira, púdica, se tapa como puede cuando se da cuenta de que está demasiado descubierta, aunque hermosa, que le agrada. O porque tiene frío.

****

EL DOCTOR: ¿Y...?

DOÑA ELVIRA: ¿No es emocionante?

EL DOCTOR: No sé qué tiene que ver esto con todo lo anterior, ni por qué te ha de preocupar que tu criada esté embarazada.

DOÑA ELVIRA: ¿Pero no viste qué detalle el del buen mozo que salta de alegría?

EL DOCTOR: Bueno, ¿y qué? ¿Y a ti qué?

DOÑA ELVIRA: Pues que me entero de una sola vez que ella está casada y que va a tener un hijo. Si te digo yo que esto del servicio es una perla. Eso sí, oye, se les nota la educación. Y aunque vengan de donde vienen, que sabe Dios si siquiera si vienen de donde vienen, el saber es el saber y da categoría. Eso dígalo quien lo diga. Que se les nota. Ella es sicóloga. ¿Tú sabes qué es eso? Y pensar que hay quien les desprecia, si podían ser nuestros amigos, oye, no creas, se puede hablar con ellos de todo perfectamente.

EL DOCTOR: O has cargado las tintas al contármelo o utilizan un lenguaje un tanto procaz. No me parece que tengan tan buena educación.

DOÑA ELVIRA: Es la juventud. Hoy día la juventud es así. Tú, como no has tenido hijos, no lo sabes. Pero o lo tomas o lo dejas. Pero ellos son así y son así. Además ya sabes que quienes empezamos este rollo del desparpajo hemos sido las madres del mayo francés, así que tampoco es para tanto. Palabra más que palabra menos, no tiene importancia. Esta juventud tampoco ha inventado nada, ya está todo inventado. ¿No fuimos acaso las madres del mayo francés las que empezamos a tener queridos? Hasta entonces nunca se había oído hablar de queridos, todo eran queridas. Putas y entretenidas. Queridas y queridas. Pero nos hemos liberado. Pues todo así.

EL DOCTOR: Algo ha cambiado y para mal.

DOÑA ELVIRA: Glorioso mayo del 68. ¡Viva el 68!

EL DOCTOR: Oye, acabemos, que te digo que no nos interesan ahora las cuestiones de tu criada, y si tiene o no tiene marido, o si tiene o no tiene educación y si está o no está embarazada, ¿eh? Porque tú te lanzas y para que te preste, hasta mañana, hablando y hablando... y que no te me metes en la cama.

DOÑA ELVIRA: ¡Ay, chico, cómo eres! No dejas a una ni respirar. ¿No me acabas de decir que vas a escribir una novela? Pues tendrás que saberlo todo, ¿no? Y habrá que ambientarlo bien, ¿no? Además así, mira, desahogo y después ya soy toda tuya, ¿entiendes? Para que hagas conmigo lo que quieras, lo que te apetezca, todo mi cuerpo tuyo, lo que te haga feliz.

EL DOCTOR: Feliz, feliz, a mí me hace feliz que te decidas de una vez a meterte en la cama, que llevamos de esta manera media hora.

DOÑA ELVIRA: Y yo cogiendo frío medio desnuda por contártelo para que lo sepas todo, para que lo escribas todo y así me lo pagas. Y que yo coja frío no te preocupa. Si es lo que yo digo, que lo que me pasa a mí no le pasa a nadie. Yo sacrificándome por ti y tú riñéndome.

EL DOCTOR: Por Dios, querida, que no. Pero, mira, no me cuentes más y ven, ¿eh? Si es que además vas a coger frío realmente.

DOÑA ELVIRA: Eso lo dije yo. Tú y tu medicina. Tú también eres un poco obseso sexual, me parece a mí, digo, como el marido de la criada, que se ven en casa y se acuestan en casa y no decían nada.

EL DOCTOR: ¿Estas cosas hay que decirlas? Se hacen y punto. Lo demás es morboso, querida. Ven.

****

ESCENA 3

CUADRO 1

Don Álvaro y doña Elvira. Nuevos trozos de aquella tarde en el salón comedor donde don Álvaro se ha desmayado. Al despertar del desmayo.

****

DON ÁLVARO: ¿Te has calmado?

DOÑA ELVIRA: Yo siempre estoy calmada. Y tú, ¿te has vuelto?

DON ÁLVARO: ¿Vuelto?

DOÑA ELVIRA: Sí, vuelto de tu viaje a las nubes.

DON ÁLVARO: Sin guasas, digo, querida. Las bromas a su debido tiempo. Es necesario que mantengamos siempre la calma y el orden en nuestras ideas y expresiones. Como daba la sensación, no digo que sea cierto, que tus nervios podían traicionarte, he creído conveniente una pausa, por eso me he desmayado.

DOÑA ELVIRA: ¿Pero de verdad que te has vuelto bien?

DON ÁLVARO: ¡Basta! Guarda tu orden y no empecemos, que el problema que debemos discutir es el de nuestra hija.

DOÑA ELVIRA: Bien dices, amado esposo.

DON ÁLVARO: En resumen, que fue violada y está embarazada.

DOÑA ELVIRA: Algo así.

DON ÁLVARO: Algo así, no. O es o no es. Las cosas son o no son. Digo: no empecemos. Dialoguemos con lógica.

DOÑA ELVIRA: Ya empiezas tú y tu cabeza cuadrada y estás diciendo que no empecemos. Ya te tengo dicho que las cosas son como son o no son como son, pero que depende. Todo depende. Y el médico, ginecólogo, no creas, y que sabía por lo que se ve de psicología también, aunque sea extraño, porque esos señores estudian mucho, dijo que estaba embarazada y que era tonta.

DON ÁLVARO: Tendrá que abortar. Es claro. Decidido. Le dices a tu hija que debe abortar y a abortar cuanto antes. Problema resuelto.

DOÑA ELVIRA: ¡Estás loco!

DON ÁLVARO:	No sé por qué te expresas de esa manera, querida esposa.
DOÑA ELVIRA:	Que se lo diga yo. ¿Y por qué no se lo dices tú?
DON ÁLVARO:	Es tu hija.
DOÑA ELVIRA:	Y tuya.
DON ÁLVARO:	No sé si tendré que dudarlo después de que sé lo que sé.
DOÑA ELVIRA:	No empieces tú ahora. Lo dicho dicho está. Pero es que tú te lo crees todo, hijo, y por la vida no se puede ir así, creyéndolo todo a lo loco.
DON ÁLVARO:	Yo siempre he creído lo que tú me dices, porque eres mi esposa. Y proclamo, como siempre lo he proclamado, lo manifieste poco o mucho, que yo adoro en ti.
DOÑA ELVIRA:	Pues desde ahora, oigas lo que oigas, no creas todo lo que oigas, ¿entendido? Además, me lo enseñaste tú. Primero, las cosas hay que creerlas, lo que no se cree no existe, ¿estamos de acuerdo? Segundo, las cosas hay que probarlas, hacen falta datos y documentos, no basta con que se crean, en la vida hay que probar lo que se cree. Así, pues, tú no te lo crees y se acabó. Además no tienes pruebas. Pero aunque tuvieses pruebas, como no te lo crees, no te lo crees y no existe. He dicho. Supón que fue una broma.
DON ÁLVARO:	Un poco pesada.
DOÑA ELVIRA:	Yo soy así, esposo querido, imprevisible.
DON ÁLVARO:	No sé. Porque la cuestión es muy sencilla: tú nunca me has dicho una mentira y me dices ahora que te acostabas con otros, luego yo me creo que he sido y soy un perfecto cornudo.
DOÑA ELVIRA:	Tú siempre a los extremos y después crees lo que te conviene, ese es tu gran defecto y ya ves que nunca te lo reprocho. Ahora te conviene zafarte del tema y dices que crees que eres cornudo y te desmayas. Y estamos hablando de hechos que tú mismo supones lejísimos, antiquísimos, veinte años, ¿quién se acuerda de lo que pasó hace veinte años? Vengamos a la realidad. Ahora dices que a abortar y todo el mundo a abortar y se acabó. Como si abortar fuese tan fácil. Como si una madre pudiese coger a su hija, carne de su carne, ¿entiendes?, sangre de su sangre, y decirle: "Anda, hija, a abortar, destrúyete a ti misma", como quien dice "córtate la uña" o "vamos a pasear o a tomar el té". Una lleva en sus entrañas la vida y tú, ¡hala!, como cualquier cosa, ordeno y mando y que se haga. ¡Como si la vida no fuese un misterio!
DON ÁLVARO:	Como cualquier cosa, ¡no!, como un aborto. ¿O es que hay que hacer una tragedia para abortar? ¿Y dónde está el misterio? Eso sería nuevo para mí, mira por donde siempre se aprende algo en esta vida. Resulta

que ahora han vuelto los fantasmas. Abortar, querida esposa, es un hecho natural y por demás normal y cotidiano.

DOÑA ELVIRA: ¡Qué poca sensibilidad tenéis los hombres! ¿Te han preocupado alguna vez los mosquitos?

DON ÁLVARO: ¿Los mosquitos? ¿Por qué?

DOÑA ELVIRA: Pues a tu hija la están picando los mosquitos. Y no son fantasmas. Y tú ni te enteras.

DON ÁLVARO: Pues a un mosquito se le aplasta y punto.

DOÑA ELVIRA: Unos mosquitos sacan ronchas. Otros mosquitos sacan ronchas de ronchas. Y la roncha de tu hija, ya te contaré. ¿Ves cómo tú y yo no nos podemos entender? Hablamos otro idioma, te falta poesía.

DON ÁLVARO: Por Dios, esposa amada, hablemos de nuestra hija. Tú le propones abortar, que eres su madre y de esas cosas es mejor que hable una madre, ¿estarás conmigo? Ella te escogió para su confidencia, y después abortáis y no se hable más. Yo, si queréis, porque os da reparo, no me doy siquiera por enterado.

DOÑA ELVIRA: Yo no quise abortar, y por eso me casé contigo. Y si no quise abortar, comprenderás que ahora no voy a decirle a mi hija que aborte.

DON ÁLVARO: Pues la jodes bien, porque no hay otra solución.

DOÑA ELVIRA: Me jodiste tú a mí, que me violaste, so cabrón, que si yo hubiese sabido lo que sé ahora, en buena me vas a coger.

DON ÁLVARO: ¡Habla bien, esposa!

DOÑA ELVIRA: Habla tú bien, que fuiste tú el que empezaste a utilizar un léxico al que no estoy acostumbrada.

DON ÁLVARO: Perdón, esposa, si sin querer he pronunciado alguna palabra fuera de tono.

DOÑA ELVIRA: Perdonado.

DON ÁLVARO: Yo me refiero al aborto que pariste. Que yo creía que no sabías parir, pero por lo que veo no supiste ni abortar.

DOÑA ELVIRA: Yo no he abortado.

DON ÁLVARO: Eso es lo que digo, hasta para abortar hay que saber abortar. Y tu inteligencia no da para tanta ciencia. Pregunta a quien quieras si no tienes confianza en los conocimientos de tu marido y te dirá que, si has parido un aborto, has abortado. Pues esto es lo que a ti te ha ocurrido.

DOÑA ELVIRA: Y yo me refiero a que me violaste.

DON ÁLVARO: No exageremos, todo con pausa, no sería para tanto, que bien que me pedías más caña, como se dice vulgarmente, si no ofendo tus oídos.

DOÑA ELVIRA: ¡Habrase visto qué desfachatez! ¡Respeta al menos a una madre, a la madre de tu hija! Yo no soy una masoquista para querer o no querer caña. Yo te quería a ti, que para eso me engatusaste con mentiras: que no podías vivir sin mí y todas esas canalladas que utilizáis los hombres. Y si mi hija aborta, yo tengo que llorar, ¿entiendes? Es lo que me corresponde como buena madre y madre de principios que siempre he sido. Y lloraré. Por Dios que lloraré.

DON ÁLVARO: ¿Que te decía yo qué? Que te amaba y era cierto, era lo único que te podía decir. Alguna palabra de más siempre se dice en esos momentos de pasión, mujer, eso se comprende y no se tiene en cuenta. De alguna manera hay que llegar a lo que se llega.

DOÑA ELVIRA: Y tanto que era tanto lo que decías, y que se llega a lo que se llega. ¿O crees que una es de hierro y puede estar un día y otro día que si la besuqueo, que si la acaricio, que si le meto un poco de mano...? Y así un día y otro día, y declaraciones de amor, y una soporta que soporta. ¡Vamos, que si no te hubieses decidido tenías ya los días contados! Hay hombres por ahí que saben tratar a las mujeres mejor que tú, que eres un capullo, y que sin tanto dengue y tanta poesía van a lo que tienen que ir, como Dios manda, por directo. Eso es lo que me gusta realmente a mí.

DON ÁLVARO: Yo te respeto, siempre te he respetado y me duele y ofende que me digas y que me insultes diciendo que te violé, cuando fue de mutuo acuerdo y en contra de mis principios y porque tú me lo pedías, que me lo exigías, y que yo soy incapaz de negarme a nada que tú desees. Lo sabes, es cierto, como acabas de decir. ¿No sería que me sedujiste como estoy sospechando porque querías un padre para un hijo, que era hija, y tonta encima?

DOÑA ELVIRA: Yo no sabía entonces que iba a ser tonta, pero mira por donde no conocía yo tu faceta de machista y de celoso. Pero volvamos al orden, como tú dices, total ya te dije lo que quería decirte. Y hablemos de nuestra hija.

DON ÁLVARO: Ya lo he dicho, debe abortar.

DOÑA ELVIRA: Siempre te tuve por un poco memo, bueno, por eso me casé contigo, no me quejo; pero veo que cuando llegan los problemas eres peor aún de lo que aparentas. ¡Ay, Dios, por qué me has dado este espantapájaros por marido! Y ahora empieza a preocuparte de tu hija, que nos la violan, tú no te enteras, que tengo que decírtelo yo todo, ¡vaya padre de familia!, y ante la magnitud del problema sólo se te ocurre preguntar por lo que dijo el médico o decir que hay que abortar.

Lo que debes pensar es cómo llevamos a ese energúmeno, sátiro o lo que sea, sea quien sea, que se ha atrevido con nuestra hija, a la cárcel o al altar. Cárcel o altar, digo, que dependerá de lo que nos interese. Te toca investigar, lo primero es saber quién es quien. Ella es tonta, es una menor, y debemos pensar por ella.

DON ÁLVARO: No me gusta. ¿No hay otras alternativas?

DOÑA ELVIRA: Como haber haylas, que se case con otro de los que tenga por ahí rondándole, como hice yo.

DON ÁLVARO: Tampoco me gusta. Son otros tiempos. Y me trae malos recuerdos.

DOÑA ELVIRA: De acuerdo. Aunque la idea es la idea, no se te olvide. Y viable es viable, te lo digo yo, que cambian los tiempos y las costumbres, pero la historia se repite que es un primor.

DON ÁLVARO: No me calientes la cabeza, esposa estimada. Como broma ya estuvo bien, aunque es un poco pesada, y como verdad, ya me dirás; en otro momento tendremos a bien clarificar y pulir esos extremos. Sigamos. Sigamos con nuestro problema. Ya que no quieres que aborte, pregunto: ¿a los veinte años se es menor?

DOÑA ELVIRA: ¡¡A los veinte años se es boba!!

DON ÁLVARO: Y ¿qué?

DOÑA ELVIRA: Luego es menor.

DON ÁLVARO: Hombre, mujer, tonta o boba, es tonta y lo sabemos tú y yo; pero ¿no crees que es mucho exagerar querer hacerla pasar por tonta delante de un juez? ¿Así como así tonta de remate, y sólo porque tenga veinte años? ¡Si fue a un buen colegio y aprobaba!

DOÑA ELVIRA: ¡Pues figúrate tú qué colegio sería! Por eso nos salió boba, que de nacimiento no lo era, te lo garantizo, que yo hago las cosas bien. Pero fuiste tú que te empeñaste en que fuese a un colegio de mucho ringo rango, y ahí lo tienes, que esta es otra que te tengo guardada y a su debido tiempo también se discutirá. He dicho.

DON ÁLVARO: Pues tendrá que abortar. No veo solución. Niña tonta de madre tonta no puede tener hijos, eso está claro.

DOÑA ELVIRA: ¿Me estás llamando tonta?

DON ÁLVARO: Atolondrada, por ejemplo.

DOÑA ELVIRA: ¡¡No te lo consiento!!

DON ÁLVARO: Tú verás; pero tú te lo dices todo. Dices que te violé, bueno, vale, aceptemos que te violé. Dices que para tener a ese engendro tuyo te casaste conmigo, o sea, que me engañaste, porque con violación o sin violación ese engendro no era engendro mío, pues aceptemos que no es engendro mío. Pues ahora me explicarás si lo tienes a bien cómo ha salido ese aborto de mujer que dices ser hija tuya. Porque es evidente que yo soy lo suficientemente perfecto para no engendrar tal adefesio.

DOÑA ELVIRA: Pues es bien guapa, no sé qué tendrás que decir de tu hija.

DON ÁLVARO: Total que no abortaste y sin embargo pares un aborto. Ya te lo dije, esto es lo que se llama una contradicción, una paradoja. Tú dirás, esposa mía, porque me excede.

DOÑA ELVIRA: Salvo que tu hija es bien hermosa, y te lo repito, porque para algo es hija mía, y no consiento que se hable mal de mi hija, digo que empiezo a estar conforme con lo que dices. Las concurrencias que hay en el caso parece que te dan la razón y que no hay otra salida digna y humana.

DON ÁLVARO: Pues dime tú a mí lo que yo te dije que te pareciese bien, porque yo no me he enterado.

DOÑA ELVIRA: No interrumpas. Puede ser razonable, no se hable más. Yo me equivoqué y me equivoqué, reconocido; pero nuestra hija que no se equivoque, que no busque marido, que no obligue al infeliz que la desgració, puede que tampoco merezca la cárcel. Así, pues, acepto que aborte, sí, esposo, no se hable más, que nuestra hija aborte.

DON ÁLVARO: ¡Al fin, Dios, qué martirio! Por una vez te convences.

DOÑA ELVIRA: Ahora bien, digo, tendremos que ser legales. Porque yo por lo legal. Dime bajo qué supuesto quieres que aborte, porque en esta casa las cosas se hacen legales o no se hacen, ¿entendido?

DON ÁLVARO: Hombre, mujer, por supuesto, yo siempre he sido legal, yendo con la razón no creo que pongan pegas. Los que mandan, aunque mandan, también discurren. Claro que un poco de burocracia siempre tiene que haberla, ¿no comprendes? Eso son problemas menores.

DOÑA ELVIRA: O no tan menores. Fíjate que entre papeles y papeles pase el tiempo y cuando tengamos el permiso para abortar ya ande el crío corriendo por la calle. Menudo papelón que hacemos. Igual dicen, entonces, que es un infanticidio y nos la cargamos.

DON ÁLVARO: No exageremos. Más allá de ser un mamoncete no pasará, oye, que el tiempo da para mucho. Y enano más que menos, no van a decir nada.

DOÑA ELVIRA: Sí, sí, con lo aprisa con que crecen los críos y lo burros que son los jueces, que se les mete una cosa en la cabeza y atraviesan esa pared para encarcelar al que se tercie, investiga que investiga, como si no hubiese otras cosas que hacer en la vida.

DON ÁLVARO:	De acuerdo, de acuerdo, a mí también me da no sé qué descuajeringar un crío, un carajillete, vamos. Pero no hace falta, mujer, es más sencillo, por lo legal podríais ir a Londres. En Londres dicen que funciona todo muy bien y que no hay burocracia. Los ingleses son los ingleses, y a quitarse el sombrero. Allí creo que desde la revolución no hay burocracia.
DOÑA ELVIRA:	¿Ves? Otra vez de acuerdo.
DON ÁLVARO:	Pues a abortar. Y cuanto antes mejor, más pequeñito que es el enano. Y todo más fácil.
DOÑA ELVIRA:	¿Habrá que esperar un poco? ¿No? Digo a que crezca, porque si no cómo lo van a encontrar, ya sabes, digo, un microbio no se ve. Y ese crío ahora es un microbio todavía, seguro. Y no le van a meter un microscopio por ciertas partes, digo yo. Es que lo tuyo es imposible, que la violación fue ayer como quien dice y habrá que dar tiempo al tiempo.
DON ÁLVARO:	No te preocupes, que en Londres, en toda Europa, menos en España, claro, claro que a saber si somos Europa, que yo no lo tengo nada claro, te digo que tienen aparatos que funcionan a distancia, una maravilla, ni te enteras, como un cazador a una perdiz, ¿entiendes?, pero sin desperdiciar perdigón. Los ojean a la primera, con rayos láser dicen, que no tienen manera de escaparse los microbios aunque sean microbios, así que figúrate la escabechina con animalitos un poco mayores. Coser y cantar. Los enfocan, apuntan y, ¡zas!, microbio despachurrado.
DOÑA ELVIRA:	¿Y yo cuando lloro, entonces, si no nos enteramos?
DON ÁLVARO:	No hay que llorar para nada. No hace falta. El método es infalible, indoloro e incoloro. Con un par de días en Londres es suficiente. Con decirte que se tarda más en el viaje que en la clínica. Si la clínica estuviese más cerca del aeropuerto volvíais en el día.
DOÑA ELVIRA:	¿Sin comprar nada en los grandes almacenes? ¿Eres tú ahora el que está de broma? Pues déjate de bromas. ¿Habrá que pedir hora?
DON ÁLVARO:	Por supuesto, esposa, tenéis que pedir hora. Y podréis comprar un peluche que dicen que acompaña mucho a las presuntas madres cuando pierden un hijo y no lo encuentran.
DOÑA ELVIRA:	¡¡Idiota, ¿al peluche o al niño?!!

****

CUADRO 2

Doña Elvira y el doctor. En la cama, se entiende que todavía siguen en la cama y en posturas y situación similares, ya que es la continuación de una larga tarde entretenida. El tiempo, pues, no ha pasado, que es la continuación exacta del diálogo anterior.

****

EL DOCTOR: Muy razonable. Sí, señora, tienes un marido muy razonable.

DOÑA ELVIRA: ¿Tú crees?

EL DOCTOR: O sea, que al fin confesaste todo de todo. Pero lo tomó a bien, como debe ser, todo un señor.

DOÑA ELVIRA: Estupendamente, como si lo supiese de siempre. Mi marido vale lo que pesa.

EL DOCTOR: ¡Genial! ¡¡Genial!! Eres una gran narradora, querida, sólo tengo que transcribir lo que has contado y ya tengo mi novela. Pero hubiese pagado por haberlo visto por el ojo de una cerradura, lograría expresar mejor el ambiente. No te perdono que no me hayas avisado. Tendría mil pretextos para estar en tu casa.

DOÑA ELVIRA: Fue un repente. Y he venido en cuanto he podido; pero esas cosas no se preparan, digo.

EL DOCTOR: Pero tú sabías lo de tu hija.

DOÑA ELVIRA: Todo fue muy rápido. Esta mañana. Toda esta mañana para amargarme el fin de semana. Estás raro. ¿Tú crees en realidad que es tonta?

EL DOCTOR: Estoy serio.

DOÑA ELVIRA: ¿Cansado?

EL DOCTOR: No, cansado no.

DOÑA ELVIRA: ¿Me permites que utilice una palabra fea? ¿No será que estás agotado de tanto joder? ¡¡Llevamos tres horas sin parar, querido!! ¿Es que nunca te sacias?

EL DOCTOR: Yo no quiero que aborte mi hija.

DOÑA ELVIRA: ¡¡¿Pero qué dices?!!

EL DOCTOR: No hay peros que valgan, he dicho que no quiero que aborte. Será nieto mío lo que salga de esas entrañas y punto. Y quiero que salga.

¿Es que no comprendes que es parte de mi vida?

DOÑA ELVIRA: Sin exagerar, que por muy médico que seas, ese feto de monstruo no tiene ni tres días y ni ver ni oler ni sentir ni nada. Ni está en tu vida ni cosa que se le parezca. A ver si va a resultar más progresista mi marido que tú.

EL DOCTOR: ¿Por qué has traído a mi hija a reconocimiento? ¡Yo no puedo ahora decir que no! Ya son ambos parte de mí. Yo quiero ese ser.

DOÑA ELVIRA: Pero, bueno, ¿qué hago yo aquí con tanta cursilada? Yo quería que me dieses consejo, vengo a ti corriendo y compungida, me entrego a ti, porque sé que tú me deseas, pero por dentro sólo hago que sufrir y sufrir mientras tú disfrutas y disfrutas, y no sólo no tienes ni una palabra amable para mis desdichas, sino que, como un buen macho, impartes órdenes y agravas mi dolor. Y con cursiladas y tonterías dices que mi hija no aborte. ¡Claro que aborta mi hija!

EL DOCTOR: Querida mía, no has dejado de hablar en todo momento. Tanto hablaste que ni te diste cuenta de que no has dejado de hablar en ningún momento. Yo aquí escuchándote, tú ahí hablando y cogiendo frío.

DOÑA ELVIRA: ¿En serio que no hemos hecho otra cosa que hablar?

EL DOCTOR: Tú no has dejado de hablar.

DOÑA ELVIRA: Para que veas cuánto es mi sufrimiento que ni me entero de lo que hago. Claro que ya me parecía a mí extraño que tú aguantases tanto. ¡Ay, Dios mío, qué difícil lo has puesto a las mujeres! ¿Y qué hago yo ahora teniendo que marchar a casa sin quedar saciada? ¡¡Y cuando más te necesitaba!!

EL DOCTOR: Yo estoy dispuesto a quedarme con el niño.

DOÑA ELVIRA: ¡¡Con el monstruo!!

EL DOCTOR: Con el niño, querida.

DOÑA ELVIRA: ¡Con el monstruo!

EL DOCTOR: No se hable más, nace y me quedo con él. Y no te preocupes, que no será tan deforme.

DOÑA ELVIRA: ¡Es lo que faltaba! Y encima tendré yo la culpa. Que ya ni madres nos dejan ser y tenemos que abortar según quieran o no quieran los hombres.

EL DOCTOR: Ahora ven conmigo.

DOÑA ELVIRA: No tengo tiempo, si es que se te ha ido el tiempo en tonterías. ¡A quién se le ocurre pensar en escribir una novela! Tengo que volver a casa, que tengo mis obligaciones.

EL DOCTOR: Aún hay tiempo, conmigo...

DOÑA ELVIRA: Por favor, deja la novela en paz, no me pidas que te cuente cosas, ya te lo contaré otro día. Ahora acaríciame medio minuto. Medio minuto de despedida nada más. Acaríciame, poséeme, amor...

****

CUADRO 3

          Doña Elvira y Amanda. En el gabinete.

          ****

AMANDA: Señora, ¿me permite la señora?

DOÑA ELVIRA: Sí, hija, pasa; pero, ¿qué te pasa, querida?

AMANDA: Señora, ayúdeme.

DOÑA ELVIRA: Calma, hija, calma, y siéntate.

AMANDA: Me tiene que perdonar la señora que haya oído lo que he oído, ya sabe, pero ustedes hablaban a veces un poco alto. ¿Me perdonará? Oí lo que decían.

DOÑA ELVIRA: Escuchar detrás de las puertas es muy feo. Pero se olvida y ya está. Quedas perdonada y no te preocupes.

AMANDA: Gracias, señora.

DOÑA ELVIRA: Y ahora ¿qué me quieres decir? Dime, ¿quién te quiere hacer daño?

AMANDA: ¿Cómo lo sabe la señora?

DOÑA ELVIRA: Es que las criadas también dais voces.

AMANDA: ¡¡Señora!!

DOÑA ELVIRA: Las señoras debemos saber lo que ocurre en nuestras casas, Amanda, no lo olvides.

AMANDA: Mi marido, señora, mi marido.

DOÑA ELVIRA: ¿Ese donjuán que viene a verte es tu marido?

AMANDA: Si, señora.

DOÑA ELVIRA: Acabáramos. Pues podías haberlo dicho antes. Porque habéis estado dando ejemplo de malas costumbres, encerrados horas y horas en vuestro cuarto. Eso en mi casa no me gusta.

AMANDA: Sí, ya sé que la señora para sus aventuras se va fuera de casa. Es la costumbre. Pero es que nosotros no tenemos otra casa, nos tiene que perdonar.

DOÑA ELVIRA: Perdonada, perdonada, que todas sabemos lo que es una necesidad. Y cuéntame de una vez lo que te pasa.

AMANDA:	Que quiero abortar, señora, y él no me deja.
DOÑA ELVIRA:	¡¿Abortar?!
AMANDA:	Abortar, señora. Yo lo he oído, ¿entiende?, que ustedes están a favor del aborto y por eso me atrevo a decírselo. Yo quisiera abortar también.
DOÑA ELVIRA:	Mal hecho. Mal hecho. Se debe abortar siempre o casi siempre, es cierto. ¿Sabes lo mal que lo estoy pasando por no haber abortado a mi debido tiempo? Ya te contaré. ¿Pero me acabas de decir que estás casada?
AMANDA:	Sí, señora.
DOÑA ELVIRA:	Pero las mujeres casadas no deben abortar.
AMANDA:	¿Usted cree? Por Dios, doña Elvira, señora, ayúdeme, que aunque algunas estemos casadas también queremos abortar. Yo quiero abortar.
DOÑA ELVIRA:	Algo sé de eso, sí. Te contaré. Puede que te lo cuente un día, que tú me caes bien y te tengo confianza.
AMANDA:	Sí, si ya sé que no quiso abortar, fue usted muy valiente.
DOÑA ELVIRA:	No; sí aborté, chiquilla. ¿No ves que mi hija, eso que pasa por mi hija, es un aborto? Me lo ha dicho mi marido que cuando nace un aborto es que se ha abortado. La vida también es dura para los que somos ricos, no creas. No nos tengas envidia. Además, y para que lo sepas todo, yo he abortado de casada, el aborto normal, ¿entiendes? Lo que el vulgo entiende por abortar. Cuando no aborté, que sí aborté a lo que parece, fue de soltera, ¿entiendes? Total, que mi vida es un puro y continuo aborto. Si yo te contara, Amanda querida, yo he tenido tres abortos en mi vida. ¡Con las ganas que yo tenía de tener la parejita! Pero, fíjate, siempre me fui a quedar embarazada cuando mi marido no estaba en casa. Viajaba mucho. Y además, entre tú y yo, no se le daba bien, ¿entiendes? Hubiese sido un milagro, ¿me entiendes?

****

CUADRO 4

De nuevo en casa del doctor. Sigue la escena de la cama. Ella a horcajadas encima de él.

****

EL DOCTOR: ¿Que abortaste tres veces? Nunca me habías dicho tal cosa.

DOÑA ELVIRA: Pues ya ves. La vida.

EL DOCTOR: ¿Y abortaste, entonces, un hijo mío? ¿Y fuiste a otro médico?

DOÑA ELVIRA: Que no, querido, que no, que yo no podía decirte a ti que estaba embarazada, ¿comprendes? ¿Es que los hombres nunca queréis comprender nada? ¿Y qué quieres, que engañase a mi marido otra vez? Era imposible convencer a mi marido que estaba embarazada cuando hacía cuatro meses que no rascábamos bola juntos, ¿entiendes? Que la bolita me la rascabas tú solito, amor.

EL DOCTOR: ¡Entiendo demasiado bien que tú también me la dabas a mí con pan y queso!

DOÑA ELVIRA: ¡Pero si fuiste tú quien me ayudaste a abortar!

EL DOCTOR: ¿Que yo te ayudé a abortar?

DOÑA ELVIRA: Dirás que no. Los hombres sois imposibles, ¿eh? Todo lo negáis. Se os coge in fraganti y como si nada, todo lo negáis. La evidencia misma que negáis. Seguro que si tu mujer te pregunta si te acuestas conmigo lo niegas.

EL DOCTOR: ¡Pero si estoy soltero, Elvira...! Me lo contarás todo ahora...

DOÑA ELVIRA: Pues eso, déjame seguir y no te pongas así, porque así ni yo te cuento nada que te sirva para la novela ni tú avanzas en el trámite, que hoy estas demasiado lento, querido, que no. Que a mí se me acaba el hablar. Y te digo que no tuve otro remedio que decirle a Amanda lo que le dije. Yo soy valiente, tenía que abortar y aborté. Y lo siento. Pero ella no tiene que abortar para nada y no va a abortar si no pasa por encima de mi cadáver, porque eso es una cochinada. Y si no saben ser criadas que no lo sean, ¿comprendes? Hay que respetar las casas ajenas. Y la decencia pública. Pero, doctorcito mío, por favor, haz algo... que yo me agoto...

****

CUADRO 5

Sigue la conversación entre Amanda y doña Elvira.

****

AMANDA: Me tiene que ayudar, señora.

DOÑA ELVIRA: De ninguna manera. No me gusta que abortes estando casada, ya te lo he dicho. Le dices a tu marido que tenga más cuidado otra vez. Iba a decir una burrada, pero no la digo. Estaba pensando que si tu marido no quiere tener cuidado, que vaya por ahí con otras. Reconozco que me pasé. Pero, mira, después que tengas el niño, ¿por qué no haces un remendado de esos por ahí dentro y así se os acaba el problema? Porque, claro, tener un hijo, como lo vais a tener vosotros, como quien dice en la calle, la verdad yo reconozco que la cruz es muy dura y que un ser inocente no se merece eso. Yo misma no sé si lo resistiría, ya ves, ser madre en esas condiciones. Pero hay que ser valiente.

AMANDA: Mi marido no quiere que aborte. Soy yo la que quiero abortar. Y diga usted lo que diga, voy a abortar. Y le pido ayuda como un favor.

DOÑA ELVIRA: ¿Me dices que estás en estado? ¿Embarazada?

AMANDA: Sí, señora. Si no, ¿por qué iba a querer abortar?

DOÑA ELVIRA: Tienes razón. Tu marido tiene culpa pero a ti, si no querías tener un hijo, ¿quién te mandó divertirte, eh? Es que vosotras todo lo queréis. Las cosas hay que hacerlas con la razón. Y existen métodos para no caer en estado, ¿no lo sabes? Tan listas que sois ahora para unas cosas y para otras nada de nada.

AMANDA: Es que me quiere mucho mi marido, señora, usted no se figura. No se le puede resistir una. Es mucho marido mi marido.

DOÑA ELVIRA: Es igual. Cuando no se puede no se puede. Y ahora a abortar, claro, como si tal cosa. Porque mi caso fue distinto, ¿comprendes? No creo que comprendas, yo tenía un querido, ¿comprendes ahora? Un querido que no era mi querido, ¿comprendes? Y, claro, tenía que abortar. Pero decir que el marido es mucho marido. Y mi marido también es mucho marido, ¿qué creías? (...) Y el dinero que lo ponga yo, ¿no? ¿Eso es lo que quieres? ¡Si yo pudiera decir lo que pienso...!

AMANDA: No, no, el dinero lo tengo yo, señora. Yo lo que quiero es que me defienda, ¿entiende?, que me ampare, porque mi marido, si aborto, me mata. Y si me mata, pues también hay aborto, ¿entiende?, y no se adelanta nada y yo me muero. No sé qué hacer.

DOÑA ELVIRA: Será un crimen.

AMANDA:	Sí señora.
DOÑA ELVIRA:	Entonces ya entiendo, tú pretendes que yo meta en la cárcel a tu marido cuando te mate y que después te cuide el niño para que tu marido o lo que sea no se entere de que no has abortado, ¿no es eso?
AMANDA:	No, señora, yo soy la que quiero abortar. Es él el que no quiere que aborte, porque dice que siempre tuvo ilusión de tener un hijo. ¡Como si yo no tuviese también esa ilusión! Dice que es lo más grande que hay en esta vida. Y yo lo creo, señora, lo creo; pero no quiero tener un hijo ahora, me da miedo, señora, no quiero. Estoy asustada.
DOÑA ELVIRA:	¡Pero serás burra, hija mía, querer abortar teniendo marido y marido que lo aguante y lo cuide!
AMANDA:	No tenemos dinero, no tenemos casa, señora, ya ve cómo ha sido engendrado, a escondidas, mi hijo será un paria en la calle. Yo quiero que mi hijo sepa en qué habitación ha sido engendrado, en qué habitación ha nacido, que pasee orgulloso diciendo que es fruto de sus padres que quisieron fuese perfecto. Aunque no lo sea, que ya sé que nadie puede ser perfecto. Pero yo no puedo ofrecer eso a mi hijo, ni otra cosa, ni nada. ¡¡Y yo no quiero que nadie de mi misma sangre, nadie que sea parte de mí, sea testigo de mi derrota, señora!! Yo quiero abortar, por Dios, así de sencillo. Yo quiero tener hijos y los tendré, créame, pero no ahora, por favor...

****

JORNADA SEGUNDA

ESCENA 1

CUADRO 1

Al día siguiente. En el salón comedor. Doña Elvira y Elvirita. Después Amanda.

****

DOÑA ELVIRA: Que dice tu padre que debes abortar.

ELVIRITA: ¿Abortar? ¿Qué es eso?

DOÑA ELVIRA: Ya oíste al médico.

ELVIRITA: ¿El médico? El médico no dijo nada.

DOÑA ELVIRA: El médico dijo que eras tonta.

ELVIRITA: El tonto será él. Qué más quisiera el gato que lamer el plato. ¿O crees que no me di cuenta?

DOÑA ELVIRA: ¿Cuenta de qué? No hables así de un señor respetable que podría ser tu padre. Y además me lo dijo a mí, no te lo dijo a ti.

ELVIRITA: Pues si yo soy la interesada debía decírmelo a mí, ¿no te parece?

DOÑA ELVIRA: ¡Hija! ¡Hija! ¿Cómo a un tonto se le puede decir que es tonto?

ELVIRITA: Eso lo tendrás que decir tú, que a lo mejor soy tonta por haber nacido de tus aventuras con mongoles y sifilíticos, que no tengo yo muy claro que ese señor con quien te casaste sea mi padre. Porque, ¿qué quisiste decir con que ese señor podía ser mi padre?

DOÑA ELVIRA: Es una frase hecha, hija. Indica su edad y su respetabilidad.

ELVIRITA: Eres su amante.

DOÑA ELVIRA: Esa es otra cuestión, hija. ¡Y no hables así a tu madre!

ELVIRITA: ¡Pues, madre, no mientas así a tu hija!

DOÑA ELVIRA: No, no soy su amante. Es él el que es mi amante.

ELVIRITA: ¿Lo ves? Lo sabía.

DOÑA ELVIRA: ¡¡Hija, por Dios, que no es lo mismo!! ¡Cómo va a ser lo mismo que yo tenga un amante, asunto al que tengo todo el derecho del mundo mientras no se demuestre lo contrario, lo mismo que un señor desconocido y ajeno posea un objeto y ese objeto sea yo! ¡Esas cosas deberías aprender! Pero, hija, ¿qué os pasa a todos de repente? Tu padre que duda de ser tu padre, mi hija que duda de quién es hija, mi amante que quiere ser tu padre. Pero, ¿adónde vamos a parar? ¿Qué pecado he cometido yo para esto?

ELVIRITA: Y no te me desmayes otra vez, ¿eh?, que estoy aprendiendo mucho últimamente. O sea, que tu querido doctor quiere ser mi padre. ¿Y lo es?

DOÑA ELVIRA: ¡¡¡Hija!!!

ELVIRITA: ¡Madre! Y que se me desmaya es un hecho. ¡¡No te me desmayes, ¿oyes?!!

DOÑA ELVIRA: No te preocupes que no me desmayo. Joder, además de tonta, respondona.

ELVIRITA: Madre, que te he oído. Has dicho una grosería.

DOÑA ELVIRA: ¿Yo una grosería? Ya ves, ni yo misma sé lo que me digo. ¡A qué hemos llegado, Dios mío, a decir yo palabras malsonantes! Bien. No se discute, se aborta y punto. Es decisión mía y de tu padre. Que tu padre es tu padre, para que te enteres, aunque él lo dude y aunque tú no lo quisieras.

ELVIRITA: Lo quiero y me da pena. Y si te pones así, pues ni se discute ni se aborta, ¡ea!

DOÑA ELVIRA: ¡¿Qué dices, hija?!

ELVIRITA: Que no quiero abortar. Y que pregunto por qué no está aquí mi padre para decirme a mí que él quiere que yo aborte. Y que quiero saber de una puñetera vez quién es mi padre, oficialmente, digo.

DOÑA ELVIRA: ¡¡Hija!!

ELVIRITA: ¡¡Madre!!

DOÑA ELVIRA: Hija, estamos condenadas a querernos, no me desprecies. Y no des ese disgusto a tu padre. Tu padre es tu padre, créeme.

ELVIRITA: ¡Te quiero tanto, madre!

DOÑA ELVIRA: ¡Te quiero tanto, hija! ¡Y siempre estamos riñendo!

ELVIRITA: Siempre riñendo, madre. Deberías hablarme, madre, necesito que me hables.

DOÑA ELVIRA: Nunca te he hablado. Te debo tantas explicaciones.

ELVIRITA:	¡Sí, madre!
DOÑA ELVIRA:	¡¿Pero tú te das cuenta realmente de lo que has hecho, alma de cántaro?!
ELVIRITA:	Pero bueno, ¿qué te metió en la cabeza ese médico?
DOÑA ELVIRA:	El médico no pinta nada en esta historia. Aparte de que sea mi amante y de que crea que es tu padre, ¿entiendes?, que no lo es. Y de que me consuela de tanta incomprensión y tanto problema como me creáis unos y otros, que no tenéis consideración con una pobre madre. Todos vosotros sois los culpables de que yo necesite un amante en quien consolarme.
ELVIRITA:	¡¿Qué dices?!
DOÑA ELVIRA:	No digo nada, hija, digo que debes abortar como buena hija, es lo que queremos tu padre y yo. Mira, hasta Amanda va a abortar. Que te lo diga ella si no me crees.
ELVIRITA:	¿Tienes la desfachatez de decir que yo soy culpable de que tengas un amante incluso antes de haber nacido? Esto es lo último que tenía que oír yo en la vida.
DOÑA ELVIRA:	¿Es que piensas morirte, hija? No, por Dios, recupera el ánimo, que no hay que morirse por tener un hijo. Yo, como sabes, me eché un amante y me fue suficiente.
ELVIRITA:	¿Abortar, qué? ¿Qué decías de que Amanda iba a abortar?
DOÑA ELVIRA:	Abortar, abortar, ¿qué va a ser? Se aborta un aborto, hija.
ELVIRITA:	Pero si esa no está casada...
DOÑA ELVIRA:	¡Ay, hija! Y tú, ¿qué? ¿Estás casada?
ELVIRITA:	Por favor, madre, no compares. Hay cosas que ofenden aunque se digan sin querer. Yo estoy enamorada.
DOÑA ELVIRA:	Si vieses cómo quiere esa pobre mujer a su hijo, eso es amor de madre. Y sin embargo, ya ves, quiere abortar porque es consciente de sus obligaciones y hoy día hay que abortar, lo pide la humanidad entera. ¿Quién puede querer cargarse de hijos sin poder darles nada de nada, ni siquiera un pedazo de pan? ¿Es que no sabes el hambre que se está pasando en África?
ELVIRITA:	¡¡Amanda, ven inmediatamente!! Querida madre, yo soy yo y yo sé lo que quiero. Y yo puedo darle un mendrugo de pan a quien quiera que nazca mi hijo.

DOÑA ELVIRA: Llama, llama a Amanda, llámala, que ella te contará. Y ella es ella como tú eres tú y también sabe lo que quiere. Pero además sabe lo que se hace. Algunas sois muy listas últimamente.

ELVIRITA: ¡¡Amanda, por favor, rápido!! Le voy a preguntar. Y me lo va a decir. No me fío de tus mentiras. Y como sea otra de las tuyas...

DOÑA ELVIRA: Ella te lo dirá.

ELVIRITA: No dudes que ella me lo dirá.

AMANDA: Señora, señorita...

DOÑA ELVIRA: Al fin llegaste, hija. ¿Dónde estabas metida? Amanda, querida, dile a mi hija, y perdona esta manera de preguntar: ¿No es verdad que estás embarazada y que quieres abortar?

AMANDA: Si, señora.

DOÑA ELVIRA: Amanda, ¿no es verdad que quieres abortar porque tener hijos es una pejiguera?

AMANDA: Sí, señora.

DOÑA ELVIRA: Gracias, Amanda, nada más. Pues díselo y repíteselo a mi hija cuantas veces te apetezca, te doy mi permiso, que parece que no está muy conforme con lo que haces, tampoco yo, claro, pero no hay que mezclar cuestiones.

AMANDA: Por favor, señora, señorita, yo...

DOÑA ELVIRA: Tienes permiso para hablar de este asunto cuanto te plazca. Y yo quisiera que hablases con esta señorita tonta que dice ser hija mía y que la convenzas.

AMANDA: No entiendo, señora.

DOÑA ELVIRA: Por Dios, Amanda, lo entiende todo el mundo, que te ayudaremos todo lo que esté de nuestra parte en esta casa, ¿entendido? Que no vas a pasar problemas, que todos sabemos lo que es una necesidad, pero que tienes que convencer a esta señoritinga. Es que esta señorita que está aquí delante es tan tozuda que no quiere abortar cuando todos le aconsejamos que lo haga e incluso tú que le das ejemplo. ¿Lo entiendes ahora?

AMANDA: Sí, señora...

ELVIRITA: Que estoy embarazada y que quieren que aborte, Amanda, y a mí no me da la gana de abortar.

DOÑA ELVIRA: Nada más, Amanda, gracias, vete.

ELVIRITA:	No te vayas. ¿Tú sabes quién es el progenitor de tu embarazo?
AMANDA:	Sí, señorita.
ELVIRITA:	¿Y estás enamorada?
DOÑA ELVIRA:	Pero cómo no lo va a saber. ¿Crees que es tonta como tú?
ELVIRITA:	¿No la llevarías al mismo médico que a mí, verdad?
DOÑA ELVIRA:	Otra vez con el médico.
AMANDA:	Todavía no he ido al médico.
ELVIRITA:	Que no te lleve mi madre al médico. No me gusta nada ese médico, no vayas a ese médico. Es un indecente, que aun delante de mi madre, que es su querida, me mira como me mira.
DOÑA ELVIRA:	¡¡Hija!!
ELVIRITA:	Lo dicho, o soy su hija o no me mira como es decente mirar.
AMANDA:	No conozco a nadie. He pedido consejo a su señora madre para que me lleve a uno de garantía.
ELVIRITA:	¿Garantía de abortar?
DOÑA ELVIRA:	Garantía de ser buen médico, Elvirita, no me seas suspicaz.
ELVIRITA:	Y si no has ido al médico ni estás casada, ¿cómo sabes que estás embarazada, eh?
DOÑA ELVIRA:	¡Es verdad, eso sí es verdad! O sea que no estás embarazada. Y yo que te creí todo lo que me dijiste. A ver ahora si después de tanto disgusto no resulta nada.
AMANDA:	Estoy embarazada, por desgracia, señora. Son cosas que se saben, aunque no se vaya al médico.
ELVIRITA:	¿Y sin esposo? ¿Te has atrevido a tener un hijo sin estar casada y sin estar enamorada?
AMANDA:	Bueno, es que yo..., su madre...
DOÑA ELVIRA:	No, hija, Amanda está casada, no te preocupes por eso, por ese lado todo en regla.
ELVIRITA:	¡No abortes, Amanda!
AMANDA:	Debo abortar, señorita. ¿No lo entiende? No tengo hogar.

ELVIRITA:	¡No! Yo tengo hogar, ten ese hijo y te lo cuidaré yo. Donde mama uno podrán mamar dos, no te preocupes si no tengo pechos grandes, me crecerán. Sé que crecen.
AMANDA:	Es usted muy buena, señorita. Cuánto se lo agradezco; pero no puedo, de verdad, tengo que abortar, es una cuestión muy mía. Usted no, usted no aborte, pero yo sí. No aborte, es tan bonito tener hijos... Usted se casará y vivirá rodeada de su marido y de sus hijos...
DOÑA ELVIRA:	¡¡Amanda!!
ELVIRITA:	Efectivamente, Amanda, no voy a abortar.
AMANDA:	Quiero decir a su hija, señora, es que es tan bello ser madre... Si yo pudiese...
DOÑA ELVIRA:	¡¡Amanda!!
ELVIRITA:	No abortes, Amanda.
AMANDA:	Yo abortar, debo y tengo que abortar, señorita. Se cierra los ojos y se aborta, se sufre y se aborta; pero que un ser te mire toda la vida continuamente y piense que eres su madre y que no quieres ser su madre, eso no me lo pida, Elvirita, por favor, no lo podría aguantar. Tiene usted un corazón de oro, gracias de verdad; pero no insista, por favor, que me va a hacer llorar. (Marcha).
DOÑA ELVIRA:	Pero, ¿qué madre te parió a ti? O sea, que ahora se te ocurre meter en casa a los hijos de las demás. Y yo que lo aguante todo. Y esa boba dándote la razón de que es bello vivir. Y, claro, los problemas de los demás no tienen importancia. Ella es la que tiene problemas. Una acomplejada. Porque es criada y no quiere que sus hijos sean criados, entonces está bien abortar. Como si ser criado fuese un desdoro. ¡Si todos quisiésemos ser señores! Cada uno tiene su puesto en la vida. Hay que saber estar en la vida en el lugar que a cada uno le corresponde. ¿Qué sería de nosotros, eh, si no tuviésemos criados?
ELVIRITA:	Madre, ¿no eres tú mi madre?
DOÑA ELVIRA:	¡Ay, hija, que me desmayo, cómo no voy a ser tu madre! Pero mira qué has conseguido, que una pobre criatura se ponga a llorar. Eso es lo que has conseguido echándole tu bienestar a la cara.
ELVIRITA:	¡¡No desmayes, madre, que te necesito!!
DOÑA ELVIRA:	Qué alivio oírte que me necesitas. ¡Te quiero tanto, hija!
ELVIRITA:	¡Te quiero tanto, madre! ¿Y cómo sé que me dices la verdad?
DOÑA ELVIRA:	Soy tu madre.

ELVIRITA:	Pero a mi padre le dices otras cosas.
DOÑA ELVIRA:	Eso es entre él y yo. No lo entenderías. Mientras él crea que yo le engaño sabiendo que no le engaño y mientras crea que no eres su hija, sabiendo que eres su hija, nos tratará mejor a ti y a mí. Es que es un poco masoquista, ¿sabes? Olvídalo.
ELVIRITA:	Creer, creer, pero de hecho me has dicho que tienes un amante.
DOÑA ELVIRA:	¿Cómo si no voy a dar credibilidad a mis palabras? Pareces tonta, hija, y tu padre no es tonto, y si no tengo un amante, ¿cómo iba a creer que tú no eres hija suya? ¿No ves que eso es imposible? ¿No sabes que para tener un hijo hay que, bueno, ya sabes, hay que... lo que tú hiciste, vamos, con ese galán de tres al cuarto que te echaste...?
ELVIRITA:	Pero...
DOÑA ELVIRA:	Que lo olvides, esa no es tu guerra, y yo no quiero entrar en ella ahora. Tú eres la que importa. Hablemos de ti. Y tú vas a tener un hijo que será un aborto, un monstruo, ¿entiendes?, un parto de los montes, ¿entiendes ahora por qué te decimos lo que te decimos? Un monstruo, igual que un aborto, puede tener dos cabezas, o faltarle los brazos o un brazo y un trozo del otro, ¿entiendes ahora? Siempre algo de más o algo de menos; lo que ocurre es que se le llama monstruo cuando le sobran cosas, por ejemplo que tenga cuatro orejas, y se le llama aborto cuando le faltan cosas, por ejemplo que le falte el riñón o una pierna, ¿lo entiendes ahora? Luego debes abortar.
ELVIRITA:	Pero si yo estoy feliz, ¿cómo va a ser un monstruo? ¿En qué cabeza cabe?
DOÑA ELVIRA:	A veces los montes paren ratones, hija.
ELVIRITA:	Pero las madres siempre parimos hijos.
DOÑA ELVIRA:	No siempre, la vida tiene misterios. Y esos hijos... pueden ser fetos. Deja a tu madre que sufra ella sola por tus fetos. Tú obedece, hija, obedece. Haznos caso. Una vez que abortes todo empezará de nuevo. Tú no has de ver al monstruo feo y sucio ni al aborto enclenque. Ya cuidaré yo de que no lo veas. Lo incineraré para que no sufras.
ELVIRITA:	Por mucho que me digas, siempre será un hijo, un hijo mío.
DOÑA ELVIRA:	Debes obedecer. Y todo empezará de nuevo. Y las flores de nuevo y los galanes a tu lado y tú paseando despectiva.
ELVIRITA:	¿Al médico o a mi padre?
DOÑA ELVIRA:	Al médico o a tu padre, ¿qué?

ELVIRITA:	Obedecer.
DOÑA ELVIRA:	Hija, hija..., a los dos, cómo debo decírtelo. A los dos. Los dos están de acuerdo. Y yo estoy de acuerdo. Somos tres que estamos de acuerdo, somos mayoría, hija. Tienes que acostumbrarte a obedecer a la mayoría, comprende que la inteligencia no puede equivocarse tanto.
ELVIRITA:	Quise entender antes que el médico, ese amante tuyo, que yo creía mi padre y que tú dices que no es mi padre, pero que es un rijoso, que además cree que es mi padre, no quería que abortase porque se considera dueño y señor de mí y de mis frutos. Y quiere ser abuelo. Luego no creo que crea que yo esté gestando un monstruo ni cosa que se le parezca.
DOÑA ELVIRA:	¿Quién te ha dicho esa barbaridad? Los médicos no saben nada. El médico no ha dicho que sea un monstruo, porque no lo sabe, ¿comprendes?
ELVIRITA:	Te lo oí.
DOÑA ELVIRA:	Nunca he dicho yo eso. Y los médicos no saben de esas cosas. Yo sí sé de monstruos y de fetos.
ELVIRITA:	Pues lo oí. Y el médico no quiere que aborte.
DOÑA ELVIRA:	Como no hayas escuchado detrás de la puerta..., no lo sé, pero eso está muy mal.
ELVIRITA:	Tú lo dijiste. Él lo dijo. Y lo oí detrás de la puerta, si te interesa saberlo, cuando me dejasteis vistiéndome.
DOÑA ELVIRA:	Pues si lo dije, insisto, está muy mal.
ELVIRITA:	Dijiste eso.
DOÑA ELVIRA:	Y si lo dije detrás de una puerta, tú no debías haber escuchado. Las cosas que se dicen detrás de las puertas no existen. Las cosas se dicen cara a cara, como las digo yo cuando digo lo que digo.
ELVIRITA:	Me avergüenzas.
DOÑA ELVIRA:	¡Ay, hija, que me desmayo! Yo no pude decir esas cosas tan horribles, ni tú puedes creerlas. Y además que son mentira, todo mentiras. No creas en las mentiras. Nunca creas en las mentiras. Es pecado creer en las mentiras y en lo que se oye detrás de la puerta. Lo que se oye detrás de la puerta es doblemente mentira, porque es mentira y porque es detrás de la puerta.
AMANDA:	(Que entra). Por favor, ¿me permiten hablar?
DOÑA ELVIRA:	¿Qué quieres?, Amanda, por Dios.

AMANDA:	Que no vaya a pensar mal, señora. Acaso antes me expresé mal, y quisiera que las cosas estuviesen claras y no haya malentendidos. Si quiero abortar es porque soy pobre y yo quiero para mi hijo lo mejor, que no sufra como a sus padres nos está tocando sufrir y quiero para él un hogar y todo de todo, lo mejor de lo mejor, ¿entiende? Yo quiero lo mejor para mi hijo. Por eso no quiero que nazca ahora. Pero cuando pueda y en cuanto pueda tendré hijos, señora.
DOÑA ELVIRA:	Claro que entiendo, Amanda, y eso fue lo que entendimos antes las dos. ¿No es así, Elvirita? Por eso estamos contigo y te ayudaremos. Pero ya que estás aquí, contéstame a una pregunta: ¿tú escuchas detrás de las puertas?
AMANDA:	¡¡Señora!!
DOÑA ELVIRA:	No te ofendas, por favor, que no se trata de dudar de ti. Pero antes me dijiste...
ELVIRITA:	Se trata de dudar de mí.
DOÑA ELVIRA:	¿Quieres decir que nunca, nunca has escuchado, nunca nada de lo que no te importa...?
AMANDA:	¡¡Señora!!
DOÑA ELVIRA:	Por favor, que ya te he dicho que no va contigo.
ELVIRITA:	Que va conmigo, Amanda.
AMANDA:	Es que su señora madre, señorita, hace unas preguntas...
DOÑA ELVIRA:	Intento alcanzar la verdad, supremo bien de la inteligencia. Yo pregunto para llegar a la verdad y para educar a esta hija mía. Yo sólo quiero que le digas a esta hija mía que lo que se escucha detrás de las puertas es mentira. ¿Ves qué fácil? Tú, que eres licenciada, que has estudiado, lo sabes, díselo, Amanda. Estoy segura de que viene en los libros, no me lo puedes negar, que lo que se escucha detrás de las puertas es falso y es mentira.
AMANDA:	Así me lo enseñaron, pero es que yo, como no he escuchado nunca detrás de la puerta; pues realmente no sé si siempre es mentira. Quiero decir que no tengo certeza de que realmente siempre sea falso lo que se oye a través de las puertas.
DOÑA ELVIRA:	Tú también pareces tonta. Estoy hablando de escuchar detrás de las puertas. O sea, no lo que se dice, ni lo que se oye, sino lo que se escucha, ¿entiendes?
AMANDA:	Si, eso sí, pero los libros dicen que es mentira en cierto sentido, o sea, que no sirve para prueba de un juicio, lo cual nos llevaría a la

	distinción entre la mentira, el error y el establecimiento jurídico de un hecho...
DOÑA ELVIRA:	¿Ves, hija? Lo que yo decía, todo mentiras.
AMANDA:	Yo no estoy diciendo mentiras, señora.
DOÑA ELVIRA:	Claro que no, no interrumpas, estás muy susceptible, Amanda, y el estar en estado no te da derecho a ponerte así, sobre todo teniendo en cuenta el gran favor que te hacemos teniéndote en casa estando embarazada. Podías agradecerlo.
AMANDA:	Yo...
DOÑA ELVIRA:	Convengamos, pues, que tú no escuchas detrás de la puerta, díselo a esta tonta con quien estoy hablando, que cree en las mentiras desde detrás de las puertas.
ELVIRITA:	Si no se creyese en las mentiras no serían mentiras, madre. A lo más serían errores.
DOÑA ELVIRA:	¡Ay, hija, pues es verdad! Cómo se nota que te han educado en un colegio de pago. No eres licenciada como ésta, pero se te nota algo. ¿A que es lista la niña, eh, Amanda? Yo no tuve la suerte que vosotras y, fíjate, no hay manera que salga de tocar el piano, no hay manera de que me entere ni de lo que digo. ¡¿Habrá desgracia mayor?! Y tú, ¿a qué has venido?
AMANDA:	Yo había venido a decirle las razones por las que quiero abortar, pues temo que antes no me expresé bien, y no vaya usted a creer que era lo que no era, ¿comprende? Yo tengo la desgracia de tener que abortar, pero quiero que sepa que soy muy decente.
ELVIRITA:	¿Y qué es lo que no es?
DOÑA ELVIRA:	Yo no creo nada, Amanda. Elvirita, ella dice que lo que no es es que sea indecente.
AMANDA:	Lo que no es es lo que no es, simplemente.
ELVIRITA:	Yo digo lo mismo. Que lo que no es es lo que no es. Y aquí nadie es indecente.
AMANDA:	Yo considero, sin embargo, que no se debe abortar y que está mal, no sé por qué, pero que está mal, pero que es peor aún traer un hijo para el sufrimiento. Yo quiero abortar para que mi hijo o mis hijos futuros, cuando nazcan un día, nazcan con un mínimo de garantías de felicidad.
ELVIRITA:	¿Y cuándo los niños nacen felices?

DOÑA ELVIRA:	En primavera.
AMANDA:	Perdón, en invierno, señora. La primavera debe cogerlos ya en este mundo un poco despabilados para que el vigor brote en ellos.
DOÑA ELVIRA:	Es verdad, en primavera es cuando los engendramos, ¡qué tonta soy!, que es cuando tenemos la sangre alterada.
AMANDA:	...Poder darles un hogar...
ELVIRITA:	Pues yo nací en un hogar y con padres pudientes y, ya ves, Amanda, la tremolina que hay aquí. No soy feliz, créeme.
DOÑA ELVIRA:	Pero hija, ¿qué dices?
AMANDA:	Usted señorita, no sabe lo que tiene. Debe dar gracias a Dios por haber nacido con todo lo que ha nacido.
ELVIRITA:	Sí, claro, muy feliz, teniendo unos padres que me quieren hacer pasar por tonta y que quieren que aborte porque a ellos les apetece.
AMANDA:	Piense que ellos siempre quieren lo mejor para usted. Mire, yo quiero abortar por no tener siquiera un poco de lo que a usted le sobra. ¿Ve qué contradicción?
DOÑA ELVIRA:	Sí, mucho, mucho, pero, ¿por qué anda por ahí dándole al dengue, eh?
ELVIRITA:	¡Madre, un respeto para Amanda!
AMANDA:	Si me lo tengo merecido, señorita. Pero es que estoy casada, señora.
DOÑA ELVIRA:	Que estás casada... Eso quisiera saber yo. Nos has mentido. ¿Quién dice que no se miente dos veces? Eso es muy grave. ¿Te das cuenta de que en esta casa resplandece la verdad y nada más que la verdad?
ELVIRITA:	¡Qué ilusión, Amanda, estar casada! ¿Has jurado en público a los cuatro vientos amor eterno a un hombre? ¡Quién pudiese estar casada!
AMANDA:	Sí, señorita.
ELVIRITA:	Yo, Amanda, también le juré amor a un hombre, pero fue en privado, estábamos solos. Un poco triste, ¿verdad? Yo aún no me casé y no puedo gritar. Te envidio, Amanda. ¿Ves como tienes cosas que no tengo yo?
DOÑA ELVIRA:	Pero nos ha mentido y no me gusta. Habrá que ir pensando en echarla.
ELVIRITA:	¡¡Madre!!

AMANDA:	Ha sido por necesidad, señora, no teníamos otro modo de entrar en el país. Y usted no me hubiese colocado de saber que estaba casada.
DOÑA ELVIRA:	Retírate a la cocina, por favor, esto lo tendré que consultar con mi marido. Yo no sé resolverlo todo, todos los problemas son para mí siempre. ¡Cuánta cruz, Dios mío! (Sale Amanda).
ELVIRITA:	Conclusión, madre: ese médico quiere que yo no aborte y me has mentido y tú quieres que aborte con mentiras.
DOÑA ELVIRA:	Que más da, hija. Vaya la que has pillado, con la verdad y la mentira, que no hablas de otra cosa. Si el caso es que abortes y asunto concluido. Así de fácil. Si dice tu padre que ni te enteras, que hay unos inventos ahora que ni te enteras. ¡Si tuvieses que abortar como yo he tenido que abortar!
ELVIRITA:	¿Otra mentira? Nunca habías dicho que habías abortado.
DOÑA ELVIRA:	¿Yo he dicho eso?
ELVIRITA:	Sí, madre.
DOÑA ELVIRA:	Erre que erre. Pues no habré abortado, no lo sé. No me aprietes más, no me digas eso. ¡Te quiero tanto, hija! Pero no saques conclusiones precipitadas. No me agobies. Anda, hija, tranquilízate, tienes tú razón. ¿Y si nos conviniese más no abortar? Porque al fin y al cabo para ir a Londres de compras no hay por qué armar tanto jaleo, ¿comprendes? Debemos pensarlo de nuevo. Podíamos ir a comprar la canastilla. A tu padre le puedo convencer yo. ¿Abortaremos o no abortaremos?
ELVIRITA:	¡¡No hay nada que pensar!!
AMANDA:	(Desde la puerta del pasillo otra vez). No debe usted abortar, señorita, se la ve a usted muy feliz. ¡Ay, si yo pudiera decir lo mismo, con la ilusión que me haría poder tener un hijo y cumplir el deseo de mi esposo!
DOÑA ELVIRA:	Amanda, ¿quién le ha dado a usted permiso para hablar?
ELVIRITA:	Yo se lo he dado.
DOÑA ELVIRA:	¡¡Hija!! Amanda, por favor, retírese.
ELVIRITA:	¡No! Que se entere bien de quiénes sois. ¿No decía ella que yo debería dar saltos de alegría por tener un hijo? Pues que vea los saltos de alegría de esta familia. Y a propósito, madre, ¿por qué no está aquí padre?
DOÑA ELVIRA:	¿Otra vez con tu padre? ¿Para qué quieres a tu padre?, di.
AMANDA:	Estas cosas mejor se tratan entre mujeres, señorita. Los hombres

entorpecen mucho. Si yo puedo ayudarla en algo, cuente conmigo siempre. Pero en esto creo que tiene razón su madre, mejor es tratarlo entre nosotras. (Sale).

ELVIRITA: Para decirle que no quiero abortar, que me oiga bien. Pero también quiero aquí a mi padre, igual que a ti, porque va a venir mi galán y quiero presentároslo. Y pasároslo por las narices.

DOÑA ELVIRA: Pero, hija, ¿qué expresión es esa? ¿Cómo te atreves a invitar a tu novio sin decírnoslo?

ELVIRITA: Creí que era normal, ¿no? Al fin y al cabo es mi amante.

DOÑA ELVIRA: Los amantes no se presentan en familia. ¿Te parecería bien a ti que yo trajese a mi amante a casa? ¡Di! ¿Qué diría tu padre? ¿O tú crees que hay una cara especial para poner delante de un amante? Pues eso, o sea, que no.

ELVIRITA: Los amantes de las hijas son apreciados, pues traen la felicidad y el regocijo, mientras que los amantes de los padres traen la infamia.

DOÑA ELVIRA: Me estás ganando en todo, hija. De acuerdo. Pero yo tendría que vestirme, ponerme elegante, a tono. Si tu padre no va a decir nada según tú, ¿qué dirá entonces ese jovencito de mí?

ELVIRITA: No es ningún jovencito, es mi amante. Y yo quiero aquí a mi padre.

****

CUADRO 2

                Don Álvaro, Rafael, todos.

                ****

DON ÁLVARO: Nombrando al rey de Roma...

DOÑA ELVIRA: ¡Estabas en casa!

ELVIRITA: ¡Estabas en casa!

DON ÁLVARO: Cuidando la casa, que es distinto. Porque en esta casa puede ocurrir de todo y nadie se entera. Todo el mundo de parleta y aquí nadie se entera de nada, se puede caer el techo que aquí todo el mundo es feliz. La gente llama a la puerta y no lo oís.

ELVIRITA: Ni te lo figuras.

AMANDA: Perdón. (Desde la puerta otra vez).

DON ÁLVARO: No corras, que ya está todo resuelto; puedes seguir en tu puesto, Amanda. Me interesaba saber por qué esas voces. Se oían en la calle.

DOÑA ELVIRA: Una madre y una hija pueden gritarse cuanto quieran porque se quieren, ¿entiendes? Y tienen todo el derecho. Así que tú no tienes que meterte en esto.

ELVIRITA: Entonces, ¿nos has oído?

DON ÁLVARO: Tengo testigos de que hasta en la calle se oyeron.

ELVIRITA: ¿Todo?

DON ÁLVARO: ¿Quieres decir, dilecta hija, que si he oído que no quieres abortar?

ELVIRITA: Sí.

DON ÁLVARO: Sí, claro, haría falta ser sordo.

ELVIRITA: Pues ya lo sabes.

DOÑA ELVIRA: ¿Ves? Lo que yo te decía. Yo soy incapaz de convencer a esta niña testadura. Prueba tú a ver si a ti te hace caso.

DON ÁLVARO: Calma, calma. Cada cosa a su tiempo. Yo no sé nada. Yo guardaba la casa. Y había voces. Y llamaron a la puerta. Y abrí la puerta. Aquí vengo a interrumpir porque ha llegado quien dice ser nuestro héroe, el dios capaz de empezar una nueva vida, no sé si para nuestra hija o dentro de nuestra hija. Y que la ha empezado ya según indicios, confesiones propias y análisis médicos. Estamos, pues, todos. (El galán se deja ver en el quicio). No, no te molestes, hija mía, no hace falta que nos presentes, ya nos conocemos. Charlemos como personas civilizadas y, sobre todo, sin levantar la voz. Y a propósito, hablando del aborto, ¿era el tema, no? Y como premio, digo, que al fin y al cabo desgraciar un feto puede ser importante, digo, y por lo tanto propongo que no bastará una opinión sola, digo la mía, ¿verdad? Habrá que contrastar distintas opiniones, las de todos los que entramos en juego, ¿no? Los que tenemos algo que decir, ¿no te parece, Elvirita? ¿Estamos de acuerdo?

DOÑA ELVIRA: ¿Luego te enteraste de todo?

DON ÁLVARO: Contubernio de mujeres.

ELVIRITA: Mira, mamá, es Rafael...

DOÑA ELVIRA: Ya lo sé, hija, pareces boba.

DON ÁLVARO: Ya me gustaría a mí enterarme de todo. Pero de algo, ¿por qué no? Media hora de conversación da para mucho, ¿no crees?

DOÑA ELVIRA: ¡Ay, Dios, que me desmayo! (Se desmaya).

DON ÁLVARO: No te quedes ahí parado. ¿No ves que se desmaya la señora? (La atienden don Álvaro y Rafael. Amanda aparece al barullo y sale corriendo y vuelve con un botiquín y con Braulio. Braulio se incorpora entonces al grupo de asistentes sanitarios. Amanda queda atrás).

ELVIRITA: Ahora no entiendo nada, mi padre que se pone razonable. Pero si somos razonables, ¿no es precisamente cuando somos tontas? Ahora me armo un lío. La fuerza de la mujer está en no ser razonable. Lo que ellos llaman razón siempre es mandar. Empecemos por el principio a ver si de ésta lo entiendo. Mi padre quiere que aborte, pero de repente no quiere imponer su voluntad, como siempre ha hecho, y dice que puede discutirse. Pero, ¿será realmente mi padre? ¿Y mi madre habrá abortado como dice? Me pierdo. Me armo un lío y me pierdo. Empezaré otra vez. Punto uno: mi madre tiene que defenderse de mi padre. Dice que aborta, tiene amantes, nazco yo. No es razonable y arma las grandes juergas, de acuerdo, como debe ser. O sea, que es razonable. No tengo que hacer caso de lo que diga, sin embargo es razonable que haya abortado, ya que abortó, y que diga que tuvo amantes, ya que los tuvo y los tiene. ¡Hasta dice que abortó! Pero si realmente abortó fue porque la convenció mi padre o fue para defenderse de mi padre. ¿Sería el aborto de su amante? ¿O seré yo el aborto de ella? Ya me perdí otra vez. No sigo. Pasaré al punto dos. El punto dos es mi padre. Mi padre es siempre razonable, porque es razonable. No como mi madre, que es razonable porque no es razonable. Esto ya lo dije antes, pero es cierto. Tan razonable que siempre impone su voluntad. Y ahora viene y dice que hagamos lo que queramos. Y yo lo que quiero es a mi novio. Es hermoso. Mi novio es hermoso. Haremos lo que queramos, porque querremos lo mismo. Esto es embriagante. Pero yo hablaba de mi padre. Y no es razonable que de pronto diga que yo haga lo que quiera, que será lo que quiera mi Rafael, que me quiere mucho. Total, que no sé si mi padre es razonable o no es razonable. Aquí ocurren cosas raras. Por ejemplo, él sabe como yo que ese desmayo no es desmayo, y fijaos qué tremolina está armando tomándolo en serio. Digo yo. Será en honor de Rafael. Pero tanto exagerar va a hacer que Rafael se dé cuenta de que todo es una farsa. Claro que yo quiero mucho a Rafael, pero Rafael no puede saber que todo esto es una farsa porque entonces yo no me podría desmayar cuando quisiera... Porque la vida será larga, digo, pero qué cosas digo, yo no necesitaré desmayarme para convencer a Rafael, Rafael y yo nos amamos. Rafael y yo pensamos lo mismo, Rafael y yo sólo somos uno solo, uno solo... ¡Oh, dicha de amor que me has traspasado el corazón!

DON ÁLVARO: Gracias por la ayuda. La señora se traspone con frecuencia, ¿sabes? Cuestión genética. No es que sea histérica, pero es mujer. Los genes femeninos son muy complicados. ¿Sabes algo de medicina?

BRAULIO: No.

DON ÁLVARO: Pues si pretendes la mano de mi hija, si intentas pertenecer a esta familia, más te vale, hijo, ir aprendiendo algo de medicina. Primer consejo. No lo olvides. Te daré pocos consejos, no creas, pero procuraré que sean enjundiosos y eficaces, consejos que casi siempre te servirán para afrontar la vida con las mujeres de esta familia. Que, por lo demás, es lo principal.

BRAULIO: Yo no pretendo la mano de su hija, señor.

DON ÁLVARO: Es lo mismo, estos consejos son universales.

BRAULIO: De acuerdo, jefe.

DON ÁLVARO: Pero, ¿quién eres tú? ¡Rafael, quién es este señor! Y tú, ¿por qué no estabas aquí? Te estoy hablando y te marchas. No empiezas bien, querido, te estaba dando un consejo.

AMANDA: Señor, este es mi marido...

ELVIRITA: ¡Hola, querido!

RAFAEL: ¡¡Hola, Elvirita, vaya jaleo que se ha armado!!

ELVIRITA: Reñíamos. Para que te vayas acostumbrando a mi familia.

DON ÁLVARO: Un poco de orden señores.

AMANDA: Decía, señor, que...

DON ÁLVARO: Por favor, Amanda, habla cuando te pregunten.

RAFAEL: Me decía, don Álvaro...

DOÑA ELVIRA: ¡Ay, hija! ¿Ves lo que me pasa?

RAFAEL: Tu padre se ha trastornado.

ELVIRITA: Papá, ¿te pasa algo?

BRAULIO: Tranquilidad, señor, tranquilidad.

DON ÁLVARO: ¡¡Silencio!!

DOÑA ELVIRA: Respetad a una enferma, por Dios.

ELVIRITA: Amanda...

AMANDA: No se preocupe, que no hablo...

ELVIRITA: ¿Tu marido?

AMANDA: ¿Hermoso, verdad? Y ese es...

ELVIRITA: Rafael.

AMANDA: ¡Vaya tipo, señorita! Así no me extraña.

DON ÁLVARO: ¡¡Silencio!! Hablemos uno por uno. ¿Quiere alguien hablar el primero? ¿No? Pues entonces pregunto yo.

RAFAEL: ¿Es siempre así?

ELVIRITA: Pero sin tanto público.

DON ÁLVARO: Ha habido un desmayo, señores, pero ya ha pasado, tranquilícense todos. Por favor, no ha pasado nada, ya ha pasado todo. Parece que el motivo es que la madre y la hija reñían por abortar o no abortar, que la hija está en estado. Está asumido, no se preocupen, por ahí no habrá problemas. Es un hecho natural, señores, no se impacienten, no pasa nada. Por cierto, que estarás en lo que se celebra, ¿no, esposa mía? Pero, ¿quién es este señor, otra vez? ¿Quién es usted, por favor?

BRAULIO: Yo...

AMANDA: Es mi marido, don Álvaro.

DON ÁLVARO: ¿Tu marido?

DOÑA ELVIRA: Olvídate de eso ahora, querido, no lo entenderías. Ellos también quieren abortar, por eso están aquí, supongo. Es así, ¿no, Amanda?

BRAULIO:	¡Yo no quiero abortar, señora!
DON ÁLVARO:	¡Por favor, no empecemos otra vez! Ya he dicho que discutiremos esto como las personas, pero, por favor, los que sobren que marchen.
BRAULIO:	No sobramos nadie, señor, no me mire así, que yo estoy aquí porque quieren manipular a mi esposa. Y eso no lo consiento.
DON ÁLVARO:	Claro, claro, no me doy cuenta de que yo, aunque oí mucho, llegué un poco tarde y además estaba detrás de la puerta y no estoy totalmente al cabo de la calle. Es que, chico, con las mujeres conviene estar siempre al cabo de la calle, si no es que te lían.
RAFAEL:	Ya ve, yo siempre creía que era mejor un portal que la calle.
ELVIRITA:	¿Oyes, Amanda? Mi padre escuchando detrás de las puertas. ¡Dios mío, hasta dónde hemos llegado!
BRAULIO:	Donde hay una cama, que se quite todo lo demás...
AMANDA:	Mira dónde estás hablando, hijo, y no te me pases, que aquí las cosas van en serio...
DOÑA ELVIRA:	Es que es muy testadura, ¿comprende, hijo mío? ¿Me deja que lo llame hijo? Es cierto que por eso discutíamos, pero no lo tomes a mal. Con nuestra hija hay que tener mucha paciencia, es un poco testadura. Te digo, ¿comprendes?, pero de buen llevar. Lo uno no quita a lo otro. Por lo demás, ya la ves, hermosa, rescamplada, inteligente, hacendosa. Y que la quieres, ¿eh, pillín? ¿Te sabe hacer feliz? No te apures, hijo, que son cosas naturales. Fue hermoso, ¿verdad? Tú, dilo, porque si hay que darle unas clases para que sepa hacerte feliz, se las doy, no te preocupes que yo tengo mucha experiencia en esas cosas. ¿No se me nota?
ELVIRITA:	¿Por qué no nos dejáis hablar a nosotros, eh?
RAFAEL:	Gracias, mamá. ¿Me permite llamarla mamá? Claro que se le nota. ¡Si la hubiese yo topado antes que a su hija...! Es usted maravillosa...
DOÑA ELVIRA:	Es impresionante, hija, qué buen gusto has tenido. No me extraña que te hayas colado por él, así cualquiera. Es que es demasiado.
ELVIRITA:	¿Verdad, mamá?
BRAULIO:	Pues te digo que todos estos joden como tú y como yo, no lo dudes. Si yo te contara lo que he visto por el mundo...

****

ESCENA 2

CUADRO 1

RAFAEL: ¡Amor!

ELVIRITA: ¡Amado!

RAFAEL: ¡Amor!

ELVIRITA: ¡Ayúdame, Rafael, por Dios, ayúdame!

RAFAEL: ¡Estoy contigo, cabritilla mía!

ELVIRITA: ¡Abrázame!

RAFAEL: ¡Todo yo a tus pies, amada! ¡No pierdas nunca la alegría, juguemos y trisquemos antes de enlazarnos en la ilusión! Todo mi ser contigo. Sé que sufres a causa de la incomprensión de tus padres. No temas, somos más fuertes que tus padres, más fuertes que todo hombre, más fuertes que los dioses malignos y sus brujas, más fuertes que todo el universo junto con sus tormentas, sus volcanes y su ira. Tenemos para nosotros toda la luz del futuro. Tus padres acabarán obedeciendo nuestra voluntad, nuestra juventud y nuestro amor.

ELVIRITA: Los padres son más fuertes aún que la naturaleza entera, querido, no deberíamos desafiarlos.

RAFAEL: No los desafiamos ni los desafiaremos, pero sus pretensiones se estrellarán contra la fuerza de nuestro pecho.

ELVIRITA: Yo soy débil, querido, no sabes bien lo débil que soy.

RAFAEL: Excepto en tus pechos, loca mía, tus pechos son coraza inexpugnable, tus pezones encierran la savia entera de la vida recogida de los montes y de los campos, y los rayos y los truenos no pueden contra ellos.

ELVIRITA: ¿Tú crees?

RAFAEL: Así es.

ELVIRITA: Gracias, querido, amado, deseado, esposo, gracias sin fin a ti, que me descubres la fuerza que ocultan mis pechos y que yo no conocía hasta que tú me lo has revelado.

RAFAEL: Con mis caricias y mis besos.

ELVIRITA: Con tus caricias y tus besos.

RAFAEL: Y tú que me entregas ramos y ramilletes y que me coronas de laurel y

	haces de mí un caballero.
ELVIRITA:	A ti.
RAFAEL:	A ti que tus pupilas iluminan mi camino.
ELVIRITA:	A ti que tus brazos me sostienen.
RAFAEL:	Nacidos el uno para el otro, hasta que la envidiosa muerte intente sus zarpazos.
ELVIRITA:	Hay un cielo para los que mueren enamorados.
RAFAEL:	Y un infierno para los que intentan destruirlos.
ELVIRITA:	Nunca nos destruirán.
RAFAEL:	Nunca.
ELVIRITA:	Siempre tú y yo.
RAFAEL:	Siempre.

****

CUADRO 2

BRAULIO: El amor eterno que un día nos juramos me ata a ti, Amanda.

AMANDA: Y a mí me ata a ti, Braulio.

BRAULIO: No debemos dejar, pues, de ningún modo que la razón interfiera nuestros sentimientos y, zahiriéndonos mutuamente, queden ofendidos y tengamos que vivir en la amargura de habernos equivocado.

AMANDA: Esposo mío, soy débil y lloro porque me hace daño el fruto que danza en mi vientre.

BRAULIO: Esposa mía, te daré mi fortaleza para que con ella y en ella nazca, crezca y un día lejos de nosotros de piedra en roca por las laderas salte la alegría de haber nacido y en el recuerdo de nuestra imagen nos agradezca el amor que nos hemos tenido, que es la semilla que le ha dado la vida.

AMANDA: ¿Tú crees que nos agradecerá que le traigamos a esta vida hecho un paria, sin cobijo y sin destino?

BRAULIO: Esposa mía, de siempre los hombres hemos nacido a la intemperie, sin cobijo capaz de defendernos de la lluvia, ni del río que desborda, ni del manto del frío de la madrugada. Mucho menos, paloma mía, nacemos los hombres con alguna seguridad de que nadie nos despoje de las ropas con las que nuestros padres nos cubrieron nuestra primera desnudez y que, creyéndolas suyas, nos legaban.

AMANDA: ¿Porque hay quien envidia que los despojan?

BRAULIO: Y quien odia.

AMANDA: ¿Tan malos somos los hombres unos con otros?

BRAULIO: O justos, querida, Amanda, o justos. Al final siempre hay que haber padecido hasta un límite, como también haber gozado.

AMANDA: ¿Pero somos los hombres los que nos infligimos unos a otros el sufrimiento y el dolor?

BRAULIO: ¿Quién si no?

AMANDA: ¿Y dices justicia porque no podamos legar a nuestros hijos lo que nuestras manos recogieron para ellos?

BRAULIO: Las pestes y las tempestades no son de los hombres, querida. Dicen que hay dioses, pero no se sabe bien si son ellos los que provocan las tormentas o es, simplemente, que tampoco ellos las dominan. Pero la catástrofe, de una u otra manera, siempre viene de los hombres, que no nos entendemos.

AMANDA: Tengo mucho miedo y quiero abortar. Ayúdame, Braulio. Quiero abortar. Yo veo a nuestro hijo con la mano extendida pidiendo limosna y que no le hacen caso o le desprecian. ¡No puedo ver a mi hijo así! ¡A tanto hemos llegado, esposo mío, que hasta se nos quita el derecho de tener hijos! ¿Tan pobres hemos nacido tú y yo? Porque esa intemperie de la que me hablas es sólo para los pobres, confiésalo. ¡Y yo no quiero que mi hijo tenga que despojar a nadie para él poder cubrirse!

BRAULIO: ¿No puede mi amor que te entrego vencer tu miedo al bosque? Verás, Amanda, que en el bosque viven seres como nosotros.

AMANDA: No puedo, abrázame, no puedo.

BRAULIO: ¿No puede mi ilusión germinar en tu vientre una ilusión semejante? ¿No crees que ese hombre o mujer que en ti se prepara para ver el mar no se alegrará sobremanera cuando lo contemple y no nos dará las gracias si quiera de haberlo engendrado?

AMANDA: Aquí no hay mar, Braulio. Y hay quien muere sin ver el mar.

BRAULIO: Es cierto.

AMANDA: Veo a mi hijo odiando, veo a mi hijo matando, no puedo tener este hijo. No puedo consentir que maten a mi hijo o que mi hijo tenga que matar para sobrevivir. Quiero para mi hijo, cuando al abrir de sus ojos, luz. Luz intensa, aunque le ciegue, pero que haya luz. Recordará siempre lo que le ha cegado y tendrá esperanza. Aunque ciego toda la vida, que tenga esperanza. ¡Yo quiero para mi hijo al menos esperanza!

BRAULIO: ¡¡Verá nuestra alegría!! ¿Te parece poco?

AMANDA: ¿Mi alegría? ¿Dices mi alegría? ¿Mi alegría por engañarlo?

BRAULIO: ¡¡Nadie engaña a nadie, aunque no se le pida permiso para vivir!! El instinto enseña la verdad desde la cuna.

AMANDA: ¿No sabes que dicen que es entre los miserables entre quienes crece el rencor? ¿Acaso no somos nosotros miserables? ¿No crees que nuestro hijo podrá llegar a odiar? Esposo mío, no me obligues a parir miseria, yo quiero abortar.

BRAULIO: ¡Esposa mía...!

AMANDA: ¡Por Dios, Braulio...!

****

CUADRO 3

RAFAEL: Así que abortas y la felicidad otra vez para nosotros. De tus ojos brotará la alegría otra vez y nuestros cuerpos restallarán de nuevo fundidos en amor y gozo. No se hable más, amada mía, yo me encargo de decírselo a tus padres, si es eso lo que te preocupa. Ellos entenderán que nuestra luz irradia sobre todo y que nada se puede oponer a nuestra felicidad. Toda la vida para nosotros, toda vida para nosotros. Con nosotros y para nosotros todo el gozar, y que acabe el sufrir en la tierra. Seremos felices y contribuiremos a que seres inocentes no sufran. Ellos no entienden, a veces, estas cosas, pero la inteligencia al fin nos está haciendo ver claro a la humanidad.

ELVIRITA: ¡¡Pero si yo no quiero abortar!!

RAFAEL: ¿Que no quieres abortar?

ELVIRITA: Eso digo. ¡¡Yo quiero casarme contigo!! ¡¡No quiero abortar!!

RAFAEL: Pero no grites, por favor, Elvirita, amor. ¿Y se puede saber por qué no quieres abortar? Yo creo que es lo razonable y en eso parecía que conveníamos. Ahora es el tiempo del gozo. Gocemos juntos sin que esfuerzos extraños nos lo impidan.

ELVIRITA: Nunca me he equivocado respecto a nuestro hijo, me quiero casar y ser madre de nuestro hijo. Y eso es poético y sublime. Y mi hijo no es un extraño que nos separe.

RAFAEL: ¿Traer al mundo seres para que sufran es poético? ¿Poético y sublime?

ELVIRITA: Y para que vivan y gocen como nosotros.

RAFAEL: Nosotros ya estamos aquí.

ELVIRITA: Amándonos. Con toda la fuerza de la naturaleza que me has hecho sentir aquí en mis mismos pechos, acariciándolos y besándolos tú.

RAFAEL: Pero ellos no están aquí y no tienen por qué estar, destruiremos la felicidad de la que ahora gozamos.

ELVIRITA: ¿La destruiremos?

RAFAEL: La destruiremos.

ELVIRITA: Pues aunque la destruyamos.

RAFAEL: No, por Dios, amada mía, no destruyamos nuestro amor, te lo ruego. ¡Te amo tanto!

ELVIRITA: Nos destruiremos. Alguien me ha dicho que hay que pudrirse para que brote nueva vida.

RAFAEL: Tú mirarás con ojos tristes, porque no será tuya la felicidad ni para ti. Y te despreciará.

ELVIRITA: Aun así.

RAFAEL: ¡Te quiero tanto!

ELVIRITA: ¡Y yo a ti!

RAFAEL: No lo sé.

ELVIRITA: Tampoco yo lo sé. ¡Es todo tan raro lo que nos está pasando!

RAFAEL: Yo empiezo a no entenderte, querida.

ELVIRITA: Que no quiero abortar y que no abortaré. Es mi cuerpo. En mi cuerpo está otro cuerpo creciendo. ¡Y quiero que siga creciendo! ¡Y quiero que crezca y crezca hasta que salga de mi cuerpo y siga creciendo y sea tan alto como yo!

RAFAEL: Sí, querida.

ELVIRITA: ¡¡Es mi cuerpo!! ¡No quiero abortar! ¡¡¡No!!! ¡¡¡No me da la gana de abortar!!!

RAFAEL: Te enfadas y aún te quiero más. Eres sabrosa como una manzana en el árbol... En tu cuerpo mandas tú... Acepto, acepto tu real gana, sí, querida.

ELVIRITA: No me robes la voluntad, por favor, di lo que piensas. Siento como que condesciendes sin entusiasmo o como que aceptas agazapado para acallarme.

RAFAEL: No, pero pienso que sobre el instinto está la razón. Y que esas lindas palabras que profieres son ilusión; pero la realidad va por otro lado.

ELVIRITA: ¿Y qué más razón que yo?

RAFAEL: Y claro, según eso eres tú la que decide si quieres o no quieres abortar. ¿No es eso?

ELVIRITA: Así me enseñaron.

RAFAEL: Y no quieres abortar.

ELVIRITA: No quiero abortar.

RAFAEL: Pero ¿te has parado a pensar que yo también tengo cuerpo? ¿Y que sin mi cuerpo ese otro cuerpo que dices tuyo nunca hubiese sido

	engendrado dentro de tu cuerpo?
ELVIRITA:	¡Qué delicioso fue, amado mío, esposo mío!
RAFAEL:	Luego yo también tendré algo que decir, ¿no crees? ¿No has pensado en mi cuerpo durante este tiempo para gozar o recordar goces y placeres? Y si mi cuerpo se seca, ¿qué haremos tú y yo en un páramo? ¿Acaso nos odiaremos muertos de frío? Mira, mira mi cuerpo, hermoso cuerpo, ¿no? ¿No te dice nada? ¿O tendré que desnudarme para que veas con exactitud todo lo que soy y todo lo que te ha hecho feliz?
ELVIRITA:	No me humilles, amado, tú sabes que yo conozco tu cuerpo mejor que mis propios pensamientos, mejor que a mi rostro en el espejo, que ciega lo he seguido y reseguido con mis manos.
RAFAEL:	No te humillo, Elvirita, yo exijo también mis derechos.
ELVIRITA:	¡Tú también tienes cuerpo! ¡Un cuerpo deseado por mí!
RAFAEL:	Es mío lo que tienes dentro de ti, también es parte de mi cuerpo, un trozo de mi cuerpo que yo he depositado dentro de ti, creciendo y multiplicándose. Pero yo no quiero que crezca más y se multiplique. Yo no quiero que nada mío se agigante y se agigante y se enfrente conmigo un buen día y me pida explicaciones o no me las pida, que me critique o que me desprecie. No quiero que nadie me haga sombra. Yo quiero estar contigo yo solo. Y quiero por lo tanto que abortes.
ELVIRITA:	¡Ah! Pero...
RAFAEL:	Abortas y seguiremos juntos para siempre, sin que nada ni nadie nos moleste. Amándonos y conociéndonos más, sin pausa y sin aliento, con todo el placer y con todo frenesí.
ELVIRITA:	No entiendo.
RAFAEL:	Todo tiene su momento en la vida, ahora aún no estamos preparados. Yo sueño contigo rodeada de los gozos y los placeres. De riqueza y bienestar. Constituir una familia es algo grande y difícil, requiere más tiempo. Que ahora hayamos tenido un desliz no debe atar nuestro futuro. Razónalo y verás. Tenemos mucho tiempo por delante si queremos un día tener hijos.
ELVIRITA:	Dices que un desliz... Yo me entregué a ti.
RAFAEL:	No deberíamos haberlo hecho.
ELVIRITA:	De eso me voy dando cuenta, que no debíamos haberlo hecho...
RAFAEL:	Pues no se hable más. Yo me encargo de hablar con tus padres. Déjamelo a mí, por favor, no quiero que sufras más. Comprendo que es doloroso para ti, pero para eso estoy yo, para ampararte. Hablaré

con tus padres.

ELVIRITA: Mis padres también quieren que aborte...

RAFAEL: Estaremos siempre juntos, no tengas miedo, abortaremos juntos.

ELVIRITA: ¿Qué dices? ¿Que tú también tienes que abortar? No lo sabía.

RAFAEL: Yo aborto en ti, querida, porque también es vida mía la que está en tu cuerpo, he sido yo quien ha depositado esa simiente sagrada y quien ha hecho que florezca. Mi sacrificio es muy grande, pero estoy dispuesto a todo por ti.

ELVIRITA: El médico dice que no debo abortar.

RAFAEL: Esto no es cuestión de médicos.

ELVIRITA: Tampoco de padres, ¿verdad?

RAFAEL: Evidente que no, tampoco de padres. Esto es cuestión tuya y mía. De los dos que hemos engendrado. Y que no queremos. Porque no queremos engendros en nuestra vida, que son monstruos; queremos dioses, pero los dioses se nos niegan. No queremos hijos. Pero no te preocupes, no volverá a pasar, ya utilizaremos métodos más apropiados.

ELVIRITA: ¿Monstruos? ¿Tú también dices que nuestro hijo será un monstruo?

RAFAEL: No lo dudes.

ELVIRITA: ¡¡Yo quiero ser tuya!! ¡¡Yo sólo quiero ser tuya!!

RAFAEL: No lo dudes.

ELVIRITA: ¿Aunque aborte serás mío?

RAFAEL: Tú siempre serás mía.

ELVIRITA: Entonces, ¿por qué quieres que aborte? Yo quiero ser tuya de todas las maneras. Pero tú no quieres ser mío si no aborto. No lo entiendo. ¿No soy yo quien debo decidir?

RAFAEL: Tranquilízate, que poco a poco verás claridad. Yo te ayudaré. Poco a poco tu razón vencerá a tu instinto.

****

ESCENA 3

CUADRO 1

En el salón. Las dos parejas en escena. Cada una en su rincón como se las ha visto en la escena anterior. Entra el matrimonio.

****

DOÑA ELVIRA: Aquí estamos, queridos. ¿Interrumpimos?

RAFAEL: No, señora, por Dios, usted nunca interrumpe.

ELVIRITA: ¡Dios!

DOÑA ELVIRA: Y ¿qué? ¿Hay acuerdo? ¿Habéis fijado la fecha del aborto?

RAFAEL: Totalmente, señora. ¿Cómo podrían estar disconformes los amantes? Usted no sabe lo que yo quiero a su hija.

BRAULIO: ¡No hay aborto, señora!

RAFAEL: Valor, Elvirita...

ELVIRITA: ¡No me toques!

DOÑA ELVIRA: Qué alegría nos dais, hijos. Querido, esto hay que festejarlo.

DON ÁLVARO: ¿Tú crees? No parece que tengan las caras alegres.

AMANDA: ¡No las tenemos, no señor!

DOÑA ELVIRA: ¡Porque son normales, querido! Cuando se alcanza una resolución importante se sufre un desfonde ¿No es verdad, Amanda? No se hable más, saca champagne, digo, cava, si tenemos, y si no tenemos saca gaseosa, que sí la tenemos, digo, qué tonta soy, saca lo que tengamos, todo lo que tengamos, que esto se festeja a lo grande.

DON ÁLVARO: Un momento. (Sale).

AMANDA: Yo le ayudaré, señor. (Sale).

DOÑA ELVIRA: Y este matrimonio, qué, ¿también de acuerdo y felices? No me conteste, no me conteste que se os ve. Cuánto me alegro, porque los esposos han de estar siempre de acuerdo, así debe ser. Enhorabuena, querido, usted pórtese como si fuese ya de la familia, nosotros le recibimos como de la familia. Como ve, aquí somos muy sencillos, no hace falta más que abortar para ser uno más. Supongo que hayáis escogido la misma fecha que Elvirita, así sería todo más fácil.

ELVIRITA:	¡¡Madre, Braulio te ha dicho que él no quiere saber nada de abortos, ¿has entendido?!! Así que déjale en paz.
BRAULIO:	Gracias.
DOÑA ELVIRA:	Digo, y vosotros dos, ¿cuando os pensáis casar?
RAFAEL:	Por supuesto, rápidamente. Pero poco a poco, ¿entiende? Habrá que componer el ajuar de su hija, algo digno, rumboso incluso, todo arte; porque yo quiero que ella vaya siempre vestida con arte y que la cama donde se acueste, y donde me reciba, sea puro arte. ¿A que usted me comprende, señora? Y los manteles que cubran nuestras mesas, arte. ¿Digo, no? Puro arte, y compraremos piso. ¿Digo, no? Espacioso y cómodo, digno de su hija, que es mi amada, y de recibirlos a ustedes, que son nuestros padres. Paso a paso ahora que tenemos el camino expedito hasta el hogar; pero sin pausa, este es mi lema, lento, pero sin pausas; seguro, pero no utópico.
DON ÁLVARO:	(Que entra). ¿Adónde se llega?
DOÑA ELVIRA:	Al matrimonio, que no te enteras.
AMANDA:	(Que entra). Por favor, señor, perdón, déjeme a mí. ¡Braulio!
BRAULIO:	Sí, claro. Por favor, gracias. (Braulio y Amanda abren botellas y sirven bebidas).
RAFAEL:	También al matrimonio, sí señora, sí señor, pero a todos los sitios. Poco a poco a todos los rincones. Esto es lo que yo estaba explicando y explayando, pues los principios que rigen mi vida me gusta que otros los compartan, y le decía a su señora esposa que ahora compraremos el piso y que cuando lo tengamos pagado...
DON ÁLVARO:	Qué largo me lo fiáis.
RAFAEL:	Qué dicha, entonces, qué orgullo llevarla al altar, padre, madre.
DON ÁLVARO:	Sin adular.
DOÑA ELVIRA:	Y poco a poco pero un poco más rápido, ¿eh? Que me parece que tan poco a poco se puede desgraciar el invento, ¿comprendes? ¡Cuánto te quiero ya Rafael, hijo!
RAFAEL:	Como ustedes quieran, todo como ustedes quieran. Rápido, pues rápido, pero poco a poco, ¿eh? He de vestirme despacio que tengo prisa. Las cosas bien hechas bien parecen.
DON ÁLVARO:	¡Hijos! ¡Amanda, por favor, servíos! He aquí dos parejas humanas. El amor les une. Tienen discusiones pero el amor les une. Y actúan de acuerdo en todo por el bien de ellos mimos. ¡Brindemos, pues, porque este problema que les ha afectado sea pronto un recuerdo pasado

después que el feliz aborto se haya llevado a término! (Beben).

ELVIRITA: ¡¡¡Yo no quiero abortar!!!

DON ÁLVARO: No grites, por favor, hija.

DOÑA ELVIRA: ¿No acabas de decir que sí?

ELVIRITA: Yo no he dicho que sí nunca.

RAFAEL: Está un poco excitada. Es normal en estos casos. Un poco confusa.

DOÑA ELVIRA: A esta hija mía no hay quien la entienda.

ELVIRITA: Pues es bien fácil, que no aborto.

RAFAEL: ¡Elvirita, amor!

ELVIRITA: ¡Déjame!

BRAULIO: ¡Aquí no aborta nadie!

DON ÁLVARO: ¿Y cómo arreglaremos este embrollo?

DOÑA ELVIRA: ¿Dónde está Amanda? ¡Ay, Dios, Amanda, por favor, di tú lo que sea!

RAFAEL: Elvirita está nerviosa, nada más, no se preocupen.

AMANDA: Yo no puedo decir nada, señora, lo siento. Braulio, vayámonos.

DOÑA ELVIRA: Querida, por favor, no marchéis, venid a sentaros con nosotros. Os necesitamos. Esto es una desgracia.

AMANDA: Gracias, señora.

DOÑA ELVIRA: Y ten presente, Amanda, que si quieres abortar puedes quedarte en esta casa, que te protegeremos del cafre de tu marido.

DON ÁLVARO: Aquí no se desgracia nada y actuemos según la razón y la ley. Estos señores están casados, estos mequetrefes se van a casar, ahora hablemos del aborto, que parece que la razón no ha entrado aún en esas cabezas jóvenes. Pero, vamos a ver, Amanda, tú no dices que quieres abortar. Entonces, ¿por qué hay problemas? Nosotros te lo pagamos y punto y se acabó.

BRAULIO: Soy yo el que no quiero abortar, ¿entiende? Y quisiera saber qué ideas han metido ustedes en la cabeza de mi señora.

DON ÁLVARO: Y tú, Elvirita, ya sabemos que te cuesta trabajo, ya que vives en la idea romántica de la maternidad, pero nos acabáis de decir que está todo arreglado. Te lo ruego, supera tus sentimientos infantiloides,

¡siempre adelante!

BRAULIO: Que estoy diciendo, señores, que mi esposa no aborta, ¿entienden? Que es mi esposa y que hará lo que yo diga.

DOÑA ELVIRA: Hijo, pero si es legal. Aquí se hace todo y se hará por lo legal, faltaría más. No tienes que preocuparte.

RAFAEL: Yo, sin embargo, sí tengo que oponerme y dar mi opinión: diría que no quisiera casarme precipitadamente. Eso, que conste, don Álvaro. La precipitación nunca es aconsejable.

DOÑA ELVIRA: ¡Ay, hijo! Es que si no se toman las decisiones rápidas, ¿cuándo quieres que aborte, cuando el niño vaya a la escuela?

ELVIRITA: Ni yo despacio.

DON ÁLVARO: Ni yo despacio, ¿qué?, Elvirita.

DOÑA ELVIRA: Ha de ser rápido y legal, eso lo tenemos ya hablado y estamos de acuerdo. Y del papeleo te encargas tú, hijo, Rafael.

RAFAEL: Eso está hecho, madre.

ELVIRITA: Que me estoy pensando muy mucho en casarme. Que no me quiero casar.

DON ÁLVARO: ¿Qué has dicho?

DOÑA ELVIRA: ¡¡Elvirita!!

RAFAEL: Elvirita.

AMANDA: ¡¿Qué?!

ELVIRITA: ¡¡He dicho que no quiero abortar y que no me quiero casar!!

DON ÁLVARO: Antes no querías abortar, después parece que sí querías abortar, ahora dices que no quieres abortar y que no te quieres casar. No es razonable. Y nos creas unos problemas fuera de lo común.

DOÑA ELVIRA: Un poco dificililla, ¿eh? Cuando yo lo decía...

RAFAEL: Por supuesto, por supuesto. Ustedes tranquilos. Elvirita está muy nerviosa, hay que tener calma y tiempo al tiempo.

DOÑA ELVIRA: Insisto, querido, que si se va a abortar corre prisa tomar una resolución. ¿No es así, Amanda? Fijaos si corre prisa que Amanda no sabe aún si está en estado y ya ha tomado su resolución. Como debe ser.

BRAULIO:	¿Que no estás en estado?
AMANDA:	Está loca, déjala.
DOÑA ELVIRA:	Elvirita, anímate, hija mía.
BRAULIO:	Si se me permite hablar en esta santa casa, digo que lo que es necesario es necesario. Y que lo que se desea, además de necesario es imprescindible, o sea, que es. Total que, por favor, no nos mezclen en sus problemas ni en los de su hija, porque este hijo es mío y va a nacer. Y ni Amanda ni yo tenemos nada que ver en estos sucios manejos. ¡Amanda, nos marchamos! Y nos marchamos de esta casa para siempre.
AMANDA:	¡¡No!!
ELVIRITA:	¡¡Y yo digo que nadie tiene que meterse en mis asuntos y que mi hijo va a nacer porque lo digo yo!!
RAFAEL:	¡Pero Elvirita!
AMANDA:	¡¡Pues el mío no va a nacer!!
BRAULIO:	Me pongo burro, señora, pero a ver si entienden todos esto. Eso que está ahí dentro de este cuerpo que se dice ser y es mi esposa ha sido engendrado por mí, o sea, que ahí dentro hay algo mío que no quiero que se destruya, ¿entienden ustedes y entiendes tú, Amanda? Pues eso. Y ella, tú, Amanda, lo quisiste, que me recibiste gozosa. Y ni ustedes van a salir con la suya ni tú, Amanda, tienes que escuchar todas las majaderías que se están diciendo aquí hoy. Te han lavado el cerebro y todo porque tienen una hija, por lo que aprecio, bastante ligerita de cascos y encima lo bastante ignorante como para no saber lo que hay que saber.
DOÑA ELVIRA:	¿Y es legal?
BRAULIO:	Por Dios, ¿legal el qué?
DON ÁLVARO:	Quiere decir que si es legal el no abortar.
BRAULIO:	Pero, ¿me están hablando en serio?
DOÑA ELVIRA:	¿Y qué me dices de eso de engendrar? ¿Es legal o no es legal? En ningún sitio está escrito que cada cual pueda plantar lo que quiera donde quiera, eso no es ecologista, al revés, que está prohibido, digo, ¿no es así querido?
DON ÁLVARO:	Sí, así es por ejemplo para las plantas y los árboles, pero no para los hombres, querida. Si no, ¿cómo nacerían las personas?
DOÑA ELVIRA:	Pues no lo veo yo tan claro, porque si nacen más de los que cabemos

en la tierra, y eso es lo que ocurre de hecho según dicen, alguna ley tendrán que poner para que podamos vivir los que vivimos, ¿no?

RAFAEL: No va usted descaminada, señora. Lo que pasa es que existen muchos prejuicios por ahí, sobre todo religiosos, ¿sabe? Y así van las cosas.

DOÑA ELVIRA: Pues que quiten a los curas de una vez. ¿A qué esperan?

ELVIRITA: Lo que no es legal es que el marido pueda imponer su voluntad a la mujer.

BRAULIO: Por supuesto, ¿quién si no?

ELVIRITA: No lo sé. Pero, Amanda, tú haz lo que quieras, que ya está bien, y que tu derecho no te lo quite nadie.

BRAULIO: ¿Usted también en contra mía? ¿Usted que quiere tener su hijo a toda costa e imponer unos hechos a todo el mundo?

DON ÁLVARO: Yo digo, sin embargo, que todo debe hablarse, charlarse, incluso discutirse, pero que se debe llegar a un acuerdo. Nada de imponerse ni de mandar. Yo mando, yo obedezco. Por favor, hablemos e intentemos llegar a una resolución justa y equilibrada.

AMANDA: Y el acuerdo que sea lo que piensa el marido, claro. O lo que mandan los padres.

DON ÁLVARO: Por supuesto que algo también tenemos que decir otras personas. Al fin y al cabo el matrimonio es un hecho social, no solo legal e íntimo. La sociedad algo tiene que decir en ese pleito. Y lo dirá. Y el tener o no tener un hijo también es un acto que afecta a otras muchas personas. Y esas personas algo tendrán que decir. Y lo dirán. Claro que lo dirán. Y entre lo más cercano y próximo de la sociedad son los padres de los contrayentes. ¿O es que nosotros no hemos participado también en que esos hechos hayan acaecido? ¿Y no repercutirán en nosotros que tendremos que ayudar de múltiples maneras a ese hijo si nace? Y usando, pues, de mis derechos, consciente de lo que a mí me afecta, del derecho divino y de mi paternidad sobre mi hija, digo que ella debe abortar.

RAFAEL: ¡Muy bien, muy bien! ¡Bravo!

ELVIRITA: ¡¡No entiendo nada, pero yo voy a hacer lo que me dé la gana!!

AMANDA: ¡Y yo también!!

ELVIRITA: Es un problema tuyo, Amanda, pero tienes suerte que tienes quien te ayude, al menos tienes a mis padres, pero por lo que veo a mí nadie me va a ayudar.

DOÑA ELVIRA: Claro que el de ella es un problema de ella, y tendrá quien la ayude, no lo dudes.

****

ESCENA 4

CUADRO 1

En la consulta del doctor. El doctor y Elvirita. Después doña Elvira.

****

ELVIRITA: Quiero saber si usted es mi padre.

EL DOCTOR: ¡Elvirita!

ELVIRITA: Por favor, conteste.

EL DOCTOR: No lo sé. Tu madre está jugando con tu padre y conmigo desde siempre. ¿Qué nos hace amar a una persona y no a otra? Aquí me ves, esperando a tu madre. ¿Esperando? La vida se vive una sola vez y yo la he desperdiciado. Pero sabía que la desperdiciaba, no me quejo, esperando a tu madre. O esperándote a ti, esperando saber si eres o no mi hija. Con todos sus defectos, quiero a tu madre. ¿Eres mi hija? Yo creo que ni ella lo sabe.

ELVIRITA: Pero usted no quiere que yo aborte, ¿verdad?

EL DOCTOR: Un médico, Elvirita, como no haya unas razones claras, no puede...

ELVIRITA: Me quieren obligar a abortar...

EL DOCTOR: ¡¡No!!

ELVIRITA: ¿Ve cómo tengo yo razón...?

EL DOCTOR: No entiendo.

ELVIRITA: Usted es mi padre. Y quiere nietos. Quiere ver a sus nietos.

EL DOCTOR: Te he dicho...

ELVIRITA: No vale lo que diga, sino lo que siente.

EL DOCTOR: Ante la duda comprenderás que no me guste nada que abortes. Pero, ¿te encuentras bien? Quiero que sepas que no tendría ningún reparo en firmarte una orden de aborto. Se hará lo que tú digas. Sólo lo que tú digas. ¿Cuándo os casáis?

ELVIRITA: No me caso.

EL DOCTOR: No te casas... Lo que tú digas. Puede que sea lo mejor.

ELVIRITA: Pero no quiero abortar. Yo he venido a saber si va todo bien dentro de

	mí.
EL DOCTOR:	Todo bien. Al menos en lo que se puede saber. Pero tener un hijo y no casarse, ¿no será un poco de egoísmo por tu parte?
ELVIRITA:	¿Egoísmo?
EL DOCTOR:	Egoísmo. Dejas a un futuro hijo sin padre, huérfano por tu voluntad. De alguna manera cercenas sus derechos.
ELVIRITA:	No lo creo yo así, al menos en mi caso. Es el padre de esta criatura el que me ha demostrado que no me quiere sino para el placer. Yo quería casarme, era mi ilusión, pero...
DOÑA ELVIRA:	(Entrando violenta). ¡Lo sabía! ¿Qué haces tú aquí?
ELVIRITA:	Lo que me da la gana.
EL DOCTOR:	¡Elvira, por favor, retírate, has interrumpido una consulta médica! Tu hija tiene derecho a la intimidad.
DOÑA ELVIRA:	(Cohibida por primera vez). ¡Perdón! (Sale).
ELVIRITA:	Era yo la última, ¿no? ¿No hay nadie esperando ya, verdad? Déjala entrar. Al final esto no va a ser ni más ni menos que una tertulia familiar. Y yo ya sé lo que quería saber.
DOÑA ELVIRA:	(Entrando antes y como antes). ¡O sea, conspirando a mis espaldas! ¡¿Qué es lo que sabes que tenías que saber que no supieses, eh?!
EL DOCTOR:	¡¡Elvira, fuera!! (Se cohíbe de nuevo).
ELVIRITA:	¡¡No marches!! Nada que tenga que ver contigo, madre. Quien se va soy yo. Adiós, doctor, y gracias.
EL DOCTOR:	(En la puerta). Perdona, Elvirita, yo quisiera...
ELVIRITA:	No se preocupe, ya está todo hablado. Y puede que ella le necesite más que yo.
EL DOCTOR:	Gracias, hija.
ELVIRITA:	Espero que mi hijo nazca ayudado por sus manos como nací yo, ¿no?
EL DOCTOR:	Desde luego.
ELVIRITA:	Gracias a usted. (Sale).
DOÑA ELVIRA:	¿Qué significa eso de ayudada por tus manos? Me vais a volver loca entre todos. Yo que venía a que me consolases y me encuentro con este panorama. ¡Vaya manera de recibirme! No sé lo que le habrás

dicho, pero debe abortar. Rafael, su prometido, es un mequetrefe, ¿entiendes? Ni matrimonio ni nada. Un donjuán trafullero y de baja estofa. ¿Quieres que mi sangre se desgracie para siempre? No y no. Tiene que abortar como está mandado. Y tú vas a ayudar a que así se haga.

CUADRO 2

Por la cocina. Amanda y Elvirita.

****

AMANDA: Me gustaría ayudarte, ese hijo tuyo debe nacer.

ELVIRITA: ¿Otra vez, Amanda? Este no es asunto tuyo. ¿Y cómo piensas ayudarme, eh?

AMANDA: No lo sé. Si me necesitas, no dudes en pedirme ayuda.

ELVIRITA: ¿Tú ayudarme a mí? Tú quieres abortar y yo no, somos enemigas, vaya par de monas para ayudarse.

AMANDA: Tú te me has ofrecido. Y eso se agradece. Si yo puedo hacer algo por ti, no dudes que lo haré.

ELVIRITA: ¿Sabes cómo podrías ayudarme? Teniendo a ese hijo. Déjate de payasadas y de sensiblerías y ten el hijo. ¿O crees que la felicidad la da el dinero? ¿O crees que el agradecimiento de nacer se mide por las comodidades que se reciben o esperan en el dulce hogar?

AMANDA: No, pero...

ELVIRITA: Pues eso, no. En la vida dicen que no hay felicidad y no la hay. Pero hay que vivir, ¿no? Y se agradece vivir. ¿Tú no agradeces vivir? ¿Necesitaron tus padres muchas riquezas para engendrarte? ¿O necesitaron amor y la voluntad de que tú nacieses?

AMANDA: Es distinto, la vida ha cambiado...

ELVIRITA: Pues si es distinto es que no entiendes nada. Después de abrazarme frenética a Rafael, después de que me saturó de besos, después de sentirle dentro de mí, lo mejor que me pudo haber pasado es esto, ¿entiendes?, que haya vida en mí. Pienso que de lo contrario me moriría de vergüenza si alguien llegase a saber que me entregué a un hombre y sigo estéril.

AMANDA: Ahora eres tú la que dices tonterías y sensiblerías, tener un hijo ha de ser algo más responsable que el simple efecto de disfrutar con un hombre.

ELVIRITA: Tonterías. Ya que no puedo ir por la calle dando voces para proclamar que amo a un hombre, al menos que se sepa que lo he amado porque tengo un hijo suyo.

AMANDA: La sociedad, tus conocidos y amigos, no dirán eso.

ELVIRITA:	Ya lo sé. Y que estoy loca.
AMANDA:	Pero tú te casarás y lo tendrás todo. El hijo y el amor. Y al final todo esto no será sino un mal sueño.
ELVIRITA:	No me casaré, lo tengo claro. Mi desilusión es enorme. Rafael se estaba, por lo que ahora sé, divirtiendo. Y en esto te doy la razón a ti, por eso él no puede ser padre de nada. No entiendo ese tipo de diversión, pero lo es y que las cosas son como son. Yo, sin embargo, realicé un acto de amor y llegaré hasta el final.
AMANDA:	La vida enseña a golpes.
ELVIRITA:	Y a voces. ¿No ves el jaleo que hay en esta casa, que nadie se pone de acuerdo? Pues eso, tú piensa como quieras, tú haz lo que quieras, pero déjame en paz. Y si quieres de verdad darme alientos, haz como yo, ten el hijo y sufre. No tienes otra manera de ayudarme.
AMANDA:	No es necesario que sea así. No, Elvirita, estamos ambas embarazadas y eso nos une, y nos quieren manipular y eso también nos une. ¿No ves que ellos sí están de acuerdo en una cosa, y es en querer imponernos su voluntad? Ese es en el fondo el problema, porque como ves hay argumentos suficientes para hacer una cosa u otra. Y debemos defendernos como sea. Tú necesitas mi ayuda y yo la tuya. Si nos apoyamos una en la otra seremos fuertes y podremos con ellos por muchos que sean y aunque hagamos cosas distintas tú y yo. Pero haremos lo que nosotras queramos. Como debe ser.
ELVIRITA:	¿Cómo debe ser?
AMANDA:	Como debe ser.
ELVIRITA:	Yo no puedo ayudarte a abortar nunca. Me parece además un crimen. Yo no estoy preparada siquiera para darte ánimos.
AMANDA:	No es un crimen.
ELVIRITA:	Sí, lo es. No todo lo que hace todo el mundo es bueno porque lo haga todo el mundo, es un crimen de lesa humanidad y de leso amor.
AMANDA:	Crimen o no, yo voy a abortar. ¿No podrías comprenderme? Preveo que voy a quedarme sin marido también.
ELVIRITA:	¿Sin marido?
AMANDA:	No lo sé. Braulio no cede. Y yo no puedo.
ELVIRITA:	Es asunto tuyo, Amanda, piensa lo que haces. Sin hijo y sin marido... No hay mal que por bien no venga, mis padres se alegrarán, así te seguirán teniendo de doncella.

AMANDA:	No intento convencerte, Elvirita, pero me agradaría ayudarte de alguna manera.
ELVIRITA:	Pero yo ya te he dicho que no puedo ayudarte de ninguna manera. Lo siento. Y casi hasta tendré que retirarte el ofrecimiento que te hice: me marcho de casa. En esas condiciones es difícil que pueda alimentar y cuidar de tu hijo si decidieses tenerlo. Perdona. No creo que la leche vaya a manar demasiado abundante de mis pechos.
AMANDA:	Es lo mismo. Gracias. Te marchas de casa...
ELVIRITA:	Me marcho de casa.
AMANDA:	¿Lo saben tus padres?
ELVIRITA:	No. Aún no. No lo sabrán hasta que haya marchado.
AMANDA:	¿Ves cómo te podré ayudar, aunque no quieras?

****

CUADRO 3

Doña Elvira y don Álvaro.

****

DOÑA ELVIRA: Al fin te saliste con la tuya. Echaste a tu hija de casa.

DON ÁLVARO: Marchó ella de casa, fue decisión suya. No se debe interferir en las resoluciones que libremente toman nuestros hijos.

DOÑA ELVIRA: Tú nunca la quisiste.

DON ÁLVARO: ¿Qué te hace pensar eso?

DOÑA ELVIRA: Todo, absolutamente todo. Me violaste, nació esa hija que tú no querías ver como tuya porque fue fruto del pecado y no del amor, de un amor que tú nunca me tuviste...

DON ÁLVARO: O de tu pecado.

DOÑA ELVIRA: No cambies el tema.

DON ÁLVARO: Eres tú la que ya insinúas lo que te apetece insinuar. Yo no te violé, por una parte. Por la otra, tú tenías amantes.

DOÑA ELVIRA: Veinte. A lo loco. Estás de la cabeza.

DON ÁLVARO: No me preocupa el número. Pero esa hija fue la que nos ató el uno al otro toda la vida. ¿Piensas que ahora que nos dejó nos ha desatado? Ahora ya no importa quién fue su padre, ella ha renunciado a nosotros. Ni tú ni yo le servimos. En este sentido no solamente has fracasado tú que sí ciertamente eres su madre, sino yo también he fracasado, sea o no su padre, que maldito lo que me importa ahora...

DOÑA ELVIRA: Yo no he fracasado. Yo sigo siendo su madre y ella volverá a mí. Ella me quiere y estoy segura que ya me echa de menos y que vendrá prontamente a acogerse en mis brazos. Y no dudes que los tendré abiertos para ella.

DON ÁLVARO: No sueñes. Le vi la mirada al marchar.

DOÑA ELVIRA: Tú no tienes la conciencia tranquila, eso es. Si la tuvieses tan tranquila como yo, y mirases de frente cara a cara como miro yo, y hablases de frente como digo yo las cosas, verdades como puños, verías el problema de otra manera. Y yo sé que mi hija me quiere y que volverá a mí. ¿A quién si no a su madre ha de volver? Ella es débil y no aguantará, ya verás.

DON ÁLVARO: Estamos solos, podríamos empezar a querernos de verdad. Y a decir la

	verdad. Ella ha levantado el vuelo.
DOÑA ELVIRA:	Tú estarás solo.
DON ÁLVARO:	Perdón, no me daba cuenta de que tú tienes a tu querido amante, el doctor.
DOÑA ELVIRA:	¿Lo sabes?
DON ÁLVARO:	De siempre. Pero tú y yo, ahora, somos otro problema, empezamos mal y hemos acabado peor; al fin, siempre tendremos tiempo antes de morir para comprendernos.
DOÑA ELVIRA:	Cabe.
DON ÁLVARO:	Es cuestión de razón y voluntad.
DOÑA ELVIRA:	Cabe. ¿Tú crees que no volverá a su nido?
DON ÁLVARO:	No lo sé. Y no sé si entonces intentaríamos seguir tratándola como un juguete.
DOÑA ELVIRA:	¿Como un juguete? ¿Ya estás tú con tus teorías? ¿Intentas darle la razón? ¿Es que la hemos echado nosotros de casa?

****

EPÍLOGO

Volvemos a la misma ambientación del principio. Apariciones, pues, al modo televisivo, aunque esta vez no sean repeticiones de escenas.

****

EL AUTOR: Estos hechos ocurrieron hace siete años, aquí en Madrid. Elvirita rompió con su galán, dejó la casa paterna y aunque siguió viviendo en Madrid y haciendo llegar de vez en cuando alguna noticia a la familia, no los ha vuelto a ver. Tuvo una niña preciosa que sus abuelos aún no conocen. Trabajó y sufrió, pero se salió con la suya. Actualmente es mi esposa. (Sale y se cogen de la mano).

ELVIRITA: Así es, soy su esposa desde hace muy pocos días. (...) No creía yo que pudiese alguna vez casarme, ni mucho menos enamorarme después de dedicar todo mi ser a mi hija. Pero... un buen día me lo tropecé y sin querer ya le estaba contando mi vida. Nuestro encuentro fue por razones laborales, que yo trabajo ahora en un gabinete de psicología y Jaime es el jefe de estudios de un colegio cliente nuestro. No sé si la tranquilidad y el gozo de que ahora disfruto pueden compensar la pasión del primer amor. Jaime me dice que me comprende y que me quiere y yo descanso por primera vez en su hombro como una amada sin tener que afilar mis uñas a diario para vivir. Y me ha hecho prometer que iremos a ver a mis padres y que les llevaremos a su nieta.

AMANDA: (Sale). Efectivamente, Elvirita trabaja para mí en el gabinete de psicología que tengo. Yo también dejé la casa de los padres de Elvirita por aquellos días. Y a trancas y barrancas me puse a ejercer el título. Un día, ya instalada y prosperando, la tropecé, mejor, nos tropezamos, hablamos y se vino a trabajar conmigo. Yo le debía mucho, aunque ella no lo sabía.

AMANDA: ¡Elvirita!

ELVIRITA: (En bata de uniforme). ¡Amanda!

AMANDA: ¡Tú!

ELVIRITA: ¡Cuánto tiempo!

AMANDA: Una vida, Elvirita.

ELVIRITA: Elvira, por favor, Amanda.

AMANDA: No me extraña..., perdona. ¿Y qué es de tu vida?

ELVIRITA: ¿Y de la tuya?

AMANDA:	Ya ves.
ELVIRITA:	Ya ves.
AMANDA:	No es poco.
ELVIRITA:	Cuéntame.
AMANDA:	Cuenta tú. Yo tengo tan poco que contar...
ELVIRITA:	Poco nos tenemos que contar, ¿verdad? O no nos lo queremos contar.
AMANDA:	Hay miserias, no es agradable.
ELVIRITA:	Me he acordado mucho de ti, me acuerdo mucho de ti.
AMANDA:	Pues yo, no lo sabes bien. Si tú supieras lo que has influido en mi vida...
ELVIRITA:	¿Y si nos sentamos y nos contamos sólo las cosas agradables?
AMANDA:	Nos sentamos y nos contamos las cosas agradables.
ELVIRITA:	Digo, ¿no tendrás prisa?
AMANDA:	Ninguna. ¿Y tú?
ELVIRITA:	Así estaremos más cómodas. Que esperen.
AMANDA:	(...) Dejé la casa de tus padres, ¿lo sabías?
ELVIRITA:	Sí, claro. Ni los trato ni los veo, pero sé de ellos.
AMANDA:	Ya. (...)
ELVIRITA:	¿Chocolate con churros tú?
AMANDA:	Chocolate con churros.
ELVIRITA:	Sí, por favor, dos de chocolate con churros.
AMANDA:	¿Me dejarás pagar a mí? (...) ¿Y...?
ELVIRITA:	Tengo una niña, si la vieras...
AMANDA:	Lo sabía. ¿La tercera Elvira?
ELVIRITA:	La cuarta Elvira, que mi abuela también era Elvira. ¿Quieres ver su foto?
AMANDA:	Yo también tengo una niña.

ELVIRITA: ¿Una niña? ¡Cuánto me alegro! ¿Qué tiempo tiene?

AMANDA: Me supongo que el mismo que la tuya, son de la misma hornada. No aborté.

ELVIRITA: ¿No abortaste?

AMANDA: Te lo debo a ti, no aborté.

ELVIRITA: Entonces, ¿todo feliz?

AMANDA: No sé. Me separé de Braulio, marché de tu casa y me separé de Braulio. No lo resistía, me asqueaba verlo, fue algo raro, su insistencia, no sé, aquel afán de que todo fuese como él quería... Y sin embargo, ya ves, en cuanto me vi sola, en la miseria, ¡aquello sí fue miseria real!, decidí que tenía que tener aquel hijo. Me acordé de tus prédicas y decidí que mi hijo tenía que vivir. Y vive. Estuve recogida. No entregué la niña, me ayudaron a trabajar y aquí estoy. Con mi trabajo y con mi niña, orgullosa; pero triste.

ELVIRITA: ¿Sabe él que es padre de una hija?

AMANDA: No creo. Se volvió para nuestra tierra. No lo he vuelto a ver.

ELVIRITA: Mi hija y tu hija sin padre.

AMANDA: Sin padre.

ELVIRITA: ¿No nos habremos equivocado? ¿Con qué derecho hemos quitado el derecho de nuestros hijos a tener padre?

AMANDA: No lo sé. Hay hechos en la vida que, aunque sea una misma la que los haga, es como si una no interviniese, como si se padeciesen por destino. Como por azar o por fatalidad. Y hay que seguir, equivocadas o no, debemos seguir. En la vida hay que seguir siempre, dicen.

ELVIRITA: Seguro que nuestras hijas lo comprenderán.

AMANDA: Seguro. ¿Tú crees?

ELVIRITA: Debemos seguir, eso es cierto.

AMANDA: ¿Y Rafael?

ELVIRITA: Tampoco sé nada de él. Parece que no se le daba mal eso de conquistar mujeres por ahí.

AMANDA: Mi hija ya conoce el mar. Braulio me lo decía, que los hijos en cuanto conocen el mar te quieren.

ELVIRITA:	Y la mía conoce el mar. Y claro que nos quieren.
AMANDA:	¿Y tú qué haces? Dime, ¿a qué te dedicas?
ELVIRITA:	Ya ves.
AMANDA:	¿Es de las cosas que no tenía que preguntar?
ELVIRITA:	Es de las cosas que no debes preguntar.
AMANDA:	Perdona, pero...
	*********
EL AUTOR:	Está perdonada.
ELVIRITA:	Y tan perdonada. Cuando aquello, yo trabajaba en una empresa de limpieza. Ahora trabajo en el gabinete para ella y somos amigas.
LOS DOS:	Y por ella nos hemos conocido.
AMANDA:	Y yo empiezo a sonreír.

TELÓN

www.ingramcontent.com/pod-product-compliance
Lightning Source LLC
Chambersburg PA
CBHW071659160426
43195CB00012B/1517